Das Rechnungswesen als Führungsinstrument

Lösungen

Jürg Leimgruber
Urs Prochinig

Das Rechnungswesen als Führungsinstrument

Lösungen

VERLAG:SKV

Dr. Jürg Leimgruber
und
Dr. Urs Prochinig

sind Masters of Business Administration und Masters of Advanced Studies in Secondary and Higher Education. Nebst ihrem wissenschaftlichen Know-how verfügen die Autoren über langjährige Erfahrung als Dozenten in der Erwachsenenbildung, in der Unternehmensberatung und als Mitglieder zahlreicher Prüfungsgremien.

FAIR KOPIEREN UND NUTZEN.
>> fair-kopieren.ch

10. Auflage 2022

Jürg Leimgruber, Urs Prochinig:
Das Rechnungswesen als Führungsinstrument

ISBN 978-3-286-33100-6

Gestaltung: Peter Heim und Roland Stämpfli
Titelbild: Weg ins Licht von Benno Schulthess, Widen

Haben Sie Fragen, Anregungen oder Rückmeldungen?
Wir nehmen diese gerne per E-Mail an feedback@verlagskv.ch entgegen.

Vorwort zur 10. Auflage

Da die vorherige Auflage von der Leserschaft sehr gut aufgenommen wurde, erscheint die Neuauflage so wenig verändert wie möglich; eine gleichzeitige Verwendung mit der 9. Auflage ist indes nicht möglich.

Voraussichtlich auf Anfang 2023 tritt das **revidierte Aktienrecht** in Kraft. Für dieses Lehrmittel von Bedeutung ist die neue Gliederungsvorschrift von OR 959a, wonach der Gewinnvortrag und der Gewinn in der Schlussbilanz auszuweisen sind. Als Folge kann der Gewinn gemäss Schlussbilanz erst im neuen Geschäftsjahr auf den Gewinnvortrag übertragen werden.

Die Tabelle zeigt die wichtigsten Änderungen im Einzelnen:

Kapitel	Änderungen
12	Wegen der Revision des Obligationenrechts musste das Eigenkapital in den meisten Bilanzen neu gegliedert werden. Der Gewinn wird erst im neuen Jahr auf das Eigenkapital übertragen. Inhaltlich bleiben die Aufgaben dabei unverändert. Ausnahmen sind: 12.02 neu mit Gewinnverwendung; Teilaufgabe f) wurde gestrichen 12.04 neu mit Lösungshilfe 12.19 neu mit zwei Schlussbilanzen und Hilfskonten für Mietzinse und Zinsen; geänderte Zahlen Im Lösungsband wurden zusätzliche Lösungshinweise eingefügt. Ausserdem wurden auf Anregung von Dozierenden die Vorzeichen für die Überleitung vom Aufwand auf die Zahlungen umgekehrt.
22 a)	Anpassungen bei der Eigenkapital-Gliederung wegen revidiertem Obligationenrecht. Die Aufgaben 22.01–22.03 und 22.05 sind leicht verändert.
22 c)	Die Theoriebeispiele und die Aufgaben zu den stillen Reserven mussten vollständig neu verfasst werden, weil der Jahresgewinn nach revidiertem Obligationenrecht in der Schlussbilanz auszuweisen ist und der Gewinn erst im neuen Geschäftsjahr auf das Eigenkapital übertragen werden kann.
23–26	Aufgrund der OR-Revision wird der Gewinn neu separat als Teil des Eigenkapitals ausgewiesen, ohne dass sich die Aufgaben dadurch materiell verändern. Nennenswert sind folgende Korrekturen: 24.07, 24.08 und 24.10 sind neu mit Lösungshilfen; die frühere 24.10 wurde entfernt. 24.11 ist neu.
34–36	Die Neuauflage enthält genau dieselben Aufgaben wie die bisherige Auflage. Formell wurden indes die meisten BABs auf nur *einer* Seite dargestellt, um das Lösen auf PDFs zu erleichtern. In Kapitel 35 wurde der *Variator* durch sinngemässe Angaben ersetzt.

Neu können unter *www.bookshelf.verlagskv.ch* kostenlos **Zusatzaufgaben** mit Lösungen heruntergeladen werden.

Wir wünschen weiterhin viel Spass und Erfolg beim Lernen und Lehren.

Zürich, Frühjahr 2022

Inhaltsverzeichnis

1. Teil Geldflussrechnung

12.01

a) Die flüssigen Mittel umfassen das Bargeld in der Kasse, die sofort verfügbaren Gelder auf Bankkonten und andere Geldanlagen, die nur einem geringen Wertschwankungsrisiko unterliegen und sehr kurzfristig in Geld umgewandelt werden können:

Flüssige Mittel

Geld	Das sind die Zahlungsmittel, d. h. das Bargeld in der Kasse sowie die Sichtguthaben bei Banken.
+ Geldnahe Mittel	Das sind die Zahlungsmitteläquivalente, d. h. rasch liquidierbare Geldanlagen mit geringem Wertschwankungsrisiko bis maximal 90 Tage Restlaufzeit wie Festgelder oder Geldmarktanlagen.
= Flüssige Mittel	Zahlungsmittel und Zahlungsmitteläquivalente

b) Das operative Fremdkapital entsteht durch den Geschäftsprozess (Umsatzprozess, Betriebstätigkeit) automatisch und ist zinsfrei, zum Beispiel: Verbindlichkeiten L+L, passive Rechnungsabgrenzungen, Garantierückstellungen.

Das finanzielle Fremdkapital wird durch einen bewussten Finanzierungsakt aufgenommen und muss verzinst werden, zum Beispiel: Kontokorrentkredite, Darlehen, Hypotheken, Obligationenanleihen.

c) Das Eigenkapital stellt den Überschuss der Aktiven (Vermögen) über das Fremdkapital (Verbindlichkeiten) dar.

d) Durch den Aufwand vermindert sich das Eigenkapital, weil entweder das Vermögen abnimmt oder die Schulden zunehmen; man wird ärmer.

Durch den Ertrag erhöht sich das Eigenkapital, weil entweder das Vermögen zunimmt oder die Schulden abnehmen; man wird reicher.①

e) Einnahmen sind Zunahmen der flüssigen Mittel.

Ausgaben sind Abnahmen der flüssigen Mittel.

① In der Erfolgsrechnung unberücksichtigt bleiben die Zu- und Abnahmen des Eigenkapitals, welche durch den Verkehr mit den Eigentümern des Unternehmens entstehen, zum Beispiel Kapitalerhöhungen und -rückzüge sowie Gewinnausschüttungen.

f)

Nr.	Geschäftsfall	Buchungssatz	Einnahme	Ausgabe	Aufwand	Ertrag
1	Barkauf einer Maschine **(= Investition)**	Maschinen/Flüssige Mittel		X		
2	Erhöhung des Aktienkapitals durch Barliberierung **(= Aussenfinanzierung)**	Flüssige Mittel/Aktienkapital①	X			
3	Rückzahlung einer Hypothek **(= Definanzierung)**	Hypothek/Flüssige Mittel		X		
4	Barverkauf eines gebrauchten Fahrzeugs zum Buchwert **(= Devestition)**	Flüssige Mittel/Fahrzeuge	X			
5	Warenverkauf gegen bar	Flüssige Mittel/Warenertrag	X			X
6	Warenverkauf gegen Rechnung	Forderungen L+L/Warenertrag				X
7	Bankbelastung für Mietzinse	Raumaufwand/Flüssige Mittel		X	X	
8	Abschreibung einer Maschine	Abschreibungen/Maschinen			X	
9	Bankbelastung für Lohnzahlungen	Personalaufwand/Flüssige Mittel		X	X	
			Geldflussrechnung		Erfolgsrechnung	

① Erträge sind Nutzenzugänge der Berichtsperiode durch Zunahme von Aktiven und/oder Abnahme von Fremdkapital, die zu einer Erhöhung des Eigenkapitals führen, ohne dass die Eigentümer eine Einlage leisten.

Deshalb handelt es sich bei Geschäftsfall Nr. 2 nicht um einen Ertrag, obwohl das Eigenkapital durch die Aktienkapitalerhöhung zunimmt.

12.02

a)

Erfolgsrechnung 20_2

Aufwand		Ertrag	
Personalaufwand	150	Schulgeldertrag	300
Übriger Baraufwand	110		
Abschreibungen	30		
Gewinn	**10**		
	300		300

b)

Cashflow-Berechnung

Direkte Berechnung

	Einnahmen von Schulgelderträgen	300
./.	Ausgaben für Personalaufwand	– 150
./.	Ausgaben für übrigen Aufwand	– 110
=	Cashflow	40

Indirekte Berechnung

	Gewinn	10
	Differenz zwischen Gewinn und Cashflow	
+	Abschreibungen	30
=	Cashflow	40

c)

Geldflussrechnung 20_2

Einnahmen			Ausgaben		
Cashflow (Innenfinanzierung)			**Investierung**		
Gewinn	10		Kauf Sachanlagen		60
Abschreibungen	30	40	**Definanzierung**		
Aussenfinanzierung			Teilrückzahlung Darlehen	20	
Erhöhung Aktienkapital		50	Gewinnausschüttung	7	27
Desinvestierung (Devestierung)					
Verkauf Sachanlagen		5	**Zunahme flüssige Mittel (= Saldo)**		8
		95			95

d)

Schlussbilanz 20_2

Aktiven		Passiven	
Flüssige Mittel (Bankguthaben)	28	Darlehen	50
Sachanlagen	225	Aktienkapital	150
		Gesetzliche Gewinnresrve	36
		Gewinnvortrag①	7
		Gewinn	10
	253		253

e)

Geldflussrechnung 20_2

	Geldfluss aus Geschäftstätigkeit (Cashflow)		
	Gewinn	10	
+	Abschreibungen	30	40
	Geldfluss aus Investitionstätigkeit		
./.	Kauf Sachanlagen	– 60	
+	Verkauf Sachanlagen	5	– 55
	Geldfluss aus Finanzierungstätigkeit		
+	Aktienkapitalerhöhung	50	
./.	Teilrückzahlung Darlehen	– 20	
./.	Gewinnausschüttung	– 7	23
=	**Zunahme flüssige Mittel**		8

① Der Gewinnvortrag lässt sich wie folgt nachweisen:

	Gewinnvortrag	
Anfangsbestand		3
Übertrag Gewinn 20_1		12
Zuweisung gesetzl. Gewinnreserve	1	
Gewinnausschüttung	7	
Saldo	**7**	
	15	15

12.03

Schlussbilanz 20_5

Aktiven		Passiven	
Flüssige Mittel	18	Darlehen	28
Sachanlagen	100	Eigenkapital	80
		Gewinn	10
	118		118

Geldflussrechnung 20_6

	Geldfluss aus Geschäftstätigkeit		
	Einnahmen aus Gartenarbeiten	200	
./.	Ausgaben für Personalaufwand	– 110	
./.	Ausgaben für übrigen Aufwand	– 65	25
	Geldfluss aus Investitionstätigkeit		
./.	Kauf Sachanlagen	– 27	
+	Verkauf Sachanlagen zum Buchwert	9	– 18
	Geldfluss aus Finanzierungstätigkeit		
./.	Rückzahlung Darlehen	– 8	
./.	Gewinnausschüttung	– 6	– 14
=	**Abnahme flüssige Mittel**		**– 7**

Erfolgsrechnung 20_6

	Ertrag Gartenarbeiten	200
./.	Personalaufwand	– 110
./.	Abschreibungen	– 10
./.	Übriger Aufwand	– 65
=	**Gewinn**	**15**

Geldfluss aus Geschäftstätigkeit indirekt 20_6

Gewinn	15
Abschreibungen	10
Cashflow	**25**

Schlussbilanz 20_6

Aktiven		Passiven	
Flüssige Mittel	11	Darlehen	20
Sachanlagen	108	Eigenkapital	84
		Gewinn	15
	119		119

① Das Eigenkapital lässt sich wie folgt nachweisen:

	Eigenkapital	
Anfangsbestand		80
Übertrag Gewinn 20_5		10
Gewinnausschüttung	6	
Saldo	**84**	
	90	90

12.04

a) Einzelunternehmung

b) Benzinverbrauch, Fahrzeugsteuern und -versicherungen, Unterhalt, Reparaturen, Ersatzteile, Telefon, Darlehenszinsen, Werbung.

c)

Geldflussrechnung 20_5

	Geldfluss aus Geschäftstätigkeit		
	Einnahmen Taxifahrten	280	
./.	Ausgabe Personal	– 200	
./.	Ausgaben übriger Aufwand	– 25	55
	Geldfluss aus Investitionstätigkeit		
./.	Kauf Fahrzeug	– 50	
+	Verkauf Fahrzeug	7	– 43
	Geldfluss aus Finanzierungstätigkeit		
./.	Rückzahlung Darlehen	– 10	
./.	Gewinnausschüttung	– 16	– 26
=	**Abnahme flüssige Mittel**		**– 14**

Erfolgsrechnung 20_5

	Ertrag Taxifahrten	280
./.	Personalaufwand	– 200
./.	Übriger Baraufwand	– 25
./.	Abschreibungen	– 35
=	**Gewinn**	**20**

Geldfluss aus Geschäftstätigkeit indirekt 20_5

	Gewinn	20
+	Abschreibungen	35
=	**Cashflow**	**55**

Schlussbilanz 20_5

Aktiven			Passiven
Flüssige Mittel	1	Darlehen	60
Sachanlagen	143	Eigenkapital (62 + 18 – 16)	64
		Gewinn	20
	144		144

d) Als Faustregel gilt: Eine finanziell gesunde Unternehmung kann aus dem operativen Cashflow (Geldfluss aus Betriebs- bzw. Geschäftstätigkeit) mindestens die Gewinnausschüttungen (hier die Privatbezüge) sowie die Nettoinvestitionen (das ist die Differenz zwischen Investitionen und Desinvestitionen) zahlen. Auch die Definanzierungen (hier Rückzahlung Darlehen) sollten möglichst aus dem Cashflow finanziert werden.

Die Geldflussrechnung dieses Taxiunternehmens zeigt, dass der Cashflow von 55 nicht ausreicht, die Gewinnausschüttung von 16 sowie die Nettoinvestitionen von 43 zu zahlen. Da ausserdem noch das Darlehen abbezahlt werden muss, hat sich die Liquidität des Betriebs drastisch vermindert (von 15 Anfang Jahr auf 1 Ende Jahr).

Um nächstes Jahr eine finanzielle Gesundung zu erreichen, könnten folgende Massnahmen ins Auge gefasst werden:

- R. Schmidt vermindert seine Gewinnbezüge.
- Die Investitionen werden zurückgefahren, d. h., es wird kein altes Taxi durch ein neues ersetzt. Allerdings besteht dabei die Gefahr des Veraltens der Taxiflotte.
- Mit dem Darlehensgeber wird um die Aufschiebung von Rückzahlungspflichten verhandelt.
- Die Preise für Taxifahrten werden angehoben. Dies geht nur, wenn die anderen Taxibetriebe ihre Preise ebenfalls erhöhen.
- Die Taxis werden wirtschaftlicher genutzt (weniger Leerfahrten, weniger Stillstandszeiten).
- Lohnkürzungen für die eigenen Taxifahrer vornehmen, was aber aus sozialer Sicht problematisch ist. Ausserdem ist mit Kündigungen zu rechnen.

12.05

a)

Forderungen L+L (Debitoren)

Anfangsbestand	40	Kundenzahlungen	295
Kundenrechnungen	300	Schlussbestand	45
	340		340

Verbindlichkeiten L+L (Kreditoren)

Lieferantenzahlungen	66	Anfangsbestand	6
Schlussbestand	10	Lieferantenrechnungen	70
	76		76

Mobile Sachanlagen

Anfangsbestand	200	Verkauf	20
Kauf	100	Abschreibungen	50
		Schlussbestand	230
	300		300

Gewinnvortrag

Gesetzl. Gewinnres.	2	Anfangsbestand	2
Freiw. Gewinnres.	3	Vorjahresgewinn	20
Gewinnausschüttung	14		
Schlussbestand	3		
	22		22

b)

Geldflussrechnung 20_7

	Geldfluss aus Geschäftstätigkeit		
	Zahlungen von Kunden (300 – 5)	295	
./.	Zahlungen ans Personal	– 90	
./.	Zahlungen für Treibstoff (– 70 + 4)①	– 66	
./.	Zahlungen für übrigen Aufwand	– 72	67
	Geldfluss aus Investitionstätigkeit		
./.	Kauf Fahrzeug	– 100	
+	Verkauf Fahrzeug	20	– 80
	Geldfluss aus Finanzierungstätigkeit		
+	Erhöhung Aktienkapital	20	
+	Zunahme Bankdarlehen	10	
./.	Gewinnausschüttung	– 14	16
=	**Zunahme flüssige Mittel**		**3**

Geldfluss aus Geschäftstätigkeit 20_7 (indirekt)

	Gewinn	18
+	Abschreibungen	50
./.	Zunahme Forderungen L+L	– 5
+	Zunahme Verbindlichkeiten L+L	4
=	**Cashflow**	**67**

① Hinweis an die Lehrpersonen:

Die Vorzeichen für die Überleitung vom Aufwand auf die Zahlungen wurden gegenüber der vorherigen Auflage in allen Lösungen umgekehrt.

In der vorliegenden Lösung wird zur Ermittlung der Zahlungen für Treibstoff neu von einem Treibstoffaufwand von –70 ausgegangen, in der Annahme, dass die meisten Aufwände einen Abgang an flüssigen Mitteln zur Folge haben. Diese Neuerung hat den Vorteil, dass die direkte und die indirekt Cashflow-Berechnung dieselben Vorzeichen aufweisen.

12.06

a)

Geldflussrechnung 20_1

	Geldfluss aus Geschäftstätigkeit		
	Zahlungen von Kunden (140 – 20)	120	
./.	Zahlungen ans Personal	– 65	
./.	Zahlungen für Miete	– 30	
./.	Zahlungen übriger Aufwand (–21 + 1)	– 20	5
	Geldfluss aus Investitionstätigkeit		
./.	Kauf Büromobiliar		– 11
	Geldfluss aus Finanzierungstätigkeit		
./.	Rückzahlung Darlehen	– 4	
./.	Gewinnausschüttung	– 5	– 9
=	**Abnahme flüssige Mittel**		**– 15**

Erfolgsrechnung 20_1

	Dienstleistungsertrag	140
./.	Personalaufwand	– 65
./.	Mietaufwand	– 30
./.	Übriger Aufwand	– 21
./.	Abschreibungen	– 13
=	**Gewinn**	**11**

Cashflow indirekt (Überleitung)

	Gewinn	11
+/–	Differenzen zwischen Gewinn und Cashflow	
+	Abschreibungen	13
./.	Zunahme Forderungen L+L	– 20
+	Zunahme Verbindlichkeiten L+L	1
=	**Cashflow**	**5**

Schlussbilanz 31.12.20_1

Aktiven			Passiven		
Umlaufvermögen			**Fremdkapital**		
Bank	2		Verbindlichkeiten L+L	2	
Forderungen L+L	35	37	Darlehen	17	19
Anlagevermögen			**Eigenkapital**		
Büroeinrichtung		38	Stammkapital	20	
			Gesetzliche Gewinnreserve	8	
			Gewinnvortrag	17	
			Gewinn	11	56
		75			75

b)

Eigenkapitalrendite	$\frac{\text{Gewinn}}{\text{Ø Eigenkapital}}$	$\frac{11}{(50 + 56) : 2}$	$\frac{11}{53}$	**= 20,8 %**

Zur Beurteilung benötigt man einen Beurteilungsmassstab. Das kann zum Beispiel der landesübliche Zinsfuss für erstklassige Anlagen (wie zum Beispiel Obligationen der Schweizerischen Eidgenossenschaft oder Hypotheken an erstklassige Schuldner im ersten Rang) sein, der im langjährigen Schnitt bei etwa 4 % p. a. liegt. Da das Risiko für die Eigenkapitalgeber dieser GmbH vergleichsweise grösser ist, wird in der Praxis ein Risikozuschlag erhoben, hier vielleicht 6 %. Dies ergibt als Zielgrösse für die Eigenkapitalrendite 10 %. So betrachtet, ist die in der GmbH erreichte Eigenkapitalrendite von 20 % als sehr hoch zu beurteilen.

Zusätzlicher Hinweis: Vor allem bei kleinen Unternehmungen muss auch die Höhe der an die Eigentümer bezahlten Löhne mit ins Urteil einbezogen werden. Hier fehlen die notwendigen Angaben.

c) Bezüglich der Liquiditätsentwicklung gibt die Geldflussrechnung erschöpfend Auskunft:

Das Cashflow-Aufkommen des vergangenen Jahres ist viel zu klein. In einer finanziell gesunden Unternehmung müssten mit dem operativen Cashflow folgende Zahlungen geleistet werden können:

- Gewinnausschüttung (hier 5)
- Investitionen (hier Kauf Mobiliar von 11)
- Definanzierungen (hier Rückzahlung Darlehen von 4)

So betrachtet, müsste der operative Cashflow mindestens 20 betragen. Da er effektiv nur 5 betrug, haben die flüssigen Mittel letztlich um 15 abgenommen, sodass der in der Bilanz per Ende 20_1 ausgewiesene Zahlungsmittelbestand von 2 bedrohlich tief ist.

Grundsätzlich wäre diese Treuhand-Unternehmung in der Lage, aus der Geschäftstätigkeit einen wesentlich höheren Cashflow zu erwirtschaften. Im abgelaufenen Jahr wurde dies durch den schleppenden Zahlungseingang der fakturierten Honorare verhindert (Zunahme Forderungen L+L 20). Hier muss die genaue Ursache abgeklärt werden:

- Handelt es sich um eine einmalige kleine Verzögerung bei den Kundenzahlungen?
- Sind Forderungsverluste zu erwarten?
- Besteht ein so genanntes Klumpenrisiko (das ist ein einzelner Kunde mit einem grossen Anteil am Honorarumsatz)?

Um die Zahlungsfähigkeit (und somit den Fortbestand) der Unternehmung im nächsten Jahr zu sichern, müssten allenfalls die Lohnzahlungen und die Gewinnausschüttungen an die Gesellschafter der GmbH gesenkt werden.

12.07

a)

Forderungen L+L

Anfangsbestand	30	Kundenzahlungen	295
Kundenrechnungen	300	Schlussbestand	35
	330		330

Verbindlichkeiten L+L

Lieferantenzahlungen	199	Anfangsbestand	14
Schlussbestand	17	Lieferantenrechnungen	202
	216		216

Warenvorrat

Anfangsbestand	15	Warenaufwand	200
Wareneinkauf	202	Schlussbestand	17
	217		217

Sachanlagen

Anfangsbestand	70	Verkauf	7
Kauf Fahrzeug	37	Abschreibungen	20
		Schlussbestand	80
	107		107

Gewinnvortrag

Gesetzl. Gewinnres.	1	Anfangsbestand	1
Dividende	7	Vorjahresgewinn	9
Schlussbestand	2		
	10		10

b)

Geldflussrechnung 20_2

	Geldfluss aus Geschäftstätigkeit		
	Zahlungen von Kunden (300 – 5)	295	
./.	Zahlungen an Lieferanten (–200 – 2 + 3)[1]	– 199	
./.	Zahlungen für diversen Aufwand	– 70	26
	Geldfluss aus Investitionstätigkeit		
./.	Kauf Sachanlagen	– 37	
+	Verkauf Sachanlagen	7	– 30
	Geldfluss aus Finanzierungstätigkeit		
+	Aktienkapitalerhöhung (nominal)	10	
+	Agio aus Aktienkapitalerhöhung	2	
./.	Rückzahlung langfristiges Darlehen	– 4	
./.	Dividendenzahlung	– 7	1
=	**Abnahme flüssige Mittel**		– 3

Cashflow indirekt 20_2

	Gewinn	10
+	Abschreibungen	20
./.	Zunahme Forderungen L+L	– 5
./.	Zunahme Warenvorrat	– 2
+	Zunahme Verbindlichkeiten L+L	3
=	**Cashflow**	26

[1] An die Lehrpersonen: Vgl. Hinweis auf Seite 15.

12.08

Geldflussrechnung 20_9

	Geldfluss aus Geschäftstätigkeit		
	Zahlungen von Kunden (1 200 – 40)	1 160	
./.	Zahlungen an Lieferanten (– 830 + 30 + 20)	– 780	
./.	Zahlungen ans Personal	– 250	
./.	Zahlungen für übrigen Aufwand	– 70	60
	Geldfluss aus Investitionstätigkeit		
./.	Kauf Einrichtungen	– 42	
./.	Kauf Fahrzeug	– 38	
+	Verkauf Fahrzeug	5	– 75
	Geldfluss aus Finanzierungstätigkeit		
+	Aktienkapitalerhöhung	100	
./.	Rückzahlung Hypothek	– 60	
./.	Dividendenauszahlung	– 34	6
=	**Abnahme flüssige Mittel**		– 9

Erfolgsrechnung 20_9

	Warenertrag	1 200
./.	Warenaufwand	– 830
./.	Personalaufwand	– 250
./.	Übriger Aufwand	– 70
./.	Abschreibungen Einrichtungen	– 12
./.	Abschreibungen Fahrzeuge	– 8
=	**Gewinn**	**30**

Cashflow indirekt

	Gewinn	30
+/–	Differenzen zwischen Gewinn und Cashflow	
+	Abschreibungen Einrichtungen	12
+	Abschreibungen Fahrzeuge	8
./.	Zunahme Forderungen L+L	– 40
+	Abnahme Vorräte	30
+	Zunahme Verbindlichkeiten L+L	20
=	**Cashflow**	**60**

Schlussbilanz 20_9

Aktiven			Passiven		
Umlaufvermögen			**Fremdkapital**		
Flüssige Mittel	61		Verbindlichkeiten L+L	200	
Forderungen L+L	190		Hypotheken	240	440
Warenvorrat	130	381			
			Eigenkapital		
			Aktienkapital	300	
Anlagevermögen			Gesetzliche Gewinnreserve	47	
Einrichtungen	92		Freiwillige Gewinnreserven	123	
Fahrzeuge	73		Gewinnvortrag	6	
Immobilien	400	565	Gewinn	30	506
		946			946

12.09

a)

Geldflussrechnung 20_4

	Geldfluss aus Geschäftstätigkeit		
	Zahlungen von Kunden (1800 – 10)	1790	
./.	Zahlungen an Lieferanten (–1000 + 12 + 8)	– 980	
./.	Zahlungen ans Personal	– 400	
./.	Zahlungen für übrigen Aufwand	– 320	90
	Geldfluss aus Investitionstätigkeit		
./.	Kauf Mobiliar	– 32	
+	Verkauf Land	11	– 21
=	**Free Cashflow**		69
	Geldfluss aus Finanzierungstätigkeit		
+	Aktienkapitalerhöhung	20	
./.	Tilgung Hypothek	– 30	
./.	Gewinnausschüttung	– 38	– 48
=	**Zunahme flüssige Mittel**		**21**

Erfolgsrechnung 20_4

	Warenertrag	1800
./.	Warenaufwand	– 1000
./.	Personalaufwand	– 400
./.	Übriger Aufwand	– 320
./.	Abschreibung mobile SA	– 20
./.	Abschreibung immobile SA	– 15
=	**Gewinn**	**45**

Geldfluss aus Geschäftstätigkeit (indirekt)

	Gewinn	45
+/–	Differenzen zwischen Gewinn und Cashflow	
+	Abschreibung mobile SA	20
+	Abschreibung immobile SA	15
./.	Zunahme Forderungen L+L	– 10
+	Abnahme Warenvorrat	12
+	Zunahme Verbindlichkeiten L+L	8
=	**Cashflow**	**90**

Schlussbilanz 20_4

Aktiven			Passiven		
Umlaufvermögen			**Fremdkapital**		
Flüssige Mittel	41		Verbindlichkeiten L+L	58	
Forderungen L+L	50		Hypotheken	40	98
Warenvorrat	68	159			
			Eigenkapital		
			Aktienkapital	170	
Anlagevermögen			Gesetzliche Gewinnreserve	29	
Mobile Sachanlagen	62		Gewinnvortrag	13	
Immobile Sachanlagen	134	196	Gewinn	45	257
		355			355

b) Ein Free Cashflow bedeutet, dass die Unternehmung

- durch die Geschäftstätigkeit mehr flüssige Mittel erarbeitete, als für die Finanzierung der Nettoinvestitionen notwendig waren (und hohe Nettoinvestitionen ermöglichen wiederum hohe künftige Cashflows)
- nicht auf Aussenfinanzierung angewiesen ist
- fähig ist, Gewinne auszuzahlen und Schulden zu tilgen.

12.10

Nr.	Geschäftsfall	Gewinn	Cashflow	Flüssige Mittel
1	Bankzahlung von Zinsen	–	–	–
2	Abschreibung auf Mobiliar	–	0	0
3	Barkauf eines Fahrzeugs	0	0	–
4	Rückzahlung einer Hypothek durch Bankzahlung	0	0	–
5	Warenverkauf gegen Barzahlung	+	+	+
6	Warenverkauf auf Kredit	+	0	0
7	Erhöhung des Aktienkapitals mit Agio durch Barliberierung	0	0	+
8	Aktienkapitalerhöhung durch Sacheinlage einer Liegenschaft	0	0	0
9	Bildung von Rückstellungen	–	0	0
10	Auflösung einer Rückstellung	+	0	0
11	Bankzahlung für Lohnaufwand	–	–	–
12	Verkauf mobiler Sachanlagen zum Buchwert gegen Barzahlung	0	0	+

12.11

a)	Der Geldfluss aus Geschäftstätigkeit wird oft als Cashflow bezeichnet.	X
b)	Der Cashflow kann in der Geldflussrechnung direkt oder indirekt ausgewiesen werden.	X
c)	Durch die Erhöhung der Abschreibungen steigt der Cashflow.	
d)	Ein grösserer Warenertrag führt zwingend zu einem höheren Cashflow.	
e)	Ein negativer Cashflow wird auch Cashdrain genannt.	X
f)	Ein negativer Cashflow ist nur bei gleichzeitigem Verlust möglich.	
g)	Das schweizerische Obligationenrecht schreibt für die Geldflussrechnung eine Gliederung der Geldflüsse in die drei Bereiche Betriebs-, Investitions- und Finanzierungstätigkeit vor.	
h)	Innenfinanzierung und Selbstfinanzierung sind nicht dasselbe: ■ Innenfinanzierung bedeutet Geldfluss aus Geschäftstätigkeit ■ Selbstfinanzierung ist die Reservenbildung aus der Zurückbehaltung von Gewinnen.	X

Lösungshinweise

c) Materiell gesehen fliesst kein Geld. Formell werden die höheren Abschreibungen durch den resultierenden tieferen Gewinn kompensiert.

d) Das Geld fliesst erst, wenn die Kunden zahlen.

f) Verlust und Cashdrain haben keinen direkten Zusammenhang. Wenn zum Beispiel der Verlust zufolge hoher Abschreibungen entstand, ist der Cashflow trotzdem positiv.

g) OR 961b spricht von Geschäftstätigkeit; Betriebstätigkeit wird von Swiss GAAP FER 4 verwendet.

12.12

Geldflussrechnung 20_6

	Geldfluss aus Geschäftstätigkeit		
	Zahlungen von Kunden (600 – 10)	590	
./.	Zahlungen an Lieferanten (– 400 – 20 + 30)	– 390	
./.	Zahlungen für übrigen Aufwand	– 145	55
	Geldfluss aus Investitionstätigkeit		
./.	Kauf Sachanlagen	– 90	
+	Verkauf Sachanlagen zum Buchwert	8	– 82
	Geldfluss aus Finanzierungstätigkeit		
+	Erhöhung Aktienkapital (Agio 5)	20	
./.	Gewinnausschüttung①	– 6	– 14
=	**Abnahme flüssige Mittel**		**– 13**

Erfolgsrechnung 20_6

	Warenertrag	600
./.	Warenaufwand	– 400
./.	Abschreibungen	– 40
./.	Übriger Aufwand (bar)	– 145
=	**Gewinn**	**15**

Geldfluss aus Geschäftstätigkeit indirekt 20_6

	Gewinn	15
+	Abschreibungen	40
./.	Zunahme Forderungen L+L	– 10
./.	Zunahme Warenvorrat	– 20
+	Zunahme Verbindlichkeiten L+L	30
=	**Cashflow**	55

Schlussbilanz 20_6

Aktiven			Passiven
Flüssige Mittel	3	Verbindlichkeiten L+L	138
Forderungen L+L	75	Aktienkapital	115
Warenvorrat	72	Gesetzliche Kapitalreserve	5
Sachanlagen	172	Gesetzliche Gewinnreserve	14
		Freiwillige Gewinnreserven	29
		Gewinnvortrag①	6
		Gewinn	15
	322		322

① Der Gewinnvortrag lässt sich wie folgt nachweisen:

	Gewinnvortrag	
Anfangsbestand		5
Übertrag Gewinn 20_5		12
Zuweisung gesetzl. Gewinnreserve	1	
Zuweisung freiwillige Gewinnres.	4	
Gewinnausschüttung	6	
Saldo	**6**	
	17	17

12.13

Geldflussrechnung 20_1

	Geldfluss aus Geschäftstätigkeit		
	Zahlungen von Kunden (2000 + 10)	2010	
./.	Zahlungen an Lieferanten (–1300 – 20 + 5)	– 1315	
./.	Zahlungen ans Personal	– 400	
./.	Zahlungen für übrigen Aufwand	– 270	25
	Geldfluss aus Investitionstätigkeit		
./.	Kauf Liegenschaft	– 45	
./.	Kauf Fahrzeug	– 11	
+	Verkauf Land	14	
+	Verkauf Fahrzeug	3	– 39
	Geldfluss aus Finanzierungstätigkeit		
+	Aktienkapitalerhöhung (Nominalwert)	20	
+	Agio aus Aktienkapitalerhöhung	10	
+	Ausgabe Obligationenanleihe	25	
./.	Amortisation Hypothek	– 15	
./.	Gewinnausschüttung	– 30	10
=	**Abnahme flüssige Mittel**		**– 4**

Erfolgsrechnung 20_1

	Warenertrag	2000
./.	Warenaufwand	– 1300
./.	Personalaufwand	– 400
./.	Übriger Baraufwand	– 270
./.	Abschreibung Mobilien	– 6
=	**Gewinn**	**24**

Geschäftstätigkeit (indirekt)

	Gewinn	24
+/–	Differenzen zwischen Gewinn und Cashflow	
+	Abschreibung Mobilien	6
+	Abnahme Forderungen L+L	10
./.	Zunahme Warenvorrat	– 20
+	Zunahme Verbindlichkeiten L+L	5
=	Cashflow	25

Schlussbilanz 31.12.20_1

Aktiven			Passiven		
Umlaufvermögen			**Fremdkapital**		
Flüssige Mittel	6		Verbindlichkeiten L+L	60	
Forderungen L+L	30		Hypotheken	35	
Warenvorrat	90	126	**Obligationen**	25	120
			Eigenkapital		
			Aktienkapital	140	
			Gesetzl. Kapitalreserve	20	
Anlagevermögen			Gesetzl. Gewinnreserve	13	
Immobilien	161		Gewinnvortrag	2	
Mobilien	32	193	Gewinn	24	199
		319			319

12.14

a)

Geldflussrechnung 20_4

	Geldfluss aus Geschäftstätigkeit		
	Barverkauf im Laden	110	
+	Zahlungen von Geschäften (260 – 10)	250	
./.	Zahlungen an Lieferanten (–94 + 4 + 8)	– 82	
./.	Zahlungen für Personalaufwand	– 190	
./.	Zahlungen für übrigen Aufwand	– 70	18
	Geldfluss aus Investitionstätigkeit		
./.	Kauf Ladeneinrichtung	– 63	
./.	Kauf Fahrzeug	– 54	
+	Verkauf Fahrzeug	40	– 77
	Geldfluss aus Finanzierungstätigkeit		
+	Erhöhung Hypothek	65	
./.	Dividendenzahlung	– 20	45
=	**Abnahme flüssige Mittel**		**– 14**

Erfolgsrechnung 20_4

	Verkaufsertrag Laden	110
+	Verkaufsertrag Geschäfte	260
./.	Materialaufwand	– 94
./.	Personalaufwand	– 190
./.	Übriger Aufwand	– 70
./.	Abschreibung Einrichtungen	– 9
./.	Abschreibung Fahrzeug	– 12
=	**Verlust**	**– 5**

Cashflow 20_4 (indirekt)

	Verlust	– 5
	Differenzen zwischen Gewinn und Cashflow	
+	Abschreibung Einrichtung	9
+	Abschreibung Fahrzeug	12
./.	Zunahme Forderungen L+L	– 10
+	Abnahme Vorräte	4
+	Zunahme Verbindlichkeiten L+L	8
=	**Cashflow**	**18**

Schlussbilanz 20_4

Aktiven			Passiven		
Umlaufvermögen			**Fremdkapital**		
Flüssige Mittel	6		Verbindlichkeiten L+L	33	
Forderungen L+L	55		Hypotheken	265	298
Vorräte	1	62			
			Eigenkapital		
Anlagevermögen			Aktienkapital	300	
Einrichtungen	144		Gesetzliche Gewinnreserve	51	
Fahrzeug	42		Gewinnvortrag	4	
Liegenschaft	400	586	Verlust	– 5	350
		648			648

b) Die finanzielle Lage ist problematisch:

- Die Erfolgsrechnung schliesst mit einem Verlust ab.
- Die Liquiditätssituation ist sehr angespannt, sanken doch die flüssigen Mittel gemäss Bilanz binnen Jahresfrist von 20 auf nur noch 6.
- Die Forderungen L+L sind weiter angestiegen. Ist die Bildung einer Wertberichtigung auf den Forderungen L+L notwendig?
- Die Vorräte können nicht mehr weiter gesenkt werden, und die störungsfreie Produktion scheint mangels genügend Vorräten gefährdet zu sein.

- Die Verbindlichkeiten L+L werden nur schleppend bezahlt. Die Materialeinkäufe betrugen letztes Jahr 90; davon sind noch 33 unbezahlt, was offenen Rechnungen von fast vier Monaten entspricht. Wird die Bäckerei von den Lieferanten künftig noch auf Kredit beliefert?
- Die Investitionen in die Ladeneinrichtung und das neue Fahrzeug konnten nicht aus dem Cashflow finanziert werden. Stattdessen wurde eine Hypothek aufgenommen, die verzinst werden muss und künftig zu noch kleineren Gewinnen und Cashflows führen wird.
- Die Gewinnausschüttung (aus dem Gewinn des Vorjahres) war im Verhältnis zur finanziellen Situation im Jahr 20_4 zu hoch und konnte nicht vollumfänglich aus der Geschäftstätigkeit (Cashflow) bezahlt werden. Im Prinzip wurde ein Teil der aufgenommenen Hypothek zur Finanzierung der Dividende verwendet.

12.15

a)

Erfolgsrechnung 20_5

	Warenertrag	500
./.	Warenaufwand	– 365
./.	Abschreibungen Sachanlagen	– 20
./.	Übriger Aufwand (= Ausgaben)	– 100
=	**Gewinn**	**15**

b)

Netto-flüssige Mittel

		1.1.20_5	31.12.20_5	Veränderung
	Kasse	2	1	– 1
+	PostFinance	5	3	– 2
./.	Bank-Kontokorrent	– 12	– 7	5
=	**Netto-flüssige Mittel**	– 5	– 3	2

c)

Geldflussrechnung 20_5

	Geldfluss aus Geschäftstätigkeit		
	Zahlungen von Kunden (500 – 7)	493	
./.	Zahlungen an Lieferanten (–365 + 6 – 3)	– 362	
./.	Zahlungen für übrigen Aufwand	– 100	31
	Geldfluss aus Investitionstätigkeit		
./.	Kauf von Sachanlagen	– 41	
+	Verkauf von Sachanlagen	5	– 36
	Geldfluss aus Finanzierungstätigkeit		
+	Aktienkapitalerhöhung nominal	10	
+	Agio aus Aktienkapitalerhöhung	4	
+	Erhöhung Bankdarlehen	5	
./.	Dividendenauszahlung	– 12	7
=	**Zunahme netto-flüssige Mittel**		**2**

Geldfluss aus Geschäftstätigkeit (indirekt) 20_5

	Gewinn	15
+	Abschreibungen Sachanlagen	20
./.	Zunahme Forderungen L+L	– 7
+	Abnahme Warenvorrat	6
./.	Abnahme Verbindlichkeiten L+L	– 3
=	**Cashflow**	**31**

12.16

Nr.	Bestände	Flüssige Mittel	Netto-flüssige Mittel
1	CHF 30000.– Bargeld in der Kasse	X	X
2	CHF 400000.– Sichtguthaben bei einer Schweizer Grossbank (Kontokorrent)	X	X
3	Aktien der Biotechnologie AG zum Börsenkurswert von CHF 80000.–		
4	CHF 150000.– Kassenobligationen (Kauf am 23. April 20_2, Fälligkeit am 23. April 20_5).		
5	CHF 30000.– Habensaldo im Kontokorrent bei einer Bank, das für die Abwicklung des Zahlungsverkehrs benötigt wird.		X
6	CHF 200000.– Festgeldanlage bei einer Schweizer Grossbank (Abschluss am 30. 11. 20_4, Fälligkeit am 28. 02. 20_5)	X	X
7	CHF 60000.– Guthaben bei der Raiffeisen Bank auf einem Sperrkonto (voraussichtlich nicht beanspruchte Kaution zur Sicherung eines Mietvertrags)		

Lösungshinweise

3 Die Aktien gehören nicht zu den flüssigen Mitteln, weil sie einem wesentlichen Wertschwankungsrisiko unterliegen.

4 Die Restlaufzeit der Kassenobligationen liegt über 90 Tagen.

7 Gelder, deren Verwendung beschränkt ist, können nicht zu den flüssigen Mitteln gezählt werden.

12.17

Geldflussrechnung

	Geldfluss aus Geschäftstätigkeit		
	Gewinn①	20	
+	Abschreibungen	40	
+	Abnahme Forderungen L+L	5	
./.	Zunahme Warenvorräte	– 6	
./.	Abnahme Verbindlichkeiten L+L (Waren)	– 4	55
	Geldfluss aus Investitionstätigkeit		
./.	Kauf von Sachanlagen (30 – 3)	– 27	
+	Verkauf von Sachanlagen②	23	– 4
	Geldfluss aus Finanzierungstätigkeit		
./.	Rückzahlung Hypothek	– 10	
./.	Dividendenauszahlung	– 5	– 15
=	**Zunahme flüssige Mittel**		**36**

① Der Gewinn lässt sich mithilfe der Erfolgsrechnung berechnen:

Erfolgsrechnung

	Warenertrag	900
./.	Warenaufwand	– 600
=	**Bruttogewinn**	**300**
./.	Abschreibungen	– 40
./.	Übriger Aufwand	– 240
=	**Gewinn**	**20**

② Am sichersten lässt sich der Betrag durch Skizzieren der betroffenen Konten ermitteln:

Sachanlagen

Anfangsbestand	220	Verkauf	38
Kauf	30		
Sacheinlage	65	Schlussbestand	277
	315		315

Wertberichtigung Sachanlagen

Verkauf	15	Anfangsbestand	100
		Abschreibungen	40
Schlussbestand	125		
	140		140

Der Buchwert der verkauften Sachanlagen ergibt sich als Differenz:

	Anschaffungswert der verkauften Sachanlage	38
./.	Wertberichtigung auf verkaufter Sachanlage	– 15
=	Buchwert der verkauften Sachanlage (= Barerlös)	23

12.18

a)

Geldflussrechnung Variante 1

	Betriebstätigkeit (direkt)		
	Zahlungen von Kunden	300	
./.	Zahlungen an Lieferanten	– 130	
./.	Zahlungen für diversen Aufwand	– 80	
+	Veräusserungsgewinn	30	120
	Investitionstätigkeit		
./.	Kauf von Anlagevermögen	– 110	
+	Verkauf von Land	70	– 40
	Finanzierungstätigkeit		
./.	Rückzahlung Hypothek	– 50	
./.	Dividendenauszahlung	– 20	– 70
=	**Zunahme flüssige Mittel**		**10**

	Betriebstätigkeit (indirekt)		
	Gewinn	80	
+	Abschreibungen	50	
./.	Veränderung NUV	– 10	
			120

Geldflussrechnung Variante 2

	Betriebstätigkeit (direkt)		
	Zahlungen von Kunden	300	
./.	Zahlungen an Lieferanten	– 130	
./.	Zahlungen für diversen Aufwand	– 80	
			90
	Investitionstätigkeit		
./.	Kauf von Anlagevermögen	– 110	
+	Verkauf von Land	100	– 10
	Finanzierungstätigkeit		
./.	Rückzahlung Hypothek	– 50	
./.	Dividendenauszahlung	– 20	– 70
=	**Zunahme flüssige Mittel**		**10**

	Betriebstätigkeit (indirekt)		
	Gewinn	80	
+	Abschreibungen	50	
./.	Veränderung NUV	– 10	
./.	Veräusserungsgewinn	– 30	90

b) Die alleinige Ursache für den Geldzufluss von 100 ist der Verkauf des Landes, weshalb nur die Buchungsvariante 2 korrekt ist.

12.19

Mietzinse

./.	Raumaufwand	– 70
./.	Zunahme vorausbezahlte Mietzinse (ARA)	– 3
=	Zahlungen für Raumaufwand	– 73

Zinsen

./.	Zinsaufwand	– 8
+	Zunahme aufgelaufene Zinsen (PRA)	+ 2
=	Zahlungen für Zinsen	– 6

Geldflussrechnung 20_5

	Geldfluss aus Geschäftstätigkeit		
	Zahlungen von Kunden (700 – 20)	680	
./.	Zahlungen an Lieferanten (– 400 – 5 + 10)	– 395	
./.	Zahlungen für Raumaufwand (– 70 – 3)	– 73	
./.	Zahlungen für Zinsen (– 8 + 2)	– 6	
./.	Zahlungen für übrigen Aufwand	– 170	36
	Geldfluss aus Investitionstätigkeit		
./.	Kauf von Sachanlagen		– 45
	Geldfluss aus Finanzierungstätigkeit		
+	Aufnahme Darlehen	50	
./.	Dividendenausschüttung	– 27	23
=	**Zunahme flüssige Mittel**		**14**

Geldfluss aus Geschäftstätigkeit (indirekt) 20_5

	Gewinn	32
+	Abschreibungen	20
./.	Zunahme Forderungen L+L	– 20
./.	Zunahme Warenvorräte	– 5
+	Zunahme Verbindlichkeiten L+L	10
./.	Zunahme aktive Rechnungsabgrenzungen (Mietzinse)	– 3
+	Zunahme passive Rechnungsabgrenzungen (Zinsen)	2
=	**Geldfluss aus Geschäftstätigkeit**	**36**

12.20

Warenverkäufe

	Warenertrag	900
./.	Zunahme Forderungen L+L	– 5
=	Zahlungen von Kunden	895

Wareneinkäufe

./.	Warenaufwand	– 650
+	Abnahme Warenvorrat	4
=	Wareneinkäufe (Rechnungen)	– 646
+	Zunahme Verbindlichkeiten L+L	6
=	Zahlungen an Lieferanten	– 640

Mietzinse

./.	Raumaufwand	– 60
./.	Zunahme ARA	– 3
=	Zahlungen für Raumaufwand	– 63

Zinsen

./.	Zinsaufwand	– 8
./.	Abnahme PRA	– 1
=	Zahlungen für Zinsen	– 9

Veräusserung von Sachanlagen

	Anschaffungswert	19
./.	Wertberichtigung Sachanlagen	– 16
=	Buchwert	3
+	Veräusserungsgewinn	2
=	Einnahmen aus Verkauf	5

Geldflussrechnung

	Geldfluss aus Geschäftstätigkeit		
	Zahlungen von Kunden	895	
./.	Zahlungen an Lieferanten	– 640	
./.	Zahlungen für Mietzinse	– 63	
./.	Zahlungen sonstiger Betriebsaufwand	– 105	
./.	Zahlungen für Zinsen	– 9	
./.	Zahlungen für Steuern	– 7	71
	Geldfluss aus Investitionstätigkeit		
./.	Ausgaben für Kauf Sachanlagen	– 42	
+	Einnahmen aus Verkauf Sachanlagen	5	– 37
	Geldfluss aus Finanzierungstätigkeit		
./.	Rückzahlung Finanzverbindlichkeiten	– 30	
./.	Gewinnausschüttung	– 10	– 40
=	**Abnahme flüssige Mittel**		– 6

Geldfluss aus Geschäftstätigkeit (indirekt)

	Gewinn	27
+	Abschreibungen	45
./.	Zunahme Forderungen L+L	– 5
+	Abnahme Warenvorrat	4
+	Zunahme Verbindlichkeiten L+L	6
./.	Zunahme ARA Miete	– 3
./.	Abnahme PRA Zinsen	– 1
./.	Veräusserungsgewinn	– 2
=	**Geldfluss aus Geschäftstätigkeit**	**71**

12.21

Eröffnungsbilanz 1.1.20_7

Flüssige Mittel	50	Verbindlichkeiten L+L	160
Forderungen L+L	200	Finanzverbindlichkeiten	300
Vorräte	150	Rückstellungen	22
Sachanlagen	700	Aktienkapital	300
./. Wertberichtigung Sachanlagen	– 200	Gesetzl. Gewinnreserve	68
		Gewinnvortrag	5
		Gewinn	45
	900		900

Geldflussrechnung 20_7

	Geldfluss aus Geschäftstätigkeit (direkt)		
	Zahlungen von Kunden	1 170	
./.	Zahlungen an Lieferanten	– 790	
./.	Zahlungen Rückstellungen (Verwendung)	– 11	
./.	Zahlungen übriger Aufwand	– 260	109
	Geldfluss aus Investitionstätigkeit		
./.	Kauf Sachanlagen	– 70	
+	Verkauf Sachanlagen	10	– 60
	Geldfluss aus Finanzierungstätigkeit		
./.	Verminderung Finanzverbindlichkeiten	– 50	
./.	Dividendenauszahlung	– 35	– 85
=	**Abnahme flüssige Mittel**		**– 36**

Erfolgsrechnung 20_7

	Warenertrag	1 200
./.	Warenaufwand	– 800
./.	Abschreibungen	– 80
./.	Bildung Rückstellungen	– 15
+	Auflösung Rückstellungen	3
./.	Übriger Aufwand	– 260
=	**Gewinn**	**48**

Geldfluss aus Betriebstätigkeit (indirekt)

	Gewinn	48
+	Abschreibungen	80
+	Bildung Rückstellungen	15
./.	Auflösung Rückstellungen	– 3
./.	Verwendung Rückstellungen	– 11
./.	Zunahme Forderungen L+L	– 30
./.	Zunahme Warenvorrat	– 10
+	Zunahme Verbindlichkeiten L+L	20
=	**Operativer Cashflow**	109

Schlussbilanz 31.12.20_7

Flüssige Mittel	14	Verbindlichkeiten L+L	180
Forderungen L+L	230	Finanzverbindlichkeiten	250
Vorräte	160	Rückstellungen	23
Sachanlagen	740	Aktienkapital	300
./. Wertberichtigung Sachanlagen	– 260	Gesetzl. Gewinnreserve	77
		Gewinnvortrag	6
		Gewinn	48
	884		884

12.22

Geldflussrechnung

	Geldfluss aus Betriebstätigkeit		
	Zahlungen von Kunden (900 + 6)	906	
./.	Zahlungen an Lieferanten (–500 – 5 + 3)	– 502	
./.	Zahlungen für Raumaufwand (–80 – 2)	– 82	
./.	Verwendung Rückstellungen	– 3	
./.	Zahlungen für Zinsen (–8 – 1)	– 9	
./.	Diverser Baraufwand	– 220	90
	Geldfluss aus Investitionstätigkeit		
./.	Kauf Sachanlagen	– 70	
+	Verkauf Sachanlagen	9	– 61
	Geldfluss aus Finanzierungstätigkeit		
+	Erhöhung Aktienkapital mit Agio	45	
./.	Rückzahlung Finanzverbindlichkeiten	– 40	
./.	Dividendenausschüttung	– 24	– 19
=	**Zunahme flüssige Mittel**		**10**

Erfolgsrechnung

	Warenertrag	900
./.	Warenaufwand	– 500
./.	Raumaufwand	– 80
./.	Abschreibungen	– 60
./.	Bildung Rückstellungen	– 6
+	Auflösung Rückstellungen	7
./.	Zinsaufwand	– 8
./.	Diverser Aufwand	– 220
=	**Gewinn**	**33**

Geldfluss aus Betriebstätigkeit

	Gewinn	33
+	Abschreibungen	60
+	Abnahme Forderungen L+L	6
./.	Zunahme Warenvorrat	– 5
+	Zunahme Verbindlichkeiten L+L	3
./.	Zunahme ARA	– 2
./.	Abnahme PRA	– 1
./.	Abnahme Rückstellungen	– 4
=	**Geldfluss aus Betriebstätigkeit**	**90**

12.23

Geldflussrechnung

	Geldfluss aus Geschäftstätigkeit		
	Zahlungen von Kunden (1 500 – 10)	1 490	
./.	Zahlungen an Lieferanten (–900 – 7 – 20)	– 927	
./.	Zahlungen für diversen Aufwand	– 518	
./.	Zahlungen Rückstellungen	– 3	
./.	Zinsausgaben (– 10 – 2)	– 12	
./.	Steuerausgaben	– 6	24
	Geldfluss aus Investitionstätigkeit		
./.	Kauf Sachanlagen	– 120	
+	Verkauf Sachanlagen (20 – 15 + 8)	13	– 107
	Geldfluss aus Finanzierungstätigkeit		
+	Aktienkapitalerhöhung mit Agio	140	
./.	Abnahme Finanzverbindlichkeiten	– 50	
./.	Dividendenzahlung	– 15	75
=	**Abnahme flüssige Mittel**		– 8

Geldfluss aus Geschäftstätigkeit

	Gewinn	26
+	Abschreibungen	45
./.	Zunahme Forderungen L+L	– 10
./.	Zunahme Vorrat	– 7
./.	Abnahme Verbindlichkeiten L+L	– 20
./.	Zunahme ARA (Versicherung)	– 1
./.	Abnahme PRA (Zins)	– 2
./.	Zunahme Rückstellungen	1
./.	Veräusserungsgewinn	– 8
=	**Cashflow**	**24**

Diverser Aufwand

Zahlungen diverser Aufwand	518	Auflösung Rückstellungen	2
Bildung Rückstellungen	6	Zunahme ARA	1
		Saldo	**521**
	524		524

Veräusserung von Sachanlagen

	Anschaffungswert	20
./.	Kumulierte Abschreibungen (Wertberichtigung)	– 15
=	Buchwert	5
+	Veräusserungsgewinn	8
=	Einnahme aus Verkauf	13

12.24

Raumaufwand

./. Raumaufwand	– 53
./. Zunahme ARA	– 3
= Zahlungen für Raumaufwand	– 56

Kapitalzinsen

./. Zinsaufwand	– 4
+ Zunahme PRA	1
= Zinszahlungen	– 3

Rückstellungsspiegel

Anfangsbestand	12
+ Bildung	8
./. Auflösung	– 7
./. Verwendung (Zahlungen)	– 3
= Schlussbestand	10

Verkauf von Sachanlagen

Anschaffungswert	19
./. Ausbuchung WB beim Verkauf	– 8
= Buchwert	11
+ Veräusserungsgewinn	4
= Verkaufserlös	15

Sachanlagen

Anfangsbestand	200	Verkäufe	19
Käufe	69	Schlussbestand	250
	269		269

Wertberichtigung Sachanlagen

Ausbuchung	8	Anfangsbestand	80
Schlussbestand	102	Abschreibungen	30
	110		110

Geldflussrechnung 20_1

Geldfluss aus Geschäftstätigkeit		
Gewinn	27	
+ Abschreibungen	30	
+ Abnahme Forderungen aus L+L	7	
+ Abnahme Warenvorräte	2	
./. Abnahme Verbindlichkeiten aus L+L	– 6	
./. Zunahme ARA (Mietzinse)	– 3	
+ Zunahme PRA (Zinsen)	1	
+ Bildung Rückstellungen (oder: Abnahme –2)	8	
./. Auflösung Rückstellungen (oder: Abnahme –2)	– 7	
./. Verwendung Rückstellungen (oder: Abnahme –2)	– 3	
./. Veräusserungsgewinn Sachanlagen	– 4	52
Geldfluss aus Investitionstätigkeit		
./. Käufe von Sachanlagen	– 69	
+ Verkäufe von Sachanlagen	15	– 54
Geldfluss aus Finanzierungstätigkeit		
+ Zunahme Finanzverbindlichkeiten	6	
+ Erhöhung Aktienkapital mit Agio	14	
./. Dividendenausschüttung	– 26	– 6
= Abnahme flüssige Mittel		– 8

Geldfluss aus Geschäftstätigkeit direkt

Zahlungen von Kunden (720 + 7)	727
./. Zahlungen an Lieferanten (–460 + 2 – 6)	– 464
./. Zahlungen für Raumaufwand (–53 – 3)	– 56
./. Zahlungen für Rückstellungen (Verwendung)	– 3
./. Zahlungen für diversen Betriebsaufwand	– 143
./. Zahlungen für Kapitalzinsen	– 3
./. Zahlungen für Steuern	– 6
= **Geldfluss aus Geschäftstätigkeit**	**52**

12.25

Geldflussrechnung 20_5

	Geldfluss aus Geschäftstätigkeit		
	Zahlungen von Kunden (900 – 30)	870	
./.	Zahlungen an Lieferanten (–350 + 5 – 10)	– 355	
./.	Zahlungen übriger Aufwand	– 400	115
	Geldfluss aus Investitionstätigkeit		
./.	Kauf Sachanlagen	– 60	
+	Verkauf Sachanlagen	10	– 50
	Geldfluss aus Finanzierungstätigkeit		
./.	Verminderung Finanzverbindlichkeiten	– 40	
./.	Dividendenauszahlung	– 30	– 70
=	**Abnahme flüssige Mittel**		**– 5**

Erfolgsrechnung 20_5

	Verkaufserlös (Produktionserlös)	900
+	Bestandesänderung Erzeugnisse	20
=	**Produktionsertrag**	**920**
./.	Materialaufwand	– 350
./.	Abschreibungen	– 100
./.	Übriger Aufwand (= Ausgabe)	– 400
=	**Gewinn**	**70**

Geldfluss aus Geschäftstätigkeit (indirekt)

	Gewinn	70
+	Abschreibungen	100
./.	Zunahme Forderungen L+L	– 30
+	Abnahme Materialvorrat	5
./.	Abnahme Verbindlichkeiten L+L	– 10
+	Bestandesänderung Erzeugnisse	– 20
=	Cashflow	115

Schlussbilanz 31.12.20_5

Flüssige Mittel	15	Verbindlichkeiten L+L	90
Forderungen L+L	160	Finanzverbindlichkeiten	340
Materialvorrat	75	Aktienkapital	250
Vorrat unfertige und fertige Erzeugnisse	80	Gesetzliche Gewinnreserve	36
Sachanlagen	470	Gewinnvortrag	14
		Gewinn	70
	800		800

12.26

Geldflussrechnung

	Geldfluss aus Geschäftstätigkeit		
	Zahlungen von Kunden (1 500 + 7)	1 507	
./.	Zahlungen an Lieferanten (–650 – 12 + 8)	– 654	
./.	Zahlungen für Raumaufwand (– 120 – 4)	– 124	
./.	Verwendung Rückstellungen	– 4	
./.	Zahlungen für Zinsen (–40 + 1)	– 39	
./.	Diverser Baraufwand	– 560	126
	Geldfluss aus Investitionstätigkeit		
./.	Kauf Sachanlagen	– 90	
+	Verkauf Sachanlagen	6	– 84
	Geldfluss aus Finanzierungstätigkeit		
+	Erhöhung Aktienkapital mit Agio	75	
./.	Rückzahlung Finanzverbindlichkeiten	– 100	
./.	Dividendenausschüttung	– 28	– 53
=	**Abnahme flüssige Mittel**		**– 11**

Erfolgsrechnung

	Verkaufserlös (Produktionserlös)	1 500
+	Bestandesänderungen Erzeugnisse	10
./.	Materialaufwand	– 650
./.	Raumaufwand	– 120
./.	Abschreibungen	– 90
./.	Bildung Rückstellungen	– 7
+	Auflösung Rückstellungen	5
./.	Zinsaufwand	– 40
./.	Diverser Aufwand	– 560
=	**Gewinn**	**48**

Geldfluss aus Geschäftstätigkeit

	Gewinn	48
+	Abschreibungen	90
+	Abnahme Forderungen L+L	7
./.	Zunahme Materialvorrat	– 12
./.	Bestandesänderung Erzeugnisse	– 10
+	Zunahme Verbindlichkeiten L+L	8
./.	Zunahme ARA	– 4
+	Zunahme PRA	1
./.	Abnahme Rückstellungen	– 2
=	Geldfluss aus Geschäftstätigkeit	126

12.27

Geldflussrechnung 20_7

	Geldfluss aus Geschäftstätigkeit		
	Zahlungen von Kunden (200 + 4)	204	
./.	Zahlungen an Lieferanten (–70 – 3 – 2)	– 75	
./.	Zahlungen sonst. Betriebsaufw. (–90 + 2 – 1)	– 89	
./.	Verwendung Rückstellungen	– 3	
./.	Zinszahlungen (–3 + 1)	– 2	
./.	Steuerzahlungen	– 5	30
	Geldfluss aus Investitionstätigkeit		
	Kauf Sachanlagen	– 30	
	Verkauf Sachanlagen	3	– 27
	Geldfluss aus Finanzierungstätigkeit		
./.	Gewinnausschüttung	– 15	
+	Erhöhung Finanzverbindlichkeiten	10	– 5
=	**Abnahme flüssige Mittel**		– 2

	Geldfluss aus Geschäftstätigkeit	
	Gewinn	20
+	Abschreibungen	10
+	Abnahme Forderungen L+L	4
./.	Zunahme Materialvorrat	– 3
+	Bestandesänderungen Erzeugnisse	3
./.	Abnahme Verbindlichkeiten L+L	– 2
+	Zunahme PRA	1
./.	Abnahme Rückstellungen	– 2
./.	Veräusserungsgewinn	– 1
=	**Geldfluss aus Geschäftstätigkeit**	**30**

Schlussbilanz 31.12.20_7

Flüssige Mittel	9	Verbindlichkeiten L+L (Materiallieferanten)	23
Forderungen L+L (Kunden)	46	Passive Rechnungsabgrenzung (Zinsen)	2
Übrige kurzfristige Forderungen	3	Übriges kurzfristiges Fremdkapital	3
Materialvorrat	18	Langfristige Finanzverbindlichkeiten	70
Unfertige und fertige Erzeugnisse	6	Rückstellungen	6
Sachanlagen	159	Aktienkapital	60
./. Wertberichtigung Sachanlagen	– 36	Gesetzliche Kapitalreserve	5
		Gesetzliche Gewinnreserve	13
		Gewinnvortrag	3
		Gewinn	20
	205		205

12.28

Geldflussrechnung 20_8

	Geldfluss aus Geschäftstätigkeit		
	Zahlungen von Kunden (700 + 20)	720	
./.	Zahlungen an Lieferanten (–280 – 10 – 8)	– 298	
./.	Zahlungen ans Personal (–200 + 3)	– 197	
./.	Zahlungen zulasten Rückstellungen	– 3	
./.	Zahlungen für übrigen Aufwand	– 134	
./.	Zahlungen für Zinsen (–6 – 2)	– 8	
./.	Zahlungen für Steuern (–7 + 1)	– 6	74
	Geldfluss aus Investitionstätigkeit		
./.	Kauf von Sachanlagen	– 50	
+	Verkauf von Sachanlagen	22	– 28
	Geldfluss aus Finanzierungstätigkeit		
./.	Rückzahlung Bankdarlehen	– 30	
./.	Dividendenauszahlung	– 15	– 45
=	**Zunahme flüssige Mittel**		**1**

Cashflow indirekt 20_8

	Gewinn	19
+	Abschreibungen	70
+	Abnahme Forderungen L+L	20
./.	Zunahme Materialvorrat	– 10
./.	Zunahme Vorrat Erzeugnisse	– 15
./.	Abnahme Verbindlichkeiten L+L	– 8
./.	Veränderung Rückstellungen	– 2
+	Zunahme PRA (Ferienguthaben)	3
./.	Abnahme PRA (Schuldzinsen)	– 2
+	Zunahme PRA (geschuldete Steuern)	1
./.	Veräusserungsgewinn	– 2
=	**Cashflow**	**74**

12.29

Erfolgsrechnung 20_1

	Warenertrag	904
./.	Warenaufwand	– 574
./.	Personalaufwand	– 191
./.	Abschreibungen	– 45
./.	Zinsaufwand	– 5
./.	Übriger Aufwand	– 65
+	Veräusserungsgewinn Fahrzeug	2
=	**Gewinn**	**26**

Schlussbilanz 31.12.20_1

Aktiven			Passiven		
Umlaufvermögen			**Fremdkapital**		
Liquide Mittel	30		Verbindlichkeiten L+L	62	
Forderungen L+L	57		Passive Rechnungsabgrenzung	6	
Aktive Rechnungsabgrenzung	2		Hypotheken	150	218
Warenvorrat	62	151			
			Eigenkapital		
			Aktienkapital	140	
Anlagevermögen			Kapitalreserven	60	
Sachanlagen	540		Gewinnreserven	100	
./. Wertberichtigung	– 147	393	Gewinn	26	326
		544			544

12.30

Netto-flüssige Mittel

	1.1.20_7	31.12.20_7	Veränderung
Kasse	1	1	0
+ PostFinance	3	2	– 1
./. Bank-Kontokorrent	– 7	– 13	– 6
= Netto-flüssige Mittel	**– 3**	**– 10**	**– 7**

Geldflussrechnung 20_7

Geldfluss aus Geschäftstätigkeit		
Zahlungen von Kunden (1 400 – 4)	1 396	
./. Zahlungen an Lieferanten (– 1 000 – 5 – 3)	– 1 008	
./. Zahlungen ans Personal	– 150	
./. Zahlungen für Mietzinse (– 60 – 1)	– 61	
./. Zahlungen zulasten Rückstellungen	– 2	
./. Zahlungen für übrigen Aufwand	– 87	
./. Zahlungen für Kapitalzinsen (– 16 + 1)	– 15	
./. Zahlungen für Steuern	– 8	65
Geldfluss aus Investitionstätigkeit		
./. Kauf von Sachanlagen	– 183	
+ Verkauf von Sachanlagen	30	– 153
Geldfluss aus Finanzierungstätigkeit		
+ Aktienkapitalerhöhung nominell	40	
+ Agio aus Aktienkapitalerhöhung	10	
+ Aufnahme Bankdarlehen	50	
./. Dividendenauszahlung	– 19	81
= Abnahme netto-flüssige Mittel		**– 7**

Cashflow indirekt 20_7

Gewinn	30
+ Abschreibungen Sachanlagen	50
+ Zunahme Rückstellungen①	4
./. Zunahme Forderungen L+L	– 4
./. Zunahme Warenvorrat	– 5
./. Abnahme Verbindlichkeiten L+L	– 3
./. Zunahme vorausbezahlte Mietzinse	– 1
+ Zunahme aufgelaufene Zinsen	1
./. Veräusserungsgewinn	– 7
= Cashflow	**65**

① Die Rückstellungsveränderungen können auch einzeln aufgeführt werden:

+ Erfolgswirksame Bildung von Rückstellungen	9
./. Erfolgswirksame Auflösung von Rückstellungen	– 3
./. Zahlung zulasten der Rückstellungen (Verwendung)	– 2
= Zunahme Rückstellungen	4

Finanzplanung

13.01

Schlussbilanzen

	20_0 (Ist)	20_1 (Ist)	20_2 (Budget)		20_0 (Ist)	20_1 (Ist)	20_2 (Budget)
Flüssige Mittel	20	2	14	Verbindlichkeiten L+L	46	47	35
Forderungen L+L	60	65	57	Diverses Fremdkapital	90	97	77
Warenvorräte	30	36	28	Aktienkapital	70	70	80
Sachanlagen	130	143	144	Gesetzliche Kapitalreserve			3
				Gesetzliche Gewinnreserve	15	16	17
				Gewinnvortrag	1	1	5
				Gewinn	18	15	26
	240	246	243		240	246	243

Erfolgsrechnungen

	20_1 (Ist)	20_2 (Budget)
Warenertrag	500	570
./. Warenaufwand	– 300	– 342
./. Personalaufwand (= Ausgaben)	– 90	– 95
./. Abschreibungen	– 30	– 33
./. Zinsaufwand (= Ausgaben)	– 5	– 4
./. Übriger Aufwand (= Ausgaben)	– 60	– 70①
= Gewinn	**15**	**26**

Geldflussrechnungen

	20_1 (Ist)	20_2 (Budget)
Zahlungen von Kunden	495	578
./. Zahlungen an Lieferanten	– 305	– 346
./. Zahlungen ans Personal	– 90	– 95
./. Zahlungen für Zinsen	– 5	– 4
./. Zahlungen für übrigen Aufwand	– 60	– 70
= Cashflow	**35**	**63**
./. Investitionen	– 49	– 42
+ Desinvestitionen	6	8
= Free Cashflow	**– 8**	**29**
+ Aussenfinanzierung	7	13
./. Definanzierung		– 20
./. Gewinnausschüttung	– 17	– 10
= Veränderung flüssige Mittel	**– 18**	**12**

① Vorjahr 60 zuzüglich Werbung 6 und Leasing 4

13.02

Plan-Geldflussrechnung 20_6

	Geldfluss aus Geschäftstätigkeit (direkt)		
	Einnahmen Tageskarten Winter	340	
+	Einnahmen Einzelbillette Sommer	460	
./.	Personalausgaben	– 310	
./.	Pachtzinsausgaben	– 36	
./.	Unterhalt- und Reparaturausgaben	– 30	
./.	Energieausgaben	– 60	
./.	Versicherungsausgaben	– 22	
./.	Werbeausgaben	– 72	
./.	Übrige Betriebsausgaben	– 68	202
	Geldfluss aus Investitionstätigkeit		
./.	Bau Rutschbahn	– 600	
./.	Kauf Beschneiungsanlage	– 450	– 1 050
	Geldfluss aus Finanzierungstätigkeit		
+	Erhöhung Aktienkapital	500	
+	Darlehen	400	
./.	Rückzahlung Darlehen	– 80	820
=	**Abnahme flüssige Mittel**		– 28

Plan-Erfolgsrechnung 20_6

	Ertrag Tageskarten Winter	340
	Ertrag Einzelbillette Sommer	460
./.	Personalaufwand	– 310
./.	Pachtzinsaufwand	– 36
./.	Aufwand für Unterhalt und Reparaturen	– 30
./.	Energieaufwand	– 66
./.	Versicherungsaufwand	– 22
./.	Werbeaufwand	– 72
./.	Diverser Betriebsaufwand	– 68
./.	Abschreibung Sesselbahn	– 60
./.	Abschreibung Pistenfahrzeuge	– 45
./.	Abschreibung diverse Anlagen	– 25
./.	Rückstellung für Grossrevision	– 20
=	Gewinn	46

Geschäftstätigkeit (indirekt)

	Gewinn	46
+	Abschreibung Sesselbahn	60
+	Abschreibung Pistenfahrzeuge	45
+	Abschreibung diverse Anlagen	25
+	Rückstellung für Grossrevision	20
+	Zunahme Verbindlichkeiten L+L	6
=	Cashflow	202

Plan-Bilanz 31.12.20_6

Aktiven		Passiven	
Kasse, Bankguthaben	72	Verbindlichkeiten L+L	26
Sesselbahn	940	Darlehen	1 120
Pistenfahrzeuge	455	Rückstellung	20
Rutschbahn	600	Aktienkapital	1 500
Beschneiungsanlage	450	Gewinnreserven	180
Diverse Anlagen	375	Gewinn	46
	2 892		2 892

13.03

Plan-Erfolgsrechnung (Erfolgsbudget) 20_1

Text	Sept.	Oktober	November	Dezember	Total
Honorarertrag (Umsatz)		40	60	80	180
./. Lohnaufwand	– 18	– 18	– 18	– 18	– 72
./. Mietaufwand	– 5	– 5	– 5	– 5	– 20
./. Kapitalzinsaufwand	– 6	– 8	– 7	– 8	– 29
./. Abschreibungen	– 4	– 4	– 4	– 4	– 16
./. Übriger Baraufwand	– 6	– 6	– 6	– 6	– 24
./. Gründungsaufwand	– 10				– 10
= **Erfolg**	**– 49**	**– 1**	**20**	**39**	**9**

Plan-Geldflussrechnung (Liquiditätsbudget, Finanzplan) 20_1

Text	Sept.	Oktober	November	Dezember	Total
Zahlungen von Kunden			40	60	100
./. Lohnzahlungen	– 15	– 15	– 15	– 27	– 72
./. Mietzinszahlungen	– 15			– 15	– 30
./. Kapitalzinszahlungen	– 6			– 23	– 29
./. Übriger Baraufwand	– 6	– 6	– 6	– 6	– 24
./. Gründungsaufwand	– 10				– 10
= **Cashflow**	**– 52**	**– 21**	**19**	**– 11**	**– 65**
./. Investitionen	– 160				– 160
= **Kapitalbedarf (Finanzierungslücke)**	**– 212**	**– 21**	**19**	**– 11**	**– 225**
+ Aussenfinanzierung (AK-Erhöhung)	100				100
= **Veränderungen der flüssigen Mittel**	**– 112**	**– 21**	**19**	**– 11**	**– 125**
Bestand der Kontokorrentschuld jeweils Ende Monat	112	133	114	125	

Planbilanz 31.12.20_1

Aktiven		Passiven	
Forderungen L+L	80	Bank	125
Aktive Rechnungsabgrenzungen①	10	Aktienkapital	100
Anlagevermögen	144	Gewinn	9
	234		234

① Mietaufwand für 2 Monate

13.04

Erfolgsrechnung 1.1. bis 30.6.20_1

	Januar	Februar	März	April	Mai	Juni	Total
Verkaufsertrag	300	200	400	500	600	400	2 400
./. Warenaufwand	– 180	– 120	– 240	– 300	– 360	– 240	– 1 440
./. Zinsaufwand	– 1	– 1	– 1	– 1	– 1	– 1	– 6
./. Abschreibungen Sachanlagen	– 6	– 6	– 6	– 6	– 7	– 7	– 38
./. Übriger Aufwand	– 145	– 140	– 150	– 152	– 160	– 150	– 897
= Gewinn	– 32	– 67	3	41	72	2	19

Wareneinkäufe 1.1. bis 30.6.20_1

	Januar	Februar	März	April	Mai	Juni	Total
Wareneinkäufe	– 120	– 240	– 300	– 360	– 240	– 500	– 1 760

Liquiditätsbudget 1.1. bis 30.6.20_1

	Januar	Februar	März	April	Mai	Juni	Total
Zahlungen von Kunden	500	300	200	400	500	600	2 500
./. Zahlungen an Lieferanten	– 150	– 180	– 270	– 330	– 300	– 370	– 1 600
./. Zahlungen für Zinsen					– 12		– 12
./. Zahlungen für übrigen Aufwand	– 145	– 140	– 150	– 152	– 160	– 150	– 897
= Cashflow	205	– 20	– 220	– 82	28	80	– 9
./. Kauf Sachanlagen						– 59	– 59
+ Aktienkapitalerhöhung mit Agio					70		70
./. Dividendenausschüttung					– 40		– 40
= Veränderungen flüssige Mittel	205	– 20	– 220	– 82	58	21	– 38

Bestände an flüssigen Mitteln per Ende Monat

	Januar	Februar	März	April	Mai	Juni
Flüssige Mittel Ende Monat	255	235	15	– 67	– 9	12

Schlussbilanz 30.6.20_1

Flüssige Mittel	12	Verbindlichkeiten L+L	250
Forderungen L+L	400	Passive Rechnungsabgrenzungen	1
Warenvorrat	500	Darlehen	200
Sachanlagen	321	Aktienkapital	450
		Kapitalreserven	50
		Gewinnreserven	263
		Gewinn	19
	1 233		1 233

13.04 Ergänzende Lösungshinweise

Es empfiehlt sich, zuerst die Erfolgsrechnung zu vervollständigen.

Die Bruttogewinnmarge von 40 % bedeutet, dass der Warenaufwand 60 % des Warenertrags beträgt. Für den Monat Januar beträgt der Warenaufwand zum Beispiel 180.

Warenertrag	300	100 %
./. Warenaufwand	– 180	– 60 %
= Bruttogewinn	120	40 %

Der Jahreszins für das Darlehen beträgt 12 (6 % von 200), das ergibt einen Zinsaufwand von 1 pro Monat. Da der Zinstermin Ende Mai liegt, ist in der Eröffnungsbilanz 20_1 eine Passive Rechnungsabgrenzung von 7 (7 Monate zu 1) aufgeführt. Die Passive Rechnungsabgrenzung in der Bilanz von Mitte 20_1 beträgt 1 (Monat Juni).

Für die Ermittlung der Abschreibungen ist der Kauf eines neuen Fahrzeugs zu berücksichtigen. Die Abschreibungen beginnen mit der Inbetriebnahme Anfang Mai.

Anschaffungswert	59
./. Restwert	– 11
= Total abzuschreibender Betrag	48
Zusätzliche Abschreibung pro Jahr	12
Zusätzliche Abschreibung pro Monat	1

Die Abschreibungen betragen nach Inbetriebnahme des Fahrzeugs 7 pro Monat. In den Vormonaten sind sie um 1 tiefer, nämlich 6.

Die Wareneinkäufe erfolgen einen Monat vor dem Lagerausgang. Der Lagerausgang entspricht dem Einstandswert der verkauften Waren, d. h. dem Warenaufwand. Zum Beispiel werden die 180 Lagerausgänge des Januars im Dezember eingekauft.

	Dezember	Januar	Februar	März	April	Mai	Juni
Warenaufwand		– 180	– 120	– 240	– 300	– 360	– 240
Wareneinkauf	– 180	– 120	– 240	– 300	– 360	– 240	– 500
Zahlungen 50 % im laufenden Monat		– 60	– 120	– 150	– 180	– 120	– 250
Zahlungen 50 % des Vormonats		– 90	– 60	– 120	– 150	– 180	– 120
Zahlungen total		– 150	– 180	– 270	– 330	– 300	– 370

Ende Juni betragen die Verbindlichkeiten L+L gemäss Schlussbilanz 250. Das sind die 50 % der Einkaufsrechnungen des Monats Juni, die noch nicht bezahlt sind. Die Juni-Wareneinkäufe betragen somit 500 (2 · 250).

Der Zusammenhang zwischen Warenaufwand, Wareneinkauf und Zahlungen an Lieferanten lässt sich mithilfe der Totalspalten überprüfen:

./. Warenaufwand	– 1 440
./. Zunahme Warenvorrat	– 320
= Wareneinkauf	– 1 760
+ Zunahme Verbindlichkeiten L+L	160
= Zahlungen an Lieferanten	– 1 600

Die Zahlungen von Kunden erfolgen einen Monat nach der Rechnungstellung, zum Beispiel beträgt der Warenertrag im Februar 200, was zu Zahlungen von Kunden im März von 200 führt.

Die Zahlungen von Kunden im Januar von 500 entsprechen dem Bestand an Forderungen L+L in der Eröffnungsbilanz.

Der Schlussbestand an Forderungen L+L per Ende Juni entspricht dem Warenertrag im Juni von 400.

Der Zusammenhang zwischen Warenertrag und Zahlungen von Kunden lässt sich mithilfe der Totalspalten überprüfen:

Warenertrag	2 400
+ Abnahme Forderungen L+L	100
= Zahlungen von Kunden	2 500

Die Dividendenausschüttung beträgt 40 (10 % des Aktienkapitals von 400), wodurch sich die Gewinnreserven um 40 vermindern. Die Aktienkapitalerhöhung ist erst ab nächstem Jahr dividendenberechtigt. Im Mai werden 26 (65 %) an die Aktionäre ausbezahlt und 14 (35 %) als Verrechnungssteuer an die ESTV.

Gewinnreserven 1.1.20_1	258
+ Übertrag Vorjahresgewinn	45
./. Dividendenausschüttung	– 40
= Gewinnreserven 30.6.20_1	263

Die (in der Aufgabenstellung nicht genannte) obligationenrechtliche Zuweisung an die gesetzlichen Gewinnreserven ist nicht sichtbar, da die *Gewinnreserven* nach Swiss GAAP FER sowohl die freiwilligen als auch die gesetzlichen Gewinnreserven nach Obligationenrecht umfassen.

Die Aktienkapitalerhöhung führt zu einer Zunahme des Aktienkapitals von 50 und einer Zunahme der Kapitalreserven von 20 (40 % von 50).

13.05

Erfolgsbudget 1. Quartal 20_1

	Januar	Februar	März	Total
Verkaufsertrag	60	50	80	190
./. Warenaufwand	– 36	– 30	– 48	– 114
./. Personalaufwand	– 13	– 13	– 13	– 39
./. Abschreibungen	– 2	– 2	– 3	– 7
./. Übriger Aufwand (= Ausgabe)	– 9	– 8	– 10	– 27
+ Veräusserungsgewinn	6			6
= Gewinn	6	– 3	6	9

Geplante Wareneinkäufe 1. Quartal 20_1

	Januar	Februar	März	Total
Wareneinkäufe	– 30	– 48	– 42	– 120

Liquiditätsbudget 1. Quartal 20_1

	Januar	Februar	März	Total
Zahlungen von Kunden	50	55	65	170
./. Zahlungen an Lieferanten	– 33	– 39	– 45	– 117
./. Zahlungen für Personalaufwand	– 12	– 12	– 12	– 36
./. Zahlungen für übrigen Aufwand	– 9	– 8	– 10	– 27
= Cashflow	– 4	– 4	– 2	– 10
./. Kauf Sachanlagen			– 70	– 70
+ Verkauf Sachanlagen	26			26
= Free Cashflow	22	– 4	– 72	– 54
+ Aktienkapitalerhöhung mit Agio 10 %			55	55
./. Dividende			– 4	– 4
= Veränderungen flüssige Mittel	22	– 4	– 21	– 3

Plan-Schlussbilanz per 31.3.20_1

Flüssige Mittel	6	Verbindlichkeiten L+L	21
Forderungen L+L	40	Passive Rechnungsabgrenzungen	3
Warenvorrat	42	Finanzverbindlichkeiten	40
Sachanlagen	170	Aktienkapital	100
./. Wertberichtigung Sachanlagen	– 57	Kapitalreserven	11
		Gewinnreserven (16 + 5 – 4)	17
		Gewinn	9
	201		201

47

13.05 Ergänzende Lösungshinweise

Es empfiehlt sich, zuerst die Erfolgsrechnung zu vervollständigen.

Die Bruttogewinnmarge von 40 % bedeutet, dass der Warenaufwand konstant 60 % des Warenertrags beträgt.

Auf der leeren Zeile ist der Veräusserungsgewinn von 6 einzutragen. Er wird wie folgt ermittelt:

Anschaffungswert	50
./. Kumulierte Abschreibungen	– 30
= Buchwert	20
+ Veräusserungsgewinn	6
= Einnahme gemäss Finanzplan	26

Anschliessend sind die Wareneinkäufe zu bestimmen. Die Einkäufe erfolgen einen Monat vor den Verkäufen (Einstandswert der Verkäufe = Warenaufwand). Die Einkäufe im Monat März von 42 entsprechen dem Warenvorrat in der Schlussbilanz.

Nachfolgend können der Finanzplan und die Schlussbilanz vervollständigt werden.

Die Zahlungen an Lieferanten lassen sich am besten mithilfe einer Tabelle bestimmen, wobei noch Überlegungen zum Dezember nötig sind:

	Dezember	Januar	Februar	März
Warenaufwand		– 36	– 30	– 48
Wareneinkauf	– 36	– 30	– 48	– 42
Zahlungen 50 % im laufenden Monat		– 15	– 24	– 21
Zahlungen 50 % des Vormonats		– 18	– 15	– 24
Zahlungen total		– 33	– 39	– 45

Basierend auf diesen Überlegungen lässt sich der Bestand an Verbindlichkeiten L+L in der Schlussbilanz bestimmen. Offen ist noch die Hälfte der Märzeinkäufe, das sind 21.

Der Zusammenhang zwischen Warenaufwand, Wareneinkauf und Zahlungen an Lieferanten lässt sich mithilfe der Totalspalten überprüfen:

./. Warenaufwand	– 114
./. Zunahme Warenvorrat	– 6
= Wareneinkauf	– 120
+ Zunahme Verbindlichkeiten L+L	3
= Zahlungen an Lieferanten	117

Die Zahlungen von Kunden werden wie folgt ermittelt:

	Dezember	Januar	Februar	März
Warenertrag	40	60	50	80
Zahlungen 50 % im laufenden Monat		30	25	40
Zahlungen 50 % des Vormonats		20	30	25
Zahlungen total		50	55	65

Der Bestand an Forderungen L+L beträgt in der Eröffnungsbilanz 20. Dies entspricht der Hälfte des Dezemberumsatzes, der somit 40 beträgt.

Der Bestand an Forderungen L+L in der Schlussbilanz beträgt 40, d. h. die Hälfte des Märzumsatzes.

Der Zusammenhang zwischen Warenertrag und Zahlungen von Kunden lässt sich mithilfe der Totalspalten überprüfen:

Warenertrag	190
./. Zunahme Forderungen L+L	– 20
= Zahlungen von Kunden	170

Der gesamte Personalaufwand des Jahres beträgt 156 (12 Monate zu 13). Ausbezahlt werden die Löhne in 13 Tranchen, weil im Dezember 2 Monatslöhne ausbezahlt werden. In den übrigen Monaten beträgt die Lohnzahlung 12 (156 : 13).

Der im Dezember auszuzahlende 13. Monatslohn von 12 wird zeitlich abgegrenzt. Die Abgrenzung beträgt 1 je Monat, sodass die Passive Rechnungsabgrenzung für die Löhne per Ende März 3 beträgt.

Für die Ermittlung der Schlussbestände bei den Sachanlagen und den Wertberichtigungen Sachanlagen können die Konten skizziert werden:

	Sachanlagen		Wertberichtigung SA	
Anfangsbestand	150			80
Verkauf		50	30	
Kauf	70			
Abschreibung				7
Salden		**170**	**57**	

Die im Finanzplan aufgeführte Aktienkapitalerhöhung von 55 (= 110 %) lässt sich aufteilen in eine Erhöhung des Aktienkapitals von 50 (= 100 %) und ein Agio von 5 (= 10 %). Das Agio führt zu einer Erhöhung der Kapitalreserven.

Die Gewinnausschüttung beträgt 4 (8 % von 50), wodurch sich die Gewinnreserven um 4 vermindern. Die Aktienkapitalerhöhung ist erst ab nächstem Jahr dividendenberechtigt. Die (in der Aufgabenstellung nicht genannte) obligationenrechtliche Zuweisung an die gesetzlichen Gewinnreserven ist hier nicht sichtbar, da die *Gewinnreserven* nach Swiss GAAP FER sowohl die freiwilligen als auch die gesetzlichen Gewinnreserven nach Obligationenrecht umfassen.

13.06

Plan-Erfolgsrechnung Q1/20_5

	Januar	Februar	März	Total
Warenertrag	250	150	400	800
./. Warenaufwand	– 150	– 90	– 240	– 480
./. Personalaufwand	– 26	– 26	– 26	– 78
./. Abschreibungen	– 30	– 32	– 32	– 94
./. Zinsaufwand	– 2	– 2	– 1	– 5
./. Diverser Aufwand	– 35	– 33	– 40	– 108
= **Erfolg**	**7**	**– 33**	**61**	**35**

Wareneinkäufe Q1/20_5

	Januar	Februar	März	Total
Wareneinkäufe	– 90	– 240	– 270	– 600

Finanzplan Q1/20_5

	Januar	Februar	März	Total
Zahlungen von Kunden	360	310	190	860
./. Zahlungen an Lieferanten	– 195	– 120	– 165	– 480
./. Zahlungen für Personalaufwand	– 24	– 24	– 24	– 72
./. Zahlungen für Zinsen		– 24		– 24
./. Zahlungen für diversen Aufwand	– 35	– 33	– 40	– 108
= **Geldfluss aus Betriebstätigkeit**	**106**	**109**	**– 39**	**176**
./. Investitionen (Kauf Fahrzeug)			– 210	– 210
./. Gewinnausschüttung		– 26	– 14	– 40
+ Aktienkapitalerhöhung mit Agio			160	160
./. Rückzahlung Darlehen		– 100		– 100
= **Veränderung flüssige Mittel**	**106**	**– 17**	**– 103**	**– 14**

Plan-Bilanz per 31.3.20_5

Flüssige Mittel	16	Verbindlichkeiten L+L	390
Forderungen L+L	460	Passive Rechnungsabgrenzungen	7
Warenvorrat	**270**	Darlehen	300
Sachanlagen	1 110	Aktienkapital	400
./. Wertberichtigung Sachanlagen	– 494	Kapitalreserven	90
		Gewinnreserven (130 + 50 – 40)	140
		Gewinn	35
	1 362		1 362

13.06 Ergänzende Lösungshinweise

Es empfiehlt sich, zuerst die Erfolgsrechnung zu vervollständigen.

Aus den Zahlen für den Januar lässt sich errechnen, dass der Warenaufwand 60 % des Warenertrags beträgt.

	Warenertrag	250	100 %
./.	Warenaufwand	– 150	– 60 %
=	Bruttogewinn	100	40 %

Für die Ermittlung der Abschreibungen ist der Kauf eines neuen Fahrzeugs zu berücksichtigen. Die Abschreibungen beginnen mit der Inbetriebnahme Anfang Februar.

	Anschaffungswert	130
./.	Restwert	– 34
=	Total abzuschreibender Betrag	96
	Zusätzliche Abschreibung pro Jahr	24
	Zusätzliche Abschreibung pro Monat	2

Der Kauf von Sachanlagen von 80 wird im März als Investition im Finanzplan ausgewiesen. Die Abschreibungen beginnen erst im April.

Die Gesamtinvestitionen betragen 210 (130 Fahrzeug + 80 Sachanlagen).

Der Jahreszins für das Darlehen beträgt 24 (6 % von 400), das ergibt 2 pro Monat. Da der Zinstermin Ende Februar liegt, ist in der Schlussbilanz 20_4 eine passive Rechnungsabgrenzung von 20 (10 Monate zu 2) aufgeführt.

Aufgrund der teilweisen Rückzahlung des Darlehens und der Senkung des Zinsfusses ergibt sich ab März ein neuer Jahreszins von 12 (4 % von 300), weshalb der monatliche Zinsaufwand neu 1 beträgt. Die Passive Rechnungsabgrenzung für die Zinsen beträgt am Ende des Quartals 1 (Zins für den Monat März).

Der gesamte Lohnaufwand des Jahres beträgt 312 (12 Monate zu 26). Ausbezahlt werden die Löhne in 13 Tranchen, weil im Dezember 2 Monatslöhne ausbezahlt werden. In den übrigen Monaten beträgt die Lohnzahlung 24 (312 : 13).

Der im Dezember auszuzahlende 13. Monatslohn von 24 wird zeitlich abgegrenzt. Die Abgrenzung beträgt 2 je Monat, sodass die Passive Rechnungsabgrenzung für die Löhne Ende März 6 beträgt (3 Monate zu 2).

Die Passiven Rechnungsabgrenzungen setzen sich Ende März wie folgt zusammen:

	Zeitliche Abgrenzung Zinsen	1
+	Zeitliche Abgrenzung Personalaufwand	6
=	Passive Rechnungsabgrenzungen	7

Anschliessend sind die Wareneinkäufe zu bestimmen. Die Einkäufe von 270 im März entsprechen dem Warenvorrat in der Planbilanz Ende Quartal.

Die Zahlungen an Lieferanten werden mithilfe einer Tabelle bestimmt, wobei für die Zahlungen im Januar noch die unterhalb der Tabelle aufgeführten Zusatzüberlegungen notwendig sind.

	Nov.	Dez.	Januar	Februar	März
Warenaufwand			– 150	– 90	– 240
Wareneinkauf	– 240	– 150	– 90	– 240	– 270
Zahlungen 50 % des Vormonats			– 75	– 45	– 120
Zahlungen 50 % des Vorvormonats			– 120	– 75	– 45
Zahlungen total			– 195	– 120	– 165

In der Schlussbilanz Ende 20_4 betragen die Verbindlichkeiten L+L 270. Diese setzen sich wie folgt zusammen:

100 % der Dezember-Einkäufe	150
+ 50 % der November-Einkäufe (= Restgrösse)	120
= Verbindlichkeiten L+L	270

Die Einkäufe im November betragen somit 240 (2 • 120).

Basierend auf diesen Überlegungen lässt sich der Bestand an Verbindlichkeiten L+L in der Planbilanz per Ende März bestimmen:

100 % der März-Einkäufe	270
+ 50 % der Februar-Einkäufe	120
= Verbindlichkeiten L+L per Ende März	390

Der Zusammenhang zwischen Warenaufwand, Wareneinkauf und Zahlungen an Lieferanten lässt sich mithilfe der Totalspalten überprüfen:

./. Warenaufwand	– 480
./. Zunahme Warenvorrat	– 120
= Wareneinkauf	– 600
+ Zunahme Verbindlichkeiten L+L	120
= Zahlungen an Lieferanten	– 480

Die Zahlungen von Kunden werden mithilfe einer Tabelle ermittelt, wobei für die Kundenzahlungen im Januar die unterhalb der Tabelle aufgeführten Zusatzüberlegungen notwendig sind:

	Nov.	Dez.	Januar	Februar	März
Warenertrag	300	400	250	150	400
Zahlungen 60 % des Vormonats			240	150	90
Zahlungen 40 % des Vorvormonats			120	160	100
Zahlungen total			360	310	190

In der Schlussbilanz Ende 20_4 betragen die Forderungen L+L 520. Diese setzen sich wie folgt zusammen:

100 % der Dezember-Verkäufe	400
+ 40 % der November-Verkäufe (= Restgrösse)	120
= Forderungen L+L	520

Die Verkäufe im November betragen somit 300 (120 : 40 % • 100 %).

Basierend auf diesen Überlegungen lässt sich der Bestand an Forderungen L+L in der Planbilanz per Ende März bestimmen:

100 % der März-Verkäufe	400
+ 40 % der Februar-Verkäufe	60
= Forderungen L+L per Ende März	460

Der Zusammenhang zwischen Warenertrag und Zahlungen von Kunden lässt sich mithilfe der Totalspalten überprüfen:

Warenertrag	800
+ Abnahme Forderungen L+L	60
= Zahlungen von Kunden	860

Der Kauf einer Sachanlage von 210 führt zu einem Bestand an Sachanlagen in der Planbilanz per Ende März von 1 110 (900 + 210).

Der Schlussbestand der Wertberichtigung Sachanlagen beträgt 494 (Anfangsbestand 400 + Abschreibungen 94).

Die Gewinnausschüttung beträgt 40, wovon 26 (65 %) im Februar an die Aktionäre ausbezahlt werden und 14 (35 %) im März als Verrechnungssteuer an die ESTV.

Gewinnreserven 1.1.20_5	130
+ Übertrag Gewinn 20_4	50
./. Dividendenausschüttung	– 40
= Gewinnreserven 31.3.20_5	140

13.07

Ermittlung der Wareneinkäufe

	1. Quartal	2. Quartal	3. Quartal	4. Quartal	Total
Einkäufe für laufendes Quartal	160	120	240	200	XXX
Einkäufe für nächstes Quartal	60	120	100	90	XXX
Total Einkäufe	220	240	340	290	1090

Plan-Geldflussrechnung 20_2

	1. Quartal	2. Quartal	3. Quartal	4. Quartal	Total
Zahlungen von Kunden	380	350	450	550	1730
./. Zahlungen an Lieferanten	– 210	– 220	– 240	– 340	– 1010
./. Zahlungen für Personalaufwand	– 60	– 60	– 60	– 80	– 260
./. Mietzinszahlungen	– 30	– 30	– 30	– 30	– 120
./. Hypothekarzinszahlungen	– 6		– 6		– 12
./. Übriger Baraufwand	– 55	– 55	– 55	– 55	– 220
= Cashflow (Cashdrain)	**19**	**– 15**	**59**	**45**	**108**
./. Kauf Sachanlage			– 170		– 170
+ AK-Erhöhung (nominal)		50			50
+ Agio		20			20
= Veränderung flüssige Mittel	**19**	**55**	**– 111**	**45**	**8**

Plan-Bilanz 31.12.20_2

Flüssige Mittel	78	Verbindlichkeiten L+L	290
Forderungen L+L	250	Aufgelaufene Zinsen (PRA)	4
Warenvorräte	90	Hypothek	240
Sachanlagen	528	Aktienkapital	250
		Kapitalreserven	20
		Gewinnreserven (52 + 24)	76
		Gewinn	66
	946		946

13.07 Ergänzende Lösungshinweise

Bei der Ermittlung der Wareneinkäufe in der Tabelle zuoberst ergeben sich im 4. Quartal die 90 Wareneinkäufe für das nächste Quartal als Saldogrösse gegenüber dem Gesamttotal von 1 090. Die 90 entsprechen dem Warenvorrat in der Plan-Bilanz per 31.12.20_2.

Die Zahlungen an Lieferanten können wie folgt ermittelt werden:

	Vorquartal	Q1	Q2	Q3	Q4
Wareneinkäufe	– 210	– 220	– 240	– 340	– 290
Zahlungen an Lieferanten		– 210	– 220	– 240	– 340

Da die Lieferantenrechnungen jeweils im Folgequartal bezahlt werden, entsprechen die Zahlungen an Lieferanten im ersten Quartal von 210 dem Bestand an Verbindlichkeiten L+L in der Schlussbilanz per 31.12.20_1.

Die Verbindlichkeiten L+L in der Plan-Bilanz vom 31.12.20_2 betragen 290, was den Wareneinkäufen im vierten Quartal entspricht.

Der Zusammenhang zwischen Warenaufwand, Wareneinkauf und Zahlungen an Lieferanten lässt sich mithilfe der Totalspalten überprüfen:

./. Warenaufwand	– 1 080
./. Zunahme Warenvorrat	– 10
= Wareneinkauf	– 1 090
+ Zunahme Verbindlichkeiten L+L	80
= Zahlungen an Lieferanten	– 1 010

Die Zahlungen von Kunden werden mithilfe einer Tabelle bestimmt:

	Vorquartal	Q1	Q2	Q3	Q4
Warenverkäufe	360	400	300	600	500
Zahlungen 50 % des laufenden Quartals		200	150	300	250
Zahlungen 50 % aus Vorquartal		180	200	150	300
Total Zahlungen von Kunden		380	350	450	550

Da die Kunden die Rechnungen zur Hälfte im Folgequartal bezahlen, entspricht der Bestand an Forderungen L+L von 180 gemäss Schlussbilanz vom 31.12.20_1 der Hälfte der Vorquartalsverkäufe von 360.

Die Forderungen L+L in der Plan-Bilanz vom 31.12.20_2 betragen 250, was 50 % der Warenverkäufe im vierten Quartal entspricht.

Der Zusammenhang zwischen Warenertrag und Zahlungen von Kunden lässt sich mithilfe der Totalspalten überprüfen:

Warenertrag	1 800
./. Zunahme Forderungen L+L	– 70
= Zahlungen von Kunden	1 730

13.08

Aktiven per 31.12.

	20_0	20_1	20_2	20_3
Flüssige Mittel	25	33	23	32
+ Forderungen L+L	95	105	100	90
+ Warenvorräte	60	64	70	74
+ Sachanlagen	70	63	76	55
= Bilanzsumme	250	265	269	251

Passiven per 31.12.

	20_0	20_1	20_2	20_3
Verbindlichkeiten L+L	37	42	46	45
+ Passive Rechnungsabgrenzungen	2	2	1	1
+ Finanzverbindlichkeiten	80	80	40	40
+ Aktienkapital	100	100	120	120
+ Kapitalreserven	7	7	13	13
+ Gewinnreserven	16	19	26	37
+ Gewinn	8	15	23	– 8
= Bilanzsumme	250	265	269	251

Plan-Erfolgsrechnungen

	20_1	20_2	20_3
Warenertrag	700	800	860
./. Warenaufwand	– 420	– 480	– 602
./. Zinsaufwand	– 4	– 3	– 2
./. Abschreibungen	– 7	– 9	– 11
./. Diverser Baraufwand	– 254	– 285	– 250
= Gewinn	**15**	**23**	**– 5**

Plan-Geldflussrechnungen

	20_1	20_2	20_3
Zahlungen von Kunden	690	805	870
./. Zahlungen an Lieferanten	– 419	– 482	– 607
./. Zahlungen für Zinsen	– 4	– 4	– 2
./. Zahlungen für diversen Aufwand	– 254	– 285	– 250
= Cashflow	**13**	**34**	**11**
./. Investitionen		– 22	
+ Desinvestitionen			10
= Free Cashflow	**13**	**12**	**21**
+ Aussenfinanzierung		26	
./. Definanzierung		– 40	
./. Gewinnausschüttung	– 5	– 8	– 12
= Veränderung flüssige Mittel	**8**	**– 10**	**9**

Cashflow indirekt (zur Kontrolle)

		20_1	20_2	20_3
	Gewinn	15	23	– 5
+	Abschreibungen	7	9	11
+/–	Veränderungen Forderungen L+L	– 10	5	10
+/–	Veränderungen Vorräte	– 4	– 6	– 4
+/–	Veränderungen Verbindlichkeiten L+L	5	4	– 1
+/–	Veränderungen PRA	0	– 1	0
=	**Cashflow**	13	34	11

13.08 Ergänzende Lösungshinweise

Es empfiehlt sich, zuerst die Erfolgsrechnung zu vervollständigen.

Mithilfe der Bruttogewinnmarge wird der Warenaufwand ermittelt:

	20_1		20_2		20_3	
Warenertrag	700	100 %	800	100 %	860	100 %
./. Warenaufwand	– 420	– 60 %	– 480	– 60 %	– 602	– 70 %
= Bruttogewinn	280	40 %	320	40 %	258	30 %

Der jährliche Zinstermin ist Mitte Jahr. Die Passive Rechnungsabgrenzung für aufgelaufene Zinsen per Ende 20_0 von 2 ist demnach der Zins für ein halbes Jahr. Daraus ergibt sich ein Jahreszins von 4. Der Zinsfuss ist 5 % (4 Zinsaufwand im Verhältnis zu den Finanzverbindlichkeiten von 80).

Der Zinsaufwand für das Jahr 20_1 beträgt 4.

Für die erste Hälfte 20_2 beträgt der Zinsaufwand 2 (5 % von 80 für 6 Monate). Mitte 20_2 werden von den Finanzverbindlichkeiten 40 zurückbezahlt, sodass der Zinsaufwand für das zweite Halbjahr 20_2 auf 1 sinkt (5 % von 40 für 6 Monate). Der Zinsaufwand 20_2 ist somit 3 (2 + 1).

Der Zinsaufwand für das Jahr 20_3 beträgt 2 (5 % von 40).

Da die Zinsen nachschüssig (= am Ende der Periode) bezahlt werden, macht sich die Rückzahlung von Finanzverbindlichkeiten bei den Zahlungen für Zinsen erst im Jahr 20_3 bemerkbar:

- Im Jahr 20_2 ist die Zinszahlung von 4 per Mitte 20_2 zu berücksichtigen (5 % von 80 für die Periode vom 30.06.20_1 bis 30.06.20_2).
- Im Jahr 20_3 ist die Zinszahlung von 2 per Mitte 20_3 zu berücksichtigen (5 % von 40 für die Periode vom 30.06.20_2 bis 30.06.20_3).

Die Passiven Rechnungsabgrenzungen per Ende 20_1 betragen 2 (5 % von 80 für das zweite Halbjahr vom 30.06.20_1 bis 31.12.20_1).

Ende 20_2 und Ende 20_3 ist jeweils ein Betrag von 1 abzugrenzen (5 % von 40 für das zweite Halbjahr).

Da im Jahr 20_1 keine Sachanlagen gekauft oder verkauft wurden, entspricht die Differenz bei den Sachanlagen von 7 den Abschreibungen (Wert der Sachanlagen von 70 Ende Jahr 20_0 abzüglich 63 Ende Jahr 20_1).

Für die Jahre 20_2 und 20_3 sind die erhöhten Abschreibungen wegen des Kaufs einer Sachanlage Mitte 20_2 einzurechnen:

	Anschaffungswert	22
./.	Restwert	– 2
=	Total abzuschreibender Betrag	20
	Zusätzliche Abschreibung pro Jahr	4

Für das Jahr 20_2 sind zusätzliche Abschreibungen für ein halbes Jahr von 2 zu berücksichtigen, für das Jahr 20_3 zusätzliche Abschreibungen für ein ganzes Jahr von 4.

Für die Zahlungen von Kunden sind die Veränderungen der Forderungen L+L zu berücksichtigen:

		20_1	20_2	20_3
	Warenertrag	700	800	860
±	Veränderungen Forderungen L+L	– 10	5	10
=	Zahlungen von Kunden	690	805	870

Für die Zahlungen an Lieferanten sind die Veränderungen der Warenvorräte sowie der Verbindlichkeiten L+L zu berücksichtigen:

		20_1	20_2	20_3
./.	Warenaufwand	– 420	– 480	– 602
./.	Zunahmen Warenvorräte	– 4	– 6	– 4
=	Wareneinkäufe	– 424	– 486	– 606
±	Veränderungen Verbindlichkeiten L+L	5	4	– 1
=	Zahlungen an Lieferanten	– 419	– 482	– 607

Die Gewinnausschüttung bzw. der Schlussbestand an Gewinnreserven werden wie folgt berechnet:

		20_1	20_2	20_3
	Anfangsbestand Gewinnreserven	16	19	26
+	Vorjahresgewinn	8	15	23
./.	Gewinnausschüttung	– 5	– 8	– 12
=	Schlussbestand Gewinnreserven	19	26	37

Die (in der Aufgabenstellung nicht genannte) obligationenrechtliche Zuweisung an die gesetzlichen Gewinnreserven ist nicht sichtbar, da die *Gewinnreserven* nach Swiss GAAP FER sowohl die freiwilligen als auch die gesetzlichen Gewinnreserven nach Obligationenrecht umfassen.

Die Kapitalreserven erhöhen sich im Jahr 20_2 durch das Agio von 6 (30 % der Aktienkapitalerhöhung von 20).

Für die Ermittlung der Flüssigen Mittel in der Bilanz im Folgejahr muss jeweils zuerst die Plan-Geldflussrechnung des Vorjahres fertiggestellt werden, damit die Veränderungen der Flüssigen Mittel feststehen.

Der Bestand an Flüssigen Mitteln per Ende 20_1 errechnet sich zum Beispiel wie folgt:

Bestand Flüssige Mittel Ende 20_0	25
+ Zunahme Flüssige Mittel 20_1	8
= Bestand Flüssige Mittel Ende 20_1	33

Zur Kontrolle kann der Bestand an Flüssigen Mitteln jeweils auch als Saldogrösse in der Bilanz berechnet werden.

13.09

Schlussbilanzen

Aktiven / Passiven

Aktiven	20_0	20_1	20_2	20_3	Passiven	20_0	20_1	20_2	20_3
Flüssige Mittel	10	32	7	20	Verbindlichkeiten L+L	36	30	31	32
Forderungen L+L	50	54	58	62	PRA	4	4	2	2
Warenvorräte	30	29	31	33	Finanzverbindlichkeiten	100	100	50	50
Sachanlagen (SA)	200	200	243	223	Aktienkapital	60	60	80	80
./. Wertberichtigung SA	– 70	– 90	– 116	– 132	Gesetzliche Kapitalreserve	0	0	10	10
					Gesetzliche Gewinnreserve	14	16	18	20
					Gewinnvortrag	1	1	2	8
					Gewinn	5	14	30	4
	220	225	223	206		220	225	223	206

Plan-Erfolgsrechnungen

	20_1	20_2	20_3
Warenertrag	500	600	660
./. Warenaufwand	– 350	– 420	– 495
./. Zinsaufwand	– 6	– 4	– 3
./. Abschreibungen	– 20	– 26	– 28
./. Diverser Baraufwand	– 110	– 120	– 130
= Gewinn	**14**	**30**	**4**

Plan-Geldflussrechnungen (Finanzpläne)

	20_1	20_2	20_3
Zahlungen von Kunden	496	596	656
./. Zahlungen an Lieferanten	– 355	– 421	– 496
./. Zahlungen für Zinsen	– 6	– 6	– 3
./. Zahlungen für diversen Aufwand	– 110	– 120	– 130
= Cashflow	**25**	**49**	**27**
./. Investitionen		– 43	
+ Desinvestitionen			8
= Free Cashflow	**25**	**6**	**35**
+ Aussenfinanzierung		30	
./. Definanzierung		– 50	
./. Gewinnausschüttung	– 3	– 11	– 22
= Veränderung flüssige Mittel	**22**	**– 25**	**13**

13.10

a)

Finanzplan (in CHF 1 000.–)

	20_1	20_2	20_3
Betriebstätigkeit			
+ Verkaufserlöse	60	57	54
+ Direktzahlungen	40	45	45
./. Zukäufe	– 25	– 25	– 25
./. Personalzahlungen	– 14		
./. Pachtzinsen	– 2	– 2	– 2
./. Reparatur und Unterhalt	– 10	– 10	– 10
./. Allgemeiner Betriebsaufwand	– 13	– 13	– 13
./. Zinsen (auf bisherigen Schulden)	– 5	– 5	– 5
./. Zinsen (auf neuer Hypothek)		– 4	– 4
= Cashflow (Landwirtschaftsbetrieb)	31	43	40
+ Nebeneinkommen	30	30	30
+ Familienzulagen	6	6	6
./. Privatausgaben	– 28	– 31	– 31
= Cashflow (Betrieb + Privat zusammen)	39	48	45
Investitionstätigkeit			
./. Stallumbau	– 400		
./. Ersatzinvestitionen		– 20	– 20
= Finanzierungslücke (–) oder Finanzierungsüberschuss (+)	– 361	28	25
Finanzierungstätigkeit			
+ Zuschuss öffentliche Hand	200		
+ Investitionskredit	60		
+ Hypothek	100		
./. Tilgungsverpflichtungen (bisher)	– 2	– 2	– 2
./. Tilgung Investitionskredit		– 6	– 6
./. Tilgung Hypothek		– 5	– 5
= Veränderung der flüssigen Mittel	– 3	15	12
Bestand an flüssigen Mitteln (Ende Jahr)	2	17	29

b) Der Finanzplan zeigt, dass die Investitionen finanziell grundsätzlich möglich sind. Im Jahr 20_1 allerdings ist die Finanzsituation recht angespannt, und negative Abweichungen vom Plan können rasch einen finanziellen Engpass bewirken (z. B. Baukostenüberschreitungen beim Stallumbau, tiefere Verkaufserträge bzw. erhöhte Futterzukäufe wegen ungünstiger Witterung, verspätete Subventionszahlungen der öffentlichen Hand).

c)

	Cashflow (Betrieb)	43	
+	Nebeneinkommen	30	
+	Familienzulagen	6	
./.	Abschreibungen (12 + 20 + 2)	– 34	
=	**Jahreseinkommen der Familie**	**45**	
./.	Privatausgaben	– 31	War nicht verlangt
=	Vermögensbildung	14	

13.11

Die Lösung entspricht dem Theoriebeispiel von Kapitel 13, Seite 37.

13.12

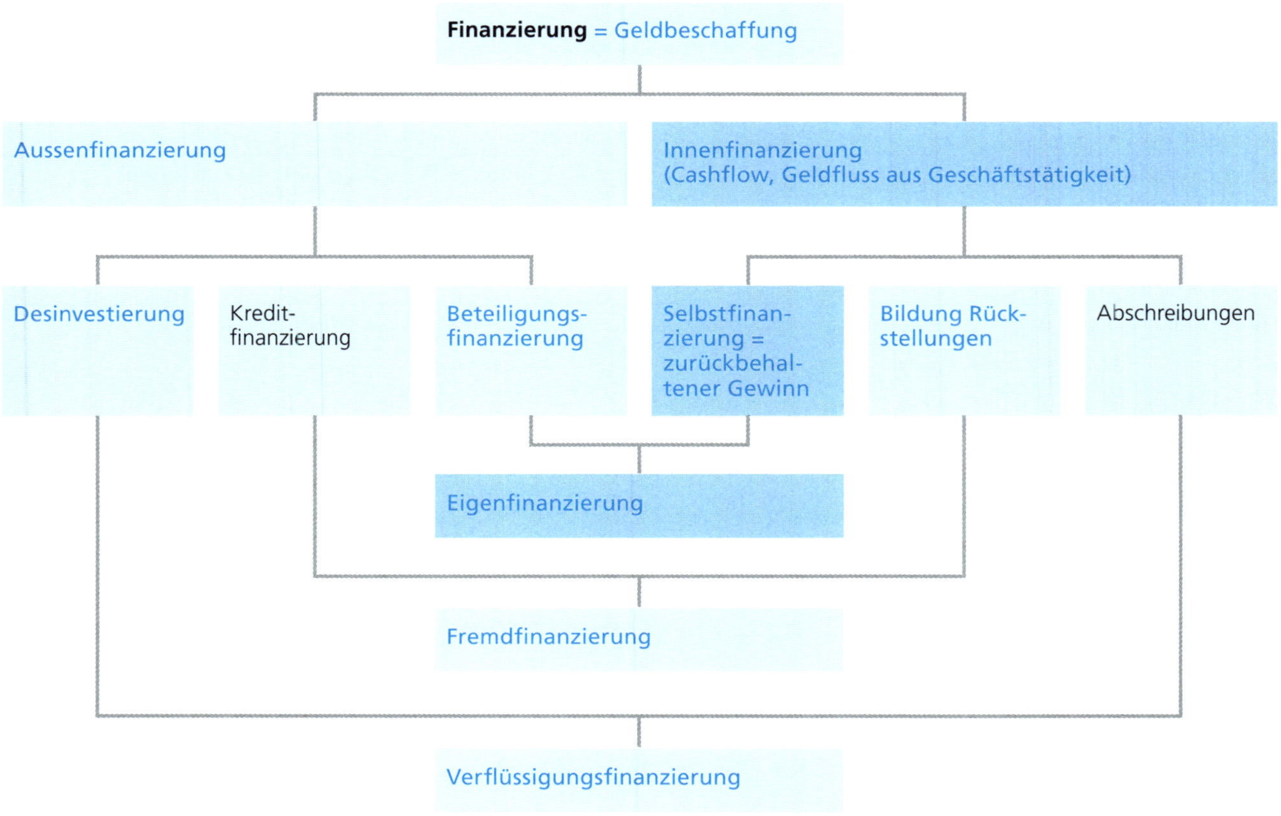

13.13

	Massnahmen	Wirkungen/Probleme
a)	Absatzpreise erhöhen	Cashflow wird höher, sofern die abgesetzte Menge nicht stärker zurückgeht als die Preise erhöht werden (Preiselastizität). Verluste von Marktanteilen?
b)	Werbeaktion durchführen	Cashflow wird höher, sofern die Werbeausgaben kleiner sind als die zusätzlichen Einnahmen (Deckungsbeiträge) aus der Absatzvergrösserung.
c)	Zahlungsfrist Kunden senken	Cashflow wird bei einer Abnahme der Forderungen L+L grösser. Allerdings wird die Verkaufsabteilung den Verlust von Kunden befürchten.
d)	Löhne senken	Cashflow wird grösser. Problem der Arbeitsmotivation bzw. Gefahr der Kündigung von guten Mitarbeitern. Soziale Probleme.
e)	Zahlungsfrist Lieferanten erhöhen	Cashflow wird grösser. Zielkonflikt zu guten Lieferantenbeziehungen. Skonto?
f)	Lagerbestand senken	Cashflow nimmt bei sinkenden Lagerbeständen zu. Ein grosses Lager hat aber auch Vorteile (z. B. grosse Auswahl für Kunden sowie sofortige Lieferbereitschaft; keine Störungen in der Produktion wegen nicht vorhandener Rohstoffe).
g)	Abschreibungen erhöhen	Diese Massnahme hat keinen unmittelbaren Einfluss auf die Liquidität.
h)	Dividenden vermindern	Vermindert die Finanzierungslücke. Zielkonflikt zu den Aktionärsinteressen. Erschwert Möglichkeit künftiger AK-Erhöhungen.
i)	Investitionen hinausschieben	Vermindert die Finanzierungslücke im Augenblick. Die Chancen künftiger Liquiditätszugänge (aus den Investitionen) werden allerdings auch kleiner.
k)	Sachanlagen leasen statt kaufen	Im Augenblick eine Schonung der Liquidität. Allerdings sind die künftigen Liquiditätsabgänge infolge Leasinggebühren tendenziell höher als beim Kauf.
l)	Desinvestitionen vornehmen	Verkleinern die Finanzierungslücke. Nur möglich bei nicht betriebsnotwendigem Anlagevermögen. Mit dem abgestossenen Anlagevermögen verbundene Liquiditätseingänge fallen künftig weg.
m)	Aktienkapital erhöhen	Schliesst Finanzierungslücke. Allerdings entsteht ein Druck auf künftig höhere Dividendenzahlungen.
n)	Finanzverbindlichkeiten erhöhen	Schliesst Finanzierungslücke. Allerdings entstehen damit künftige Zins- und Rückzahlungsverpflichtungen.

13.14

		Aussen-finanzierung	Desinvestie-rung	Kredit-finanzierung	Beteiligungs-finanzierung	Innen-finanzierung	Selbst-finanzierung
a)	Aufnahme einer Hypothek	X		X			
b)	Aktienkapitalerhöhung	X			X		
c)	Erzielung von Geldflüssen aus Betriebstätigkeit (Cashflow)					X	
d)	Verkauf von nicht mehr benötigtem Anlagevermögen	X	X				
e)	Emission einer Obligationenanleihe	X		X			
f)	Gewinnthesaurierung (= Gewinne einbehalten, nicht ausschütten)					X	X
g)	Aufnahme eines Aktionärsdarlehens mit Rangrücktrittserklärung des Aktionärs	X		X	X①		
h)	Erwerb eines Fahrzeugs mittels Finanzierungsleasings	X		X②			

① Die Aufnahme eines Darlehens bei einem Aktionär der Gesellschaft ist grundsätzlich Fremdfinanzierung. Mit dem Rangrücktritt des Aktionärs im Falle eines Konkurses der Aktiengesellschaft erlangt das Darlehen auch Wesensmerkmale von Eigenfinanzierung, sodass es sich letztlich um eine Mischform aus Eigen- und Fremdfinanzierung handelt (so genannte mezzanine oder hybride Finanzierung).

② Formalrechtlich kann ein Leasingvertrag als ein mietähnlicher Vorgang betrachtet werden. Bei wirtschaftlicher Betrachtungsweise handelt es sich beim Finanzierungsleasing um den Kauf eines Fahrzeugs unter gleichzeitiger Finanzierung mit Fremdkapital durch den Leasinggeber.

2. Teil Bilanz- und Erfolgsanalyse

Aufbereitung des Zahlenmaterials[1]

a) Gliederung

22.01

Bilanz

	Aktiven	Passiven	
Umlaufvermögen	Flüssige Mittel	Kurzfristiges Fremdkapital	Fremdkapital
	Forderungen	Langfristiges Fremdkapital	
	Vorräte		
Anlagevermögen	Finanzielles Anlagevermögen	Aktienkapital	Eigenkapital
	Sachanlagen (Materielles Anlagevermögen)	Gesetzliche Kapitalreserve	
		Gesetzliche Gewinnreserve	
		Freiwillige Gewinnreserven	
	Immaterielles Anlagevermögen	Gewinnvortrag	
		Gewinn	

[1] Zu Kapitel 21 bestehen keine Aufgaben.

22.02

		Aktiven						Passiven		
		Umlaufvermögen			Anlagevermögen			Fremdkapital		EK
		Flüssige Mittel	Forderungen	Vorräte	Finanzielles	Materielles	Immaterielles	Kurzfristiges	Langfristiges	Eigenkapital
1	Aktienkapital									X
2	Bankguthaben	X								
3	Forderungen L+L		X							
4	Wertberichtigung Forderungen L+L		X							
5	Freiwillige Gewinnreserve									X
6	Fahrzeuge					X				
7	Beteiligungen				X					
8	Patente, Lizenzen						X			
9	Verbindlichkeiten L+L							X		
10	Langfristiges Aktivdarlehen				X					
11	Langfristiges Passivdarlehen								X	
12	Passive Rechnungsabgrenzungen							X		
13	Rückstellungen							X	X	
14	Gewinnvortrag									X
15	Handelswaren			X						
16	Liegenschaften (Immobilien)					X				
17	Langfristige Passivhypothek								X	
18	Gewinn									X

22.03

Nr.	Konto	Klassen								
		1	2	3	4	5	6	7	8	9
1	Aktienkapital		X							
2	Sozialversicherungsaufwand					X				
3	Materialaufwand				X					
4	Steueraufwand								X	
5	Zinsaufwand (für betriebliches Kontokorrent)						X			
6	Warenertrag			X						
7	Gewinn Erfolgsrechnung									X
8	Wertschriftenertrag (Nebenbetrieb)							X		
9	Dividendenschuld		X							
10	Verluste Forderungen			X						
11	Warenaufwand				X					
12	Ausserordentlicher Aufwand								X	
13	Betriebsfremder Aufwand								X	
14	Lohnaufwand					X				
15	Gesetzliche Kapitalreserve		X							
16	Obligationenanleihe		X							
17	Nicht fakturierte Dienstleistungen	X								
18	Abschreibungen						X			
19	Raumaufwand						X			
20	Bestandesänderungen unfertige und fertige Erzeugnisse			X						

22.04

Erfolgsrechnung

	Warenertrag	230
./.	Warenaufwand (160 – 10)	– 150
=	**Bruttogewinn**	**80**
./.	Personalaufwand	– 45
./.	Übriger Betriebsaufwand	– 20
./.	Abschreibungen	– 11
=	**Ergebnis vor Zinsen und Steuern (EBIT)**	**4**
./.	Finanzaufwand	– 5
=	**Betriebsverlust**	**– 1**
+	Ertrag Nebenbetrieb	3
./.	Aufwand Nebenbetrieb	– 2
+	Betriebsfremder Ertrag	9
./.	Betriebsfremder Aufwand	– 4
+	Ausserordentlicher Ertrag	15
=	**Unternehmensgewinn vor Steuern**	**20**
./.	Direkte Steuern	– 5
=	**Unternehmensgewinn (Jahresgewinn)**	**15**

22.05

Bilanz (Mindestgliederung nach Obligationenrecht)

Aktiven			Passiven		
Umlaufvermögen			**Kurzfristiges Fremdkapital**		
Flüssige Mittel + kfr. Aktiven mit Börsenkurs (4+1+2)	7		Verbindlichkeiten L+L	28	
Forderungen L+L (48−2)	46		Kurzfristige verzinsliche Verbindlichkeiten	13	
Übrige kurzfristige Forderungen (1+1)	2		Übrige kurzfristige Verbindlichkeiten (3+1+3)	7	
Vorräte (14+11)	25		Passive Rechnungsabgrenzungen	6	54
Aktive Rechnungsabgrenzungen	4	84	**Langfristiges Fremdkapital**		
			Langfristige verzinsliche Verbindlichkeiten	63	
			Rückstellungen	7	70
			Eigenkapital		
			Aktienkapital	40	
Anlagevermögen			Gesetzliche Kapitalreserve	12	
Finanzanlagen	7		Gesetzliche Gewinnreserve	9	
Beteiligungen	11		Freiwillige Gewinnreserven	14	
Sachanlagen (80+45−30)	95		Eigene Aktien	−8	
Immaterielle Werte	6		Gewinnvortrag	6	
Nicht einbezahltes Aktienkapital	10	129	Gewinn	16	89
		213			213

Bilanz (Gliederung für die Analyse)

Aktiven			Passiven		
Umlaufvermögen			**Fremdkapital**		
Flüssige Mittel	7		Kurzfristige Verbindlichkeiten	54	
Forderungen (46+2+4)	52		Langfristige Verbindlichkeiten	70	124
Vorräte	25	84	**Eigenkapital**		
			Aktienkapital	40	
			Kapitalreserven	12	
Anlagevermögen			Gewinnreserven	29	
Finanzanlagen (7+11)	18		Eigene Aktien	− 8	
Sachanlagen	95		Nicht einbezahltes Aktienkapital	−10	
Immaterielle Werte	6	119	Gewinn	16	79
		203			203

b) Bewertung

22.20

a) Kasse, Bank, Aktiv- und Passivdarlehen (sofern diese Bestände auf Schweizer Franken lauten und auf den Guthaben keine Werteinbussen zu befürchten sind).

b) Der Abschreibungsbetrag muss geschätzt werden. Dieser hängt z. B. von der erwarteten Nutzungsdauer und vom Abschreibungsverfahren ab.

c) Es ist möglich, dass einige Kunden nicht bezahlen werden und somit Forderungsverluste entstehen. Wie hoch dieser Betrag aber sein wird, ist im Zeitpunkt der Bewertung meist noch unklar. Daher handelt es sich bei der Festsetzung der Wertberichtigung Forderungen L+L immer um eine Schätzung. Bei Fremdwährungsguthaben stellt sich noch zusätzlich das Problem der Wahl des Umrechnungskurses.

d) Beim Fremdkapital sind vor allem die Rückstellungen in der Höhe sehr unbestimmt. Bei Verbindlichkeiten L+L oder Passivdarlehen in fremder Währung stellt sich zudem das Umrechnungsproblem.

e) Das Eigenkapital ergibt sich als Saldo (Aktiven ./. Fremdkapital = Eigenkapital).

Bilanz

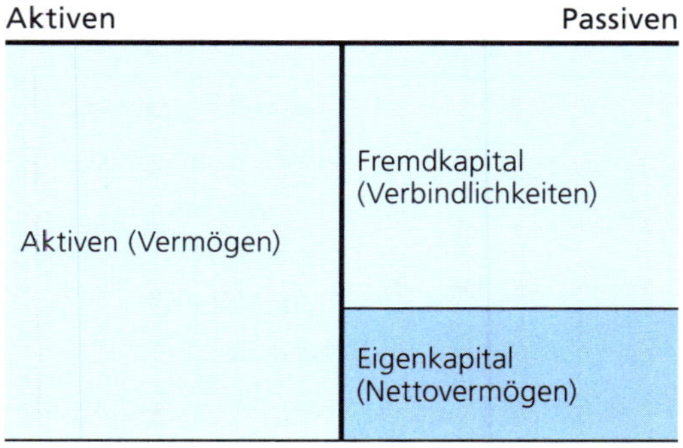

22.21

a)

Schlussbilanz vor Gewinnverbuchung (Überbewertung)

Aktiven			Passiven		
Umlaufvermögen			**Fremdkapital**		
Flüssige Mittel	30		Verbindlichkeiten L+L	150	
Forderungen L+L	170		Hypotheken	150	
Vorräte	400	600	Übrige Schulden	50	350
Anlagevermögen			**Eigenkapital**		
Mobilien	50		Aktienkapital	400	
Maschinen	100		Gesetzliche Gewinnreserve	100	
Immobilien	250	400	Gewinn	150	650
		1000			1000

b)

Schlussbilanz vor Gewinnverbuchung (Unterbewertung)

Aktiven			Passiven		
Umlaufvermögen			**Fremdkapital**		
Flüssige Mittel	30		Verbindlichkeiten L+L	150	
Forderungen L+L	170		Hypotheken	150	
Vorräte	270	470	Übrige Schulden	50	350
Anlagevermögen			**Eigenkapital**		
Mobilien	50		Aktienkapital	400	
Maschinen	100		Gesetzliche Gewinnreserve	100	
Immobilien	250	400	Gewinn	20	520
		870			870

c) **Sicht der Unternehmung:** Der mit einer Überbewertung verbundene hohe Gewinnausweis birgt die Gefahr hoher Gewinnausschüttungen in sich. Hohe Dividendenauszahlungen verschlechtern aber die Vermögenslage, insbesondere die Liquidität. Dadurch wird die Unternehmung geschwächt. Eine Unterbewertung bewirkt das Gegenteil: Zurückbehaltene Gewinne (so genannte Selbstfinanzierung) stärken die Unternehmung.

Sicht der Gläubiger: Bei der Überbewertung wird die Vermögens- und Ertragslage der Unternehmung besser dargestellt, als es der Wirklichkeit entspricht. Dadurch werden die Gläubiger getäuscht: Z. B. könnte ein Lieferant oder eine Bank im Vertrauen auf die vorgespiegelte, sehr gute finanzielle Lage einen Kredit gewähren. Im Falle der Unterbewertung kann sich der Gläubiger sicher fühlen, indem er weiss, dass die Vermögens- und Ertragslage der Unternehmung in Wirklichkeit eher noch besser als dargestellt sind.

Sicht der Aktionäre: Durch die mit einer Überbewertung verbundenen hohen Dividendenauszahlungen hat der Aktionär nur einen kurzfristigen Vorteil, weil dadurch seine Gesellschaft geschwächt wird und er im Falle eines Konkurses mit der Entwertung seiner Aktien rechnen muss. Die mit einer Unterbewertung verbundene geringere Dividendenausschüttung wird im Allgemeinen durch die Wertsteigerung der Aktie wettgemacht. Allerdings setzt sich immer mehr die Auffassung durch, dass die Eigentümer (Aktionäre) ein Recht auf eine möglichst wahrheitsgemässe Rechnungslegung ihrer Gesellschaft haben (True-and-fair-view).

Sicht der Steuerbehörden: Der Staat ist nicht darauf aus, kurzfristig möglichst viel Steuereinnahmen zu erzielen. Er hat vielmehr Interesse an finanziell gesunden, für sichere Arbeitsplätze sorgenden, regelmässig Steuern zahlenden Unternehmungen. Er lehnt deshalb eine Überbewertung ebenso ab wie eine zu starke Unterbewertung.

d) Da die Überbewertung für alle Beteiligten nur Nachteile hat, ist sie gesetzlich verboten.

22.22

Aktiven dürfen nach OR 960a grundsätzlich höchstens zu Anschaffungs- oder Herstellkosten bewertet werden. Hier bildet der Anschaffungswert von CHF 2 344 761 die Bewertungsobergrenze.

22.23

	Bruttoankaufspreis	660 000
./.	Rabatt 15 %	– 99 000
=	Nettoankaufspreis	561 000
+	Bezugskosten	15 000
+	Montagekosten	24 000
=	**Anschaffungswert Anfang 20_1**	**600 000**
./.	Abschreibung Jahr 20_1	– 90 000
=	**Buchwert Ende 20_1**	**510 000**
./.	Abschreibung Jahr 20_2	– 90 000
=	**Buchwert Ende 20_2**	**420 000**

a) Die Anlage darf höchstens zum Buchwert von CHF 420 000 bilanziert werden.

b)

Bilanz per 31.12.20_2 (in CHF 1000)

Aktiven			Passiven
Maschine	600		
./. WB Maschine	– 180	420	

c) Abschreibungen/Wertberichtigung Maschine 90

22.24

a) Nach OR 960c bildet bei Warenvorräten der Anschaffungswert (Einstandswert) auf jeden Fall die Bewertungsobergrenze, das sind hier CHF 700 je Pumpe. Bei zehn Pumpen ergibt sich ein Bilanzwert von CHF 7000

b) Liegt der Nettoveräusserungswert von Warenvorräten unter dem Anschaffungswert, darf höchstens dieser in die Bilanz eingesetzt werden, das sind hier CHF 630 je Pumpe. Bei zehn Pumpen ergibt sich ein Bilanzwert von CHF 6300

c) Warenaufwand/Warenvorrat CHF 700

22.25

Nach OR 960b dürfen Aktiven mit Börsenkurs höchstens zum Kurs am Bilanzstichtag bilanziert werden, und Wertverluste müssen durch Abschreibungen berücksichtigt werden.

a) CHF 103000

b) CHF 97000

22.26

a) CHF 450

b) CHF 370

22.27

a) Es muss eine Rückstellung von mindestens CHF 400000 gebildet werden.

b) Die Rückstellung dürfte höher, aber nicht tiefer festgesetzt werden (OR 960e).

22.28

Bei planmässiger Abschreibung beträgt der Buchwert des Mobiliars Ende 20_4 (nach vier Jahren Nutzungsdauer) CHF 66000, was dem nach OR 960a höchstens bilanzierbaren Wert entspricht.

Es ist davon auszugehen, dass die erfolgreiche Schule fortgeführt wird, weshalb bei der Bilanzierung der Fortführungswert von CHF 66000 massgeblich ist und nicht der Veräusserungswert von CHF 30000 (OR 958a).

22.29

a) Höchstens zu Herstellungskosten von 120 (OR 960a)

b) Fertige Erzeugnisse/Bestandesänderungen fertige Erzeugnisse 10

22.30

Schlussbilanz vor Gewinnverbuchung per 31.12.20_5

Aktiven			Passiven		
Umlaufvermögen			**Fremdkapital**		
Kasse (36 + 50 • 1.16)	94		Verbindlichkeiten L+L (60 + 100 • 1.20)	180	
Bank	120		Rückstellungen	80	260
Forderungen L+L (90 + 200 • 1.18)	326		**Eigenkapital**		
Warenvorrat	200	740	Aktienkapital	400	
			Gesetzliche Kapitalreserve	40	
			Gesetzliche Gewinnreserve	70	
Anlagevermögen			Freiwillige Gewinnreserven	290	
Sachanlagen	860		Gewinnvortrag	20	
./. Wertberichtigung	– 400	460	Gewinn	120	940
		1 200			1 200

c) Stille Reserven

22.40

a)

Erfolgsrechnung 20_1

	Extern	Differenz	Intern		Extern	Differenz	Intern
Diverser Aufwand	300	0	300	Ertrag	400	0	400
Abschreibungen	55	–20	35				
Gewinn	45	20	65				
	400	0	400		400	0	400

Schlussbilanz 31.12.20_1

	Extern	Differenz	Intern		Extern	Differenz	Intern
Diverse Aktiven	90	0	90	Fremdkapital	95	0	95
Sachanlagen	150	20	170	Aktienkapital	100	0	100
				Gesetzliche Gewinnreserve	0	0	0
				Gewinn	45	20	65
	240	20	260		240	20	260

b) Dieser Teil des Eigenkapitals ist für die Aussenstehenden (das sind hauptsächlich die Aktionäre und die Steuerbehörden) nicht sichtbar (engl. *hidden reserves* = versteckte Reserven).

c) Überlegungen des Verwaltungsrats:

- Durch den tieferen Gewinn sinkt die Steuerbelastung für das Jahr 20_1.
- Die Dividendenausschüttung wird tendenziell geringer, was die finanzielle Situation der Aktiengesellschaft stärkt.
- Die gebildeten stillen Reserven können in künftigen Jahren durch den Verwaltungsrat wieder aufgelöst werden, um ein schlechtes Geschäftsergebnis gegenüber den Aktionären zu vertuschen.

22.41

a)

Erfolgsrechnung 20_2

	Extern	Differenz	Intern		Extern	Differenz	Intern
Diverser Aufwand	350	0	350	Ertrag	460	0	460
Abschreibungen	50	–15	35				
Gewinn	60	15	75				
	460	0	460		460	0	460

Schlussbilanz 31.12.20_2

	Extern	Differenz	Intern		Extern	Differenz	Intern
Diverse Aktiven	160	0	160	Fremdkapital	55	0	55
Sachanlagen	100	35	135	Aktienkapital	100	0	100
				Gesetzliche Gewinnreserve	3	0	3
				Gewinnvortrag ①	42	20	62
				Gewinn	60	15	75
	260	35	295		260	35	295

b)

Bestand Anfang 20_1	**0**
+ Bildung	20
= **Bestand Ende 20_1**	**20**
+ Bildung 20_2	15
= **Bestand Ende 20_2**	**35**

① Der Gewinnvortrag lässt sich wie folgt nachweisen:

	Extern	Differenz	Intern
Anfangsbestand 20_2	0	0	0
+ Übertrag Gewinn 20_1	45	20	65
./. Bildung Gewinnreserven 20_2	– 3	0	– 3
= **Schlussbestand Ende 20_2**	**42**	**20**	**62**

22.42

a)

Erfolgsrechnung 20_3

	Extern	Differenz	Intern		Extern	Differenz	Intern
Diverser Aufwand	360	0	360	Ertrag	385	0	385
Abschreibungen	13	22	35				
Gewinn/Verlust	12	–22	–10				
	385	0	385		385	0	385

Schlussbilanz 31.12.20_3

	Extern	Differenz	Intern		Extern	Differenz	Intern
Diverse Aktiven	163	0	163	Fremdkapital	73	0	73
Sachanlagen	87	13	100	Aktienkapital	100	0	100
				Gesetzliche Gewinnreserve	7	0	7
				Gewinnvortrag ①	58	35	93
				Gewinn/Verlust	12	–22	–10
	250	13	263		250	13	263

b) Weisen Sie den Bestand an stillen Reserven per Ende 20_3 nach.

	Bestand Anfang 20_1	**0**
+	Bildung	20
=	**Bestand Ende 20_1**	**20**
+	Bildung 20_2	15
=	**Bestand Ende 20_2**	**35**
./.	Auflösung 20_3	–22
=	**Bestand Ende 20_3**	**13**

① Der Gewinnvortrag lässt sich wie folgt nachweisen:

		Extern	Differenz	Intern
	Anfangsbestand 20_3 (= Schlussbestand 20_2)	42	20	62
+	Übertrag Gewinn 20_2	60	15	75
./.	Bildung Gewinnreserven 20_3	– 4	0	– 4
./.	Dividendenausschüttung 20_3	– 40	0	– 40
=	**Schlussbestand Ende 20_3**	**58**	**35**	**93**

22.43

a)

Erfolgsrechnung 20_6

	Extern	Differenz	Intern		Extern	Differenz	Intern
Warenaufwand	520	– 5	515	Warenertrag	800	2	802
Abschreibungen	36	–10	26				
Diverser Aufwand	204	0	204				
Gewinn	40	17	57				
	800	2	802		800	2	802

Schlussbilanz 20_6

	Extern	Differenz	Intern		Extern	Differenz	Intern
Diverse Aktiven	90	0	90	Fremdkapital	157	–7	150
Warenvorrat	50	25	75	Aktienkapital	100	0	100
Sachanlagen	200	45	245	Gesetzliche Gewinnreserve	30	0	30
				Gewinnvortrag	13	60	73
				Gewinn	40	17	57
	340	70	410		340	70	410

b)

	Interner Wert 100 %	Externer Wert 66,7 %	Stille Reserven 33,3 %
Anfangsbestand	60	40	20
Schlussbestand	75	50	25
Zunahme	15	10	5

22.44

a)

Jahr	Externe Rechnungen			Interne Rechnungen			Stille Reserven	
	Abschreibung	Buchwert in Schlussbilanz	Erfolg	Abschreibung	Buchwert in Schlussbilanz	Erfolg	Veränderung	Bestand Ende Jahr
1	240 000	360 000	30 000	100 000	500 000	170 000	b) + 140 000	140 000
2	144 000	216 000	c) 16 000	100 000	400 000	60 000	+ 44 000	184 000
3	86 400	129 600	33 600	100 000	300 000	20 000	– 13 600	170 400
4	51 840	77 760	e) 38 160	100 000	200 000	– 10 000	– 48 160	122 240

b) 140 000

	Externe Abschreibung	240 000
./.	Interne Abschreibung	– 100 000
=	Bildung stiller Reserven	140 000

c) 16 000

	Interner Gewinn	60 000
./.	Bildung stiller Reserven	– 44 000
=	Externer Gewinn	16 000

d) 300 400

	Externes Eigenkapital	1 000 000
+	Bestand an stillen Reserven	170 400
=	Internes Eigenkapital	1 170 400

e) In Wirklichkeit erzielte die Unternehmung einen Verlust von CHF 10 000. Durch die Auflösung von stillen Reserven wird den Aktionären ein Gewinn von CHF 38 160 vorgetäuscht.

Trotz effektivem Verlust müssen auf einem Gewinn von CHF 38 160 Steuern entrichtet werden. Allgemein gilt: Früher bei der Bildung stiller Reserven «eingesparte» Steuern führen bei der Auflösung stiller Reserven zu einer höheren Steuerbelastung.

	Interner Verlust	– 10 000
+	Auflösung stiller Reserven	48 160
=	Externer (steuerbarer) Gewinn	38 160

22.45

a)

Erfolgsrechnung 20_4

	Extern	Differenz	Intern		Extern	Differenz	Intern
Warenaufwand	800	20	820	Warenertrag	1 200	2	1 202
Abschreibungen	50	5	55				
Diverser Aufwand	330	0	330				
Gewinn/Verlust	20	−23	−3				
	1 200	2	1 202		1 200	2	1 202

Schlussbilanz 20_4

	Extern	Differenz	Intern		Extern	Differenz	Intern
Diverse Aktiven	190	0	190	Fremdkapital	220	−10	210
Warenvorrat	120	60	180	Aktienkapital	200	0	200
Sachanlagen	240	45	285	Gesetzliche Gewinnreserve	70	0	70
				Gewinnvortrag	40	138	178
				Gewinn/Verlust	20	−23	−3
	550	105	655		550	105	655

b) Der Gesamtbetrag der aufgelösten stillen Reserven von 23 ist im Anhang offenzulegen (OR 959c Abs. 1 Ziff. 3), sofern das Ergebnis wesentlich günstiger dargestellt wird.

Im vorliegenden Fall erscheint der Unterschied zwischen einem effektiven Verlust von 3 und dem extern ausgewiesenen Gewinn von 20 als wesentlich.

22.46

Nr.	Aussage	Richtig	Begründung, warum falsch
1	Von stillen Reserven spricht man deshalb, weil sie in der internen Bilanz nicht sichtbar sind.		Die stillen Reserven sind in der *externen* Bilanz nicht sichtbar.
2	In früheren Jahren gebildete und im Anfangsbestand enthaltene stille Reserven wirken sich nicht auf den Erfolg der laufenden Periode aus.	X	
3	Durch die Bildung von stillen Reserven wird der externe Gewinn der laufenden und der folgenden Perioden zu tief ausgewiesen.		Nur der Gewinn der laufenden Periode wird zu tief ausgewiesen.
4	Durch die Auflösung von stillen Reserven wird der externe Gewinn der laufenden Periode zu hoch ausgewiesen.	X	
5	Stille Reserven lassen sich nur soweit auflösen, als sie in Vorjahren gebildet worden sind.	X	
6	Durch die Bildung und Auflösung von stillen Reserven können die internen Gewinne manipuliert werden.		Die *externen* Gewinne werden manipuliert.
7	Durch die Bewertungsvorschriften des OR wird die Bildung von stillen Reserven praktisch unterbunden.		Im Gegenteil: Die OR-Vorschriften fördern die Bildungstiller Reserven.
8	Die Bildung von stillen Reserven ist nur auf Aktivkonten möglich.		Durch Überbewertung der Verbindlichkeiten (Fremdkapital) könnten auch stille Reserven gebildet werden.
9	Viele Unternehmen bewerten die Warenvorräte in ihren externen Bilanzen immer nur zu zwei Dritteln des Einstandswertes. Dadurch werden bei Vorratszunahmen automatisch stille Reserven gebildet und bei Vorratsabnahmen stille Reserven aufgelöst.	X	
10	Da Aktiengesellschaften ihre Liegenschaften nur zum Anschaffungswert bilanzieren dürfen, entstehen bei steigenden Bodenpreisen automatisch stille Reserven.	X	
11	Stille Reserven sind verstecktes Eigenkapital und erhöhen den Spielraum für Gewinnmanipulationen durch das Management.	X	
12	Im Anhang zur Jahresrechnung muss der Gesamtbetrag der netto aufgelösten stillen Reserven aufgeführt werden, sofern dadurch das wirtschaftliche Ergebnis wesentlich günstiger dargestellt wird.	X	

22.47

a) 100 000 (Nur die Veränderung an stillen Reserven ist erfolgswirksam.)

b) 120 000

c) 80 000

22.48

a)	Einstandswert der eingekauften Waren	400 000
+	Lagerabnahme zu externen Werten	+ 20 000
	Warenaufwand gemäss externer Rechnung	420 000
b)	Bestand an stillen Reserven am Jahresanfang	30 000
./.	Bestand an stillen Reserven am Jahresende	– 20 000
	Abnahme stiller Reserven	10 000
c)	Warenaufwand gemäss externer Rechnung (Ergebnis a)	420 000
+	Abnahme stiller Reserven (Ergebnis b)	+ 10 000
	Warenaufwand gemäss interner Rechnung	430 000

oder

	Einstandswert der eingekauften Waren	400 000
+	Lagerabnahme zu internen Werten	+ 30 000
	Warenaufwand gemäss interner Rechnung	430 000
d)	Verkaufserlös	600 000
./.	Warenaufwand gemäss externer Rechnung (Ergebnis a)	– 420 000
	Bruttogewinn gemäss externer Rechnung	180 000
e)	Verkaufserlös	600 000
./.	Warenaufwand gemäss interner Rechnung (Ergebnis c)	– 430 000
	Bruttogewinn gemäss interner Rechnung	170 000

oder

	Bruttogewinn gemäss externer Rechnung (Ergebnis d)	180 000
./.	Auflösung stiller Reserven (Ergebnis b)	– 10 000
	Bruttogewinn gemäss interner Rechnung	170 000

22.49

Übersicht über die stillen Reserven 20_8

	Anfangs-bestand	Schluss-bestand	Bildung/ Auflösung
Warenvorrat	13	15	2
Sachanlagen	22	16	–6
Garantierückstellungen	3	2	–1
Total	38	33	–5

Erfolgsrechnung 20_8

	Extern	Differenz	Intern		Extern	Differenz	Intern
Warenaufwand	300	–2	298	Warenertrag	400	–1	399
Abschreibungen	24	6	30				
Diverser Aufwand	56	0	56				
Gewinn	20	–5	15				
	400	–1	399		400	–1	399

Schlussbilanz 20_8

	Extern	Differenz	Intern		Extern	Differenz	Intern
Diverse Aktiven	60	0	60	Fremdkapital	85	–2	83
Warenvorrat	30	15	45	Aktienkapital	100	0	100
Sachanlagen	150	16	166	Gesetzliche Gewinnreserve	30	0	30
				Gewinnvortrag	5	38	43
				Gewinn/Verlust	20	–5	15
	240	31	271		240	31	271

Bilanzbezogene Analyse

23.01

A Kapitalstruktur (Passiven)

Fremdfinanzierungsgrad Fremdkapitalquote	$\frac{\text{Fremdkapital}}{\text{Gesamtkapital}}$	$\frac{1\,200}{2\,000}$	60 %
Eigenfinanzierungsgrad Eigenkapitalquote	$\frac{\text{Eigenkapital}}{\text{Gesamtkapital}}$	$\frac{800}{2\,000}$	40 %
Selbstfinanzierungsgrad	$\frac{\text{Gewinnreserven①}}{\text{Eigenkapital}}$	$\frac{120}{800}$	15 %

B Vermögensstruktur (Aktiven)

Intensität des Umlaufvermögens	$\frac{\text{Umlaufvermögen}}{\text{Gesamtvermögen}}$	$\frac{1\,000}{2\,000}$	50 %
Intensität des Anlagevermögens Immobilisierungsgrad	$\frac{\text{Anlagevermögen}}{\text{Gesamtvermögen}}$	$\frac{1\,000}{2\,000}$	50 %

C Liquidität (Zahlungsbereitschaft)

Liquiditätsgrad 1	$\frac{\text{Flüssige (liquide) Mittel}}{\text{Kurzfristiges Fremdkapital}}$	$\frac{110}{350}$	31 %
Liquiditätsgrad 2	$\frac{\text{Flüssige (liquide) Mittel + Forderungen}}{\text{Kurzfristiges Fremdkapital}}$	$\frac{110 + 190}{350}$	86 %
Liquiditätsgrad 3	$\frac{\text{Umlaufvermögen}}{\text{Kurzfristiges Fremdkapital}}$	$\frac{1\,000}{350}$	286 %

Liquiditätsstaffel		Flüssige (liquide) Mittel	110
	./.	Kurzfristiges Fremdkapital	– 350
	=	Unterdeckung 1. Stufe	– 240
	+	Forderungen	190
	=	Unterdeckung 2. Stufe	– 50
	+	Vorräte	700
	=	Überdeckung 3. Stufe (Nettoumlaufvermögen)	650

① Inkl. Gewinnvortrag und Gewinn

D Anlagedeckung (goldene Bilanzregel)

Anlagedeckungsgrad 1	$\frac{\text{Eigenkapital}}{\text{Anlagevermögen}}$	$\frac{800}{1\,000}$	80 %
Anlagedeckungsgrad 2	$\frac{\text{Eigenkapital + langfristiges Fremdkapital}}{\text{Anlagevermögen}}$	$\frac{800 + 850}{1\,000}$	165 %

Anlagedeckungsstaffel	Eigenkapital	800
	./. Anlagevermögen	– 1 000
	= Unterdeckung 1. Stufe	– 200
	+ Langfristiges Fremdkapital	850
	= Überdeckung 2. Stufe (Nettoumlaufvermögen)	650

23.02

a) Fremdfinanzierungsgrad (Fremdkapitalquote)

b) Die höhere Fremdfinanzierung von Y wirkt sich vor allem nachteilig auf die **Sicherheitsziele** aus:

- Durch eine höhere Verschuldung verschlechtert sich die Liquidität (Zahlungsbereitschaft) normalerweise, weil die vereinbarten Fremdzinsen unabhängig vom Geschäftsergebnis bezahlt werden müssen. Im Gegensatz dazu kann bei Eigenfinanzierung in schlechten Jahren auf Gewinnausschüttungen verzichtet werden. Zusätzlich wird die Liquidität durch die beim Fremdkapital bestehenden Rückzahlungsverpflichtungen beeinträchtigt.
- Eine höhere Verschuldung wirkt sich auf die Bonität negativ aus, sodass die finanzielle Flexibilität verloren geht, weil beispielsweise bei finanziellen Engpässen keine zusätzlichen Kredite mehr aufgenommen werden können. Das schlechtere Rating führt auch zu höheren Kreditkosten, weil der Zinsfuss infolge grösserem Risiko für die Kreditgeber steigt.
- Durch eine zunehmende Verschuldung sinkt die Unabhängigkeit der Unternehmung gegenüber den Kreditgebern.

In der Aufgabenstellung nicht verlangte Zusatzüberlegung: Es besteht grundsätzlich ein Zielkonflikt zwischen Sicherheit und Rentabilität: Eine höhere Verschuldung wirkt sich eindeutig negativ auf die Sicherheit aus. Unter Umständen kann aber durch den vermehrten Einsatz von Fremdkapital die **Rentabilität** des Eigenkapitals verbessert werden. Diese Möglichkeit der Renditesteigerung durch den Einsatz von Fremdkapital ist unter dem Begriff Leverage-Effekt bekannt (vgl. Aufgabe 24.07). Dieser lässt sich wie folgt umschreiben:

- Die Rendite des Eigenkapitals steigt umso stärker, je höher der Fremdfinanzierungsgrad ist, sofern der Zinsfuss für das Fremdkapital niedriger ist als die Rendite des Gesamtkapitals.
- Umgekehrt besteht das Risiko, dass die Rendite des Eigenkapitals umso stärker fällt, je höher der Fremdfinanzierungsgrad ist, sobald die Rendite des Gesamtkapitals unter die Höhe des Zinsfusses für das Fremdkapital sinkt. Dies ist häufig bei Gewinnmargen-Verknappungen in Rezessionsphasen oder in Zeiten steigender Zinsen der Fall.

23.03

a) Anlageintensität (Immobilisierungsgrad) oder Investitionsverhältnis

b) Anlageintensiv sind: Energieerzeugung, Wasserversorgung, Hotel, Transport

c) Unternehmung Y weist höhere Fixkosten auf (v. a. in Form höherer Abschreibungen und Zinsen)

d) Kostenremanenz (remanere heisst wörtlich verbleiben) bedeutet, dass die Kosten bei einem Beschäftigungsrückgang weniger stark fallen (sie verbleiben oben), als sie vorher bei einer Beschäftigungserhöhung gestiegen sind. Dieses unangenehme Phänomen ist umso stärker, je höher der Fixkostenanteil ist.

23.04

a) Liquiditätsgrad 2

b) Theoretisch wird oft ein Wert von 100 % gefordert.

c) Bei Aussagen über die optimale Höhe von Liquiditätsgraden muss immer vor Augen gehalten werden, dass ein Zielkonflikt besteht zwischen Liquidität und Rentabilität. Hauptziel der meisten Unternehmungen ist die Erwirtschaftung einer angemessenen Rendite; die Sicherung der jederzeitigen Zahlungsfähigkeit ist aber für jede Unternehmung eine Existenzfrage, weshalb die Geschäftsleitungen der Erhaltung einer genügenden Liquidität sehr viel Aufmerksamkeit schenken. Unternehmung X weist bezüglich der Liquidität einen besseren Wert auf. Es ist aber möglich, dass Unternehmung Y die liquiden Mittel ertragsbringend investiert hat, um die Rendite zu steigern.

d) Die statische (bilanzbezogene) Liquiditätsanalyse weist gegenüber der dynamischen (Mittelflussrechnung) eine Reihe von Nachteilen auf:

- Weil sich die Analyse auf einen Zeitpunkt bezieht, ist nicht ersichtlich, wie sich die Liquidität in der Vergangenheit entwickelt hat bzw. in der Zukunft entwickeln wird. Nicht zum Ausdruck kommen auch saisonal bedingte Schwankungen.
- Die Liquiditätseinflüsse der Umsatztätigkeit bleiben weitgehend unberücksichtigt. Die Lohnzahlungen im Monat nach dem Bilanzstichtag können beispielsweise die Bestände an liquiden Mitteln am Bilanzstichtag deutlich übersteigen.
- Die Ursachen für die Liquiditätslage werden in der statischen Analyse nicht angegeben. Die Geschäftsleitung sieht zum Beispiel wohl, dass der Liquiditätsgrad 2 ungenügend ist, weiss aber nicht weshalb und kann deshalb keine wirksamen Massnahmen ergreifen.
- Die Fälligkeiten im kurzfristigen Fremdkapital sind unklar: Haben zum Beispiel die Verbindlichkeiten L+L die gleichen Fristigkeiten wie die Forderungen L+L? Entsprechen die rechtlichen Fälligkeiten den tatsächlichen?
- Vorhandene, noch nicht ausgeschöpfte Kreditlimiten werden nicht berücksichtigt.

23.05

a) Anlagedeckungsgrad 2

b) Die goldene Bilanzregel verlangt, dass langfristig investiertes Vermögen (das Anlagevermögen) auch langfristig finanziert wird (mit Eigenkapital oder mit langfristigem Fremdkapital).

c) Von Unternehmung Y

d) Sofern der Liquiditätsgrad 3 mehr als 100 % beträgt, liegt auch der Anlagedeckungsgrad 2 über 100 %.

23.06

		Liquiditätsgrad 2 mindestens 100 %	Eigenkapitalquote mindestens 40 %	Anlagedeckungsgrad 2 mindestens 100 %
1	Die Hausbank gewährt eine langfristige Hypothek von 45. Die Gutschrift erfolgt auf dem Konto *Bankguthaben.*	X		X
2	Der Hauptlieferant ist bereit, Verbindlichkeiten L+L von 45 in ein langfristiges Darlehen umzuwandeln.	X		X
3	Die Insano AG führt eine Aktienkapitalerhöhung von 45 mittels Barliberierung durch.	X		X
4	Bisherige Gläubiger beteiligen sich an der Insano AG durch Umwandlung von Finanzverbindlichkeiten von 45 in Aktienkapital.		X	
5	Die Insano AG führt eine Aktienkapitalerhöhung von 100 durch. Die Liberierung erfolgt durch Einbringung einer Sachanlage.		X	
6	Ein nicht betriebsnotwendiges Grundstück wird zum Buchwert von 45 gegen Barzahlung verkauft.	X		X

23.07

Die Lösung wird am besten in Schritten ermittelt (allenfalls mit Unterstützung durch eine Skizze der Bilanzstruktur):

- Aus dem Unterschied zwischen dem Liquiditätsgrad 2 und 3 folgt, dass die Vorräte 80 % des kurzfristigen Fremdkapitals betragen. Daraus lässt sich das kurzfristige Fremdkapital mit 500 ermitteln (400 : 80 %).
- Da der Liquiditätsgrad 3 einen Wert von 200 % ausweist, beträgt das Umlaufvermögen 1000 (das sind 200 % des kurzfristigen Fremdkapitals von 500).
- Die Intensität des Umlaufvermögens ist 40 %, weil die Intensität des Anlagevermögens 60 % ist. Da das Umlaufvermögen 1000 beträgt, lassen sich das Anlagevermögen (1500) und die Bilanzsumme (2500) ermitteln.
- Das **Eigenkapital** beträgt 30 % der Bilanzsumme, also **750**. Folglich ist das Fremdkapital 1750.
- Da das kurzfristige Fremdkapital 500 beträgt, ist das langfristige Fremdkapital 1250.

Anlagedeckungsgrad 2	$\frac{\text{Eigenkapital + langfristiges Fremdkapital}}{\text{Anlagevermögen}}$	$\frac{750 + 1250}{1500}$	$\frac{2000}{1500}$	**133 %**

23.08

a)

	Unternehmung A	Unternehmung B	Unternehmung C
Fremdfinanzierungsgrad	56 %	83 %	40 %
Anlageintensität	38 %	23 %	40 %
Liquiditätsgrad 2	116 %	49 %	175 %
Anlagedeckungsgrad 2	179 %	135 %	200 %

b) Die **Unternehmung A** verfügt über eine gesunde Finanzierung und Liquidität. (Die Zahlen stammen aus Volkart, Rudolf: Finanzielle Führung in der Rezession. Sie entsprechen dem Durchschnitt von 30 grossen Schweizer Unternehmungen.)

Die **Bilanz B** zeigt das Bild einer rezessionsgeschwächten Unternehmung: Die Liquidität ist zu tief und die Verschuldung (vor allem die kurzfristige) zu hoch, die hohen Ausstände an Forderungen weisen auf einen schleppenden Zahlungseingang seitens der Kunden hin, und die grossen Lagerbestände signalisieren Absatzschwierigkeiten.

Die **Unternehmung C** ist eher überkapitalisiert: Die Unternehmung ist zwar gemäss Bilanz sehr sicher, aber die Eigenkapitalrentabilität dürfte infolge der zu grossen Liquidität und des hohen Eigenfinanzierungsgrades sehr bescheiden sein. Möglicherweise ist der Eigenfinanzierungsgrad zu Recht so hoch, weil die Unternehmung sehr risikoreiche Geschäfte pflegt. Auch die hohe Liquidität könnte absichtlich bereitgestellt worden sein, da die Unternehmung C eine andere Unternehmung aufkaufen will oder eine andere grössere Investition bevorsteht. Vielleicht ist das Eigenkapital infolge grosser zurückbehaltener Gewinne in der Vergangenheit so hoch (Selbstfinanzierung).

23.09

a)

Schlussbilanz 20_6

	Extern	Differenz	Intern		Extern	Differenz	Intern
Flüssige Mittel	75	0	75	Kurzfristiges Fremdkapital	50	0	50
Forderungen	56	4	60	Langfristiges Fremdkapital	106	–6	100
Vorräte	60	30	90	Aktienkapital	100	0	100
Sachanlagen	165	60	225	Gesetzliche Gewinnreserve	40	0	40
				Gewinnvortrag	20	85	105
				Gewinn	40	15	55
	356	94	450		356	94	450

b)

Kennzahlen	Werte der Schokoladenfabrik AG		Branchendurchschnitt
Eigenfinanzierungsgrad	300 : 450	**67 %**	29 %
Intensität des Anlagevermögens	225 : 450	**50 %**	53 %
Liquiditätsgrad 2	135 : 500	**270 %**	90 %
Anlagedeckungsgrad 2	400 : 225	**178 %**	115 %

c) Alle Kennzahlenwerte der Schokoladenfabrik AG sind besser als der Branchendurchschnitt:

- Eigenfinanzierung und Liquidität sind sehr hoch, was aus dem Blickwinkel der Sicherheitsziele ideal ist.
- Die Intensität des Anlagevermögens ist etwas tiefer als der Branchenwert. Eine hohe Anlageintensität verursacht grundsätzlich hohe Fixkosten (Abschreibungen, Zinsen) und erschwert die Anpassung der Produktionsanlagen an neue Marktgegebenheiten bzw. Technologien.
- Der Anlagedeckungsgrad 2 ist hoch; die goldene Bilanzregel wird damit gut eingehalten.

Die Unternehmung ist finanziell gesund; die Aktien können bedenkenlos gekauft werden.

23.10

Liquiditätsgrad 1	$\frac{30}{110 - 10}$	30 %
Liquiditätsgrad 2	$\frac{30 + 80}{110 - 10}$	110 %
Liquiditätsgrad 3	$\frac{30 + 80 + 100 - 10}{110 - 10}$	200 %
Fremdfinanzierungsgrad	$\frac{110 + 160}{500}$	54 %

Die Begriffe «Anzahlungen» und «Vorauszahlungen» werden gleichbedeutend verwendet.

Die Anzahlungen an Warenlieferanten werden bei den Vorräten bilanziert und dementsprechend im Liquiditätsgrad 3 berücksichtigt.

Die Anzahlungen an Maschinenlieferanten haben keinen Einfluss auf die Liquiditätsgrade, da sie im Anlagevermögen zu bilanzieren sind.

Die Anzahlungen von Kunden stellen eine Verpflichtung zur künftigen Lieferung von Waren oder Produkten an die Kunden dar. Es wird deshalb in der Zukunft kein Geldabgang, sondern ein Abgang an Vorräten stattfinden. Deshalb sind die Anzahlungen von Kunden beim kurzfristigen Fremdkapital und bei den Vorräten abzuziehen. Diese Umbuchung gilt nur für die statische Liquiditätsanalyse, nicht für die übrigen Kennzahlen (wie hier z. B. der Fremdfinanzierungsgrad).

In der Wirtschaftspraxis wird diese hier behandelte Sonderstellung der Anzahlungen an Lieferanten bzw. von Kunden bei der statischen Liquiditätsanalyse der Einfachheit halber oft vernachlässigt. Zu beachten ist ferner, dass noch weitere Bestandteile der Forderungen bzw. der kurzfristigen Verbindlichkeiten keinen Geldcharakter haben (z. B. ein Teil der Rechnungsabgrenzungen). Allerdings werden auch diese Unterscheidungen von der Praxis im Rahmen der statischen Liquiditätsanalyse meist nicht vorgenommen.

23.11

Aufgabe	Buchungssätze	Eigenfinanzierungsgrad	Fremdfinanzierungsgrad	Anlageintensität	Liquiditätsgrad 2	Liquiditätsgrad 3	Anlagedeckungsgrad 1	Anlagedeckungsgrad 2
a)	Maschinen/Flüssige Mittel	0	0	+	–	–	–	–
b)	Immobilien/Eigenkapital	+	–	+	0	0	?	?
c)	Flüssige Mittel/Hypotheken	–	+	–	+	+	0	+
d)	Flüssige Mittel/Forderungen L+L	0	0	0	0	0	0	0
e)	Verbindlichkeiten L+L/Flüssige Mittel	+	–	+	?	?	0	0
f)	Flüssige Mittel/Fahrzeuge	0	0	–	+	+	+	+
g)	Flüssige Mittel/Aktienkapital	+	–	–	+	+	+	+

23.12

Kreuzen Sie die Aussagen als richtig an, oder begründen Sie, weshalb diese falsch sind.

Nr.	Aussage	Richtig	Begründung bei falscher Aussage
1	Eine hohe Intensität des Anlagevermögens verursacht grundsätzlich hohe Fixkosten.	X	
2	Im Sinne einer Faustregel gilt ein Liquiditätsgrad 2 von 100 % als gut.	X	
3	Wenn der Liquiditätsgrad 3 über 100 % liegt, ist auch der Anlagedeckungsgrad 1 über 100 %.		Über den Anlagedeckungsgrad 1 lässt sich nichts aussagen. Die Aussage trifft für den Anlagendeckungsgrad 2 zu.
4	Eigen- und Fremdfinanzierungsgrad ergeben zusammen 100 %.	X	
5	Die Banken verlangen im Rahmen von Kreditprüfungen einen Liquiditätsgrad 1 von mindestens 40 %.		Über eine sinnvolle Höhe des Liquiditätsgrades 1 lässt sich nicht viel sagen; er ist als Kennzahl zu Kreditprüfungen ungeeignet.
6	Die goldene Bilanzregel verlangt, dass langfristig gebundenes Vermögen (Anlagevermögen) mit langfristigem Kapital (Eigenkapital und langfristiges Fremdkapital) zu finanzieren ist.	X	
7	Wenn in einer Liquiditätsstaffel auf der zweiten Stufe eine Unterdeckung ausgewiesen wird, so ist der Liquiditätsgrad 2 kleiner als 100 %.	X	
8	Ein höherer Fremdfinanzierungsgrad ist aus dem Blickwinkel der Liquidität von Nachteil, weil damit tendenziell hohe Zins- und Rückzahlungsverpflichtungen verbunden sind.	X	
9	Ein höherer Eigenfinanzierungsgrad führt grundsätzlich zu einer besseren Bonität (Kreditrating), und die Unternehmung profitiert von höheren Zinsfüssen.		Die Unternehmung profitiert von tieferen Zinsfüssen.
10	Ein tiefer Selbstfinanzierungsgrad weist immer auf eine ungenügende Finanz- und Ertragslage hin.		Ein tiefer Selbstfinanzierungsgrad kann ein schlechtes Zeichen sein, wenn er aufgrund geringer Unternehmensgewinne entstanden ist. Es ist umgekehrt aber auch möglich, dass die Unternehmung regelmässig hohe Gewinne erwirtschaftet, diese aber ausschüttet. Die Kennzahl ist von der Dividenden-Ausschüttungsquote abhängig und deshalb für Analysezwecke in der Regel weniger geeignet. Ältere Unternehmen weisen tendenziell einen höheren Selbstfinanzierungsgrad als jüngere auf.

Erfolgsbezogene Analyse

24.01

a) Kapitalrentabilität

Rentabilität des Eigenkapitals	$\frac{\text{Gewinn}}{\text{Eigenkapital}}$	$\frac{16}{160}$	10 %
Rentabilität des Gesamtkapitals	$\frac{\text{EBIT}}{\text{Gesamtkapital}}$	$\frac{28}{400}$	7 %

b) Umsatzrentabilität

Bruttogewinnmarge Handelsmarge	$\frac{\text{Bruttogewinn}}{\text{Umsatz}}$	$\frac{300}{1000}$	30 %
EBIT-Marge	$\frac{\text{EBIT}}{\text{Umsatz}}$	$\frac{28}{1000}$	2,8 %
(Rein-)**Gewinnmarge**	$\frac{\text{Gewinn}}{\text{Umsatz}}$	$\frac{16}{1000}$	1,6 %

24.02

a)

Schlussbilanz 31.12.20_6

	Extern	Intern		Extern	Intern
Flüssige Mittel	7	7	Kurzfristiges Fremdkapital	20	20
Forderungen (netto)	23	24	Langfristiges Fremdkapital	50	44
Warenvorrat	18	27	Eigenkapital	27	60
Anlagevermögen	52	70	Gewinn	3	4
	100	128		100	128

Erfolgsrechnung 20_6

	Extern	Intern
Warenertrag	200	200
./. Warenaufwand	−120	−117
./. Abschreibungen	− 7	− 8
./. Bildung langfr. Rückstellungen	− 4	− 5
./. Übriger operativer Aufwand	− 63	− 63
= **EBIT**	**6**	7
./. Zinsaufwand	− 2	− 2
./. Steueraufwand	− 1	− 1
= **Gewinn**	**3**	4

b)

Kennzahl	Externe Werte	Interne Werte	Kurzkommentar
Liquiditätsgrad 2	30:20 = **150 %**	31:20 = **155 %**	Der Liquiditätsgrad 2 ist praktisch unverändert; nur die geringfügige Differenz im Delkredere beeinflusst den Kennzahlenwert.
Anlageintensität	52:100 = **52 %**	70:128 = **55 %**	Die Anlageintensität steigt, weil die stillen Reserven im Anlagevermögen grösser sind als jene im Umlaufvermögen.
Eigenfinanzierungsgrad	30:100 = **30 %**	64:128 = **50 %**	Der Kennzahlenwert steigt sehr stark, weil das Eigenkapital durch die Aufrechnung der stillen Reserven zunimmt.
Bruttogewinnmarge	80 : 200 = **40 %**	83:200 = **41,5 %**	Die Bruttogewinnmarge steigt etwas, weil der bereinigte Warenaufwand kleiner ist.
Gesamtkapitalrendite	6 : 100 = **6 %**	7:128 = **5,5 %**	Durch die Bereinigung steigen sowohl EBIT als auch das Gesamtkapital, was sich weit gehend kompensiert.
Eigenkapitalrendite	3 : 30 = **10 %**	4:64 = **6,3 %**	Zwar ist der interne Gewinn leicht höher, aber das bereinigte viel grössere Eigenkapital bewirkt eine deutliche Verminderung der Eigenkapitalrendite.

24.03

Bilanzstruktur

Flüssige Mittel		75	Kurzfristiges Fremdkapital (300:120 %)	250
Forderungen (netto)	300	125	Langfristiges Fremdkapital	300
Warenvorrat		100	Eigenkapital (45 % von 1 000)	450
Anlagevermögen		700		
		1 000		1 000

Weitere Grössen

Grösse	Berechnung	Ergebnis
Warenertrag (Umsatz)	(45 + 11 + 9):3,25 % = 65:0,325	2 000
Bruttogewinnmarge	(2 000 – 1 300):2 000 = 700:2 000	35 %
Eigenkapitalrendite	45:450	10 %

24.04

a)

Schlussbilanz 31.12.20_4

	Extern	Intern		Extern	Intern
Flüssige Mittel	15	15	Verbindlichkeiten L+L	43	43
Forderungen L+L	75	75	Kurzfristige Garantierückstellungen	7	3
Materialvorrat	30	45	Langfristige Finanzschulden	40	40
Vorrat Erzeugnisse	20	30	Aktienkapital	80	80
Sachanlagen	110	110	Gesetzl. Gewinnreserve	17	17
./. Wertberichtigung Sachanlagen	– 50	– 30	Gewinnvortrag	2	46
			Gewinn	11	16
	200	245		200	245

Erfolgsrechnung 20_4

	Extern	Intern
Verkaufserlös (Produktionserlös)	700	701
+ Zunahme Erzeugnisse	6	9
= **Produktionsertrag**	**706**	**710**
./. Materialaufwand	– 200	– 201
./. Abschreibungen	– 10	– 8
./. Übriger operativer Aufwand	– 480	– 480
= **EBIT**	**16**	**21**
./. Zinsaufwand	– 2	– 2
./. Steueraufwand	– 3	– 3
= **Gewinn**	**11**	**16**

b)

Kennzahl	Berechnung	Wert Tekkno AG	Wert Branche	Kurzkommentar
Liquiditätsgrad 2	$\frac{90}{46}$	196 %	**290 %**	Als Faustregel gilt ein Wert von 100 %. Obwohl der Branchenwert unterschritten wird, kann die Liquidität der Tekkno AG als sehr gut bezeichnet werden.
Eigenfinanzierungsgrad	$\frac{159}{245}$	65 %	**63 %**	Die Eigenkapitalquote ist hoch; die Finanzierung ist sicher.
Anlageintensität	$\frac{80}{245}$	33 %	**23 %**	Die Anlageintensität ist zwar höher als branchenüblich, aber für einen Fabrikationsbetrieb immer noch relativ tief.
Gesamtkapitalrendite	$\frac{21}{245}$	8,6 %	**11,4 %**	Die Gesamtkapitalrendite ist zu tief. Massnahmen zur Verbesserung der operativen Marge (EBIT-Marge) sind zu treffen.
Eigenkapitalrendite	$\frac{16}{159}$	10 %	**12,9 %**	Als Folge der geringen Gesamtkapitalrendite und der hohen Eigenkapitalquote ist die Eigenkapitalrendite nur genügend.

24.05

	Kennzahl	Verbindlichkeiten L+L/ Flüssige Mittel	Immobilien/Aktienkapital
a)	Fremdfinanzierungsgrad	–	–
b)	Anlageintensität	+	+
c)	Liquiditätsgrad 2	?	0
d)	Anlagedeckungsgrad 2	0	?
e)	Eigenkapitalrendite	0	–
f)	Gesamtkapitalrendite	+	–
g)	EBIT-Marge	0	0

24.06

a)

Erfolgsrechnung

Warenertrag	500
./. Warenaufwand	–280
= **Bruttogewinn**	**220**
./. Personalaufwand	–130
./. Abschreibungen	– 14
./. Übriger Betriebsaufwand	– 40
= **EBIT**	**36**
./. Finanzaufwand	– 11
= **Gewinn vor Steuern**	**25**
./. Steuern	– 10
= **Gewinn**	**15**

b)

Kennzahl	Berechnung	Resultat
Rentabilität des Gesamtkapitals	36 : 400 (oder 7,2 % • 1,25)	9 %
Rentabilität des Eigenkapitals	15 : 200	7,5 %
Bruttogewinnmarge	220 : 500	44 %
EBIT-Marge	36 : 500	7,2 %
Gewinnmarge	15 : 500	3 %
Umsatz je m^2 Verkaufsfläche	500 000 000 : 40 000 m^2	12 500
Umsatz je Mitarbeiter	500 000 000 : 2 000	250 000

24.07

a)

	Unternehmung E			Unternehmung F		
Fremdkapitalquote	20:100	=	**20 %**	80:100	=	**80 %**
Gesamtkapitalrendite	13:100	=	**13 %**	13:100	=	**13 %**
Zinsfuss Fremdkapital	1:20	=	**5 %**	4:80	=	**5 %**
Eigenkapitalrendite	12:80	=	**15 %**	9:20	=	**45 %**

b)

	Unternehmung E			Unternehmung F		
Gesamtkapitalrendite	3:100	=	**3 %**	3:100	=	**3 %**
Zinsfuss Fremdkapital	1:20	=	**5 %**	4:80	=	**5 %**
Eigenkapitalrendite	2:80	=	**2,5 %**	−1:20	=	**−5 %**

c) Es besteht ein Zielkonflikt zwischen Sicherheit und Rentabilität:

- Unternehmung E ist dank der hohen Eigenkapitalquote sicher finanziert. Dies zeigt sich zum Beispiel in der Rezession, wo immer noch ein Gewinn bzw. eine positive Eigenkapitalrendite erzielt wird.
- Unternehmung F ist mithilfe eines hohen Fremdkapitaleinsatzes in der Lage, die Eigenkapitalrendite in wirtschaftlich guten Zeiten zu steigern. Im Beispiel wird das Risiko sichtbar, indem schon bei einem geringen Umsatzrückgang ein Verlust bzw. eine negative Eigenkapitalrendite entsteht.

Dieser Zusammenhang wird als finanzieller **Leverage-Effekt** bezeichnet:

- Positive Hebelwirkung: Die Eigenkapitalrentabilität lässt sich durch den Einsatz von Fremdkapital überproportional steigern, sofern die Gesamtkapitalrendite höher ist als der Zinsfuss für das Fremdkapital.
- Negative Hebelwirkung: Umgekehrt fällt die Eigenkapitalrentabilität mit zunehmender Fremdfinanzierung, sobald die Gesamtkapitalrendite unter den Zinsfuss für das Fremdkapital sinkt.

24.08

a) Übersicht in CHF 1000

	1 Wohnblock	2 Wohnblöcke	3 Wohnblöcke
Gesamtkapital	3000	6000	9000
Eigenkapital	3000	3000	3000
Fremdkapital	0	3000	6000
Fremdfinanzierungsgrad	0 %	50 %	67 %
Mietzinserträge brutto	230	460	690
./. Nebenkosten	– 50	– 100	– 150
= Mietzinserträge netto (= EBIT)	180	360	540
./. Hypothekarzinsen	– 0	– 120	– 240
= Gewinn	180	240	300
Gesamtkapitalrendite	180 : 3000 = 6 %	360 : 6000 = 6 %	540 : 9000 = 6 %
Eigenkapitalrendite	180 : 3000 = 6 %	240 : 3000 = 8 %	300 : 3000 = 10 %

b) Durch den Einsatz von zusätzlichem Fremdkapital konnte die Eigenkapitalrendite von 6 % (ohne Fremdkapital) über 8 % (mit 50 % Fremdfinanzierung) auf 10 % (mit 67 % Fremdfinanzierung) gesteigert werden. Dies unter der Bedingung, dass die Gesamtkapitalrendite (6 %) über dem Zinsfuss für das Fremdkapital (4 %) lag.

c) Je höher der Fremdkapitaleinsatz wird, desto grösser wird auch das Risiko (für die Eigen- und die Fremdkapitalgeber). Die wichtigsten Risikoüberlegungen sind:

- Wie sicher kann der geplante Mietzinsertrag wirklich erzielt werden? Sind die Annahmen realistisch oder eher pessimistisch? Ist ein Sinken des allgemeinen Mietzinsniveaus möglich? Muss zeitweise mit unvermieteten Wohnungen gerechnet werden?
- Der Hypothekarzinsfuss ist mit 4 % p. a. im langfristigen Schnitt eher tief. Sind in Zukunft Zinsfusserhöhungen zu erwarten? Ist die Annahme eines gleichen Zinsfusses für alle drei Varianten realistisch, oder wird die Bank mit zunehmendem Risiko (steigende Verschuldung) einen höheren Zinsfuss anwenden?
- Decken die geplanten Nebenkosten die wirklich anfallenden Kosten für Abschreibungen, Reparaturen und Unterhalt?

d) Es besteht der klassische Zielkonflikt zwischen Rentabilität und Sicherheit: Aus dem Blickwinkel der Eigenkapitalrendite sind drei Wohnhäuser zu errichten. Allerdings steigt dabei das Risiko (siehe c). Damit hängt der Entscheid von der Risikofreudigkeit bzw. vom Sicherheitsbedürfnis des Investors ab.

24.09

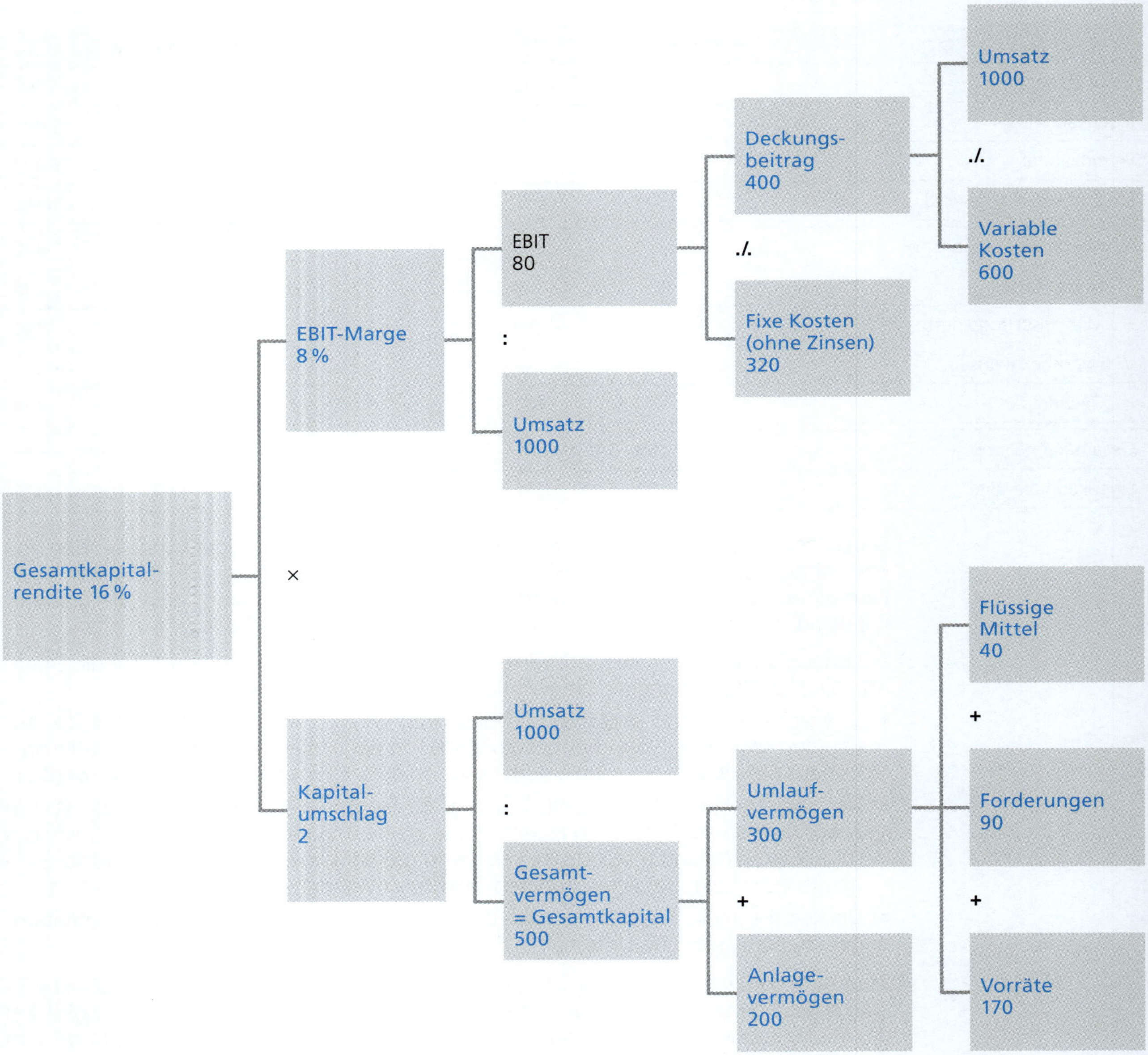
Gesamtkapital-rendite 16 %
×
EBIT-Marge 8 %
EBIT 80
:
Umsatz 1000
Deckungs-beitrag 400
./.
Fixe Kosten (ohne Zinsen) 320
Umsatz 1000
./.
Variable Kosten 600
Kapital-umschlag 2
Umsatz 1000
:
Gesamt-vermögen = Gesamtkapital 500
Umlauf-vermögen 300
+
Anlage-vermögen 200
Flüssige Mittel 40
+
Forderungen 90
+
Vorräte 170

24.10

a)

Kennzahl	Berechnung	Resultat
Liquiditätsgrad 2	420 : 100	420 %
Eigenfinanzierungsgrad	540 : 740	73 %
Gesamtkapitalrendite	40 : 740	5,4 %
Eigenkapitalrendite	29 : 540	5,4 %

b) Die Abschlussrechnungen nach Durchführung der Massnahmen lauten:

Schlussbilanz 20_6

Aktiven		Passiven	
Kasse und Bank X	10	Verbindlichkeiten L+L	30
Forderungen L+L	20	Bank Y	0
Vorräte	60	Hypothek	0
Mobile Sachanlagen	60	Eigenkapital	280
Immobile Sachanlagen	200	Gewinn	40
	350		350

Erfolgsrechnung 20_6

	Verkaufsertrag	2 000
./.	Materialaufwand	– 400
./.	Personalaufwand	– 900
./.	Sonstiger Betriebsaufwand	– 660
=	**EBIT**	40
+	Zinsertrag	0
./.	Zinsaufwand	– 0
=	**Gewinn**	**40**

Aus diesen Abschlussrechnungen können folgende Renditen berechnet werden:

Kennzahl	Berechnung	Resultat
Gesamtkapitalrendite	40 : 350	11,4 %
Eigenkapitalrendite	40 : 320	12,5 %

c) Durch die höhere Verschuldung ergeben sich folgende Abschlussrechnungen:

Schlussbilanz 20_6

Aktiven		Passiven	
Kasse und Bank X	10	Verbindlichkeiten L+L	30
Forderungen L+L	20	Bank Y	100
Vorräte	60	Hypothek	100
Mobile Sachanlagen	60	Eigenkapital	92
Immobile Sachanlagen	200	Gewinn	28
	350		350

Erfolgsrechnung 20_6

	Verkaufsertrag	2 000
./.	Materialaufwand	– 400
./.	Personalaufwand	– 900
./.	Sonstiger Betriebsaufwand	– 660
=	**EBIT**	40
+	Zinsertrag	0
./.	Zinsaufwand	– 12
=	**Gewinn**	**28**

Aus diesen Abschlussrechnungen können folgende Renditen berechnet werden:

Kennzahl	Berechnung	Resultat
Gesamtkapitalrendite	40 : 350	11,4 %
Eigenkapitalrendite	28 : 120	23,3 %

In Aufgabe c) wird die positive Auswirkung des Fremdkapitaleinsatzes auf die Eigenkapitalrendite sichtbar (finanzieller Leverage).

24.11

a) Gesamtkapitalrendite
- ☐ 10 %
- ☐ 13 %
- ☒ 15 %
- ☐ ein anderer Wert

b) Bruttogewinnmarge
- ☒ 40 %
- ☐ 60 %
- ☐ 66,7 %
- ☐ ein anderer Wert

c) EBIT-Marge
- ☐ 5,2 %
- ☒ 6 %
- ☐ 20 %
- ☐ ein anderer Wert

d) Liquiditätsgrad 2
- ☐ 40 %
- ☐ 160 %
- ☒ 200 %
- ☐ ein anderer Wert

e) Anlageintensität
- ☒ 65 %
- ☐ 76,9 %
- ☐ 150 %
- ☐ ein anderer Wert

f) Eigenkapitalrendite
- ☒ 20 %
- ☐ 33,3 %
- ☐ 50 %
- ☐ ein anderer Wert

g) Anlagedeckungsgrad 2
- ☐ 33,3 %
- ☐ 76,9 %
- ☒ 134,6 %
- ☐ ein anderer Wert

h) Gewinnmarge
- ☒ 4 %
- ☐ 10 %
- ☐ 20 %
- ☐ ein anderer Wert

i) Zinsfuss für das Fremdkapital
- ☐ 1,2 %
- ☐ 6 %
- ☒ 8 %
- ☐ ein anderer Wert

k) Selbstfinanzierungsgrad
- ☐ 20 %
- ☒ 36 %
- ☐ 40 %
- ☐ ein anderer Wert

Cashflow-Analyse

25.01

Cashflow/Investitions-Verhältnis	Cashflow / Nettoinvestitionen	20 / 14	143 %
Verschuldungsfaktor	Effektivverschuldung / Cashflow	60 / 20	3
Zinsdeckungsfaktor	Cashflow vor Zinsen / Zinsen	24 / 4	6
Cashflow-Marge	Cashflow / Umsatz	20 / 400	5 %

	Fremdkapital	95
./.	Flüssige Mittel	– 5
./.	Forderungen	–30
=	Effektivverschuldung	60

25.02

a)

	20_1	20_2	20_3
Effektivverschuldung	300	400	450
Cashflow	100	80	50
Verschuldungsfaktor	3	5	9

b) Der Verschuldungsfaktor gibt an, wievielmal (wie viele Jahre lang) der letzte Cashflow erarbeitet werden müsste, bis die Effektivverschuldung abbezahlt wäre. Je tiefer der Verschuldungsfaktor ist, desto mehr Sicherheit besteht für die Gläubiger.

Die Aussagekraft des Verschuldungsfaktors als Kennzahl zur Überwachung der Zahlungsfähigkeit ist vor allem in Zeitreihen-Vergleichen sehr gross, weil bei wachsender Gefährdung der Unternehmung normalerweise der Zähler (die Effektivverschuldung) steigt und gleichzeitig der Nenner (der Cashflow) sinkt. Damit entsteht eine Art Hebelwirkung, und die ungünstige finanzielle Entwicklung wird besonders hervorgehoben.

Im Zahlenbeispiel der Aufgabe verdreifacht sich der Verschuldungsfaktor in nur zwei Jahren (von Ende 20_1 bis Ende 20_3) von 3 auf 9.

Nebenbei: Man beachte die sich verschlechternde Qualität des Cashflows: Der Gewinnanteil sinkt laufend, der Abschreibungsanteil steigt, und die kurzfristige Finanzierung mittels Lieferantenkrediten erhöht sich stark.

25.03

a)

	20_1	20_2	20_3
Effektivverschuldung	80	105	120
Cashflow	20	15	10
Verschuldungsfaktor	4	7	12

b) Der Verschuldungsfaktor misst, wievielmal ein Cashflow erarbeitet werden muss, bis die Schulden zurückbezahlt sind.

Im Beispiel ist der Kennzahlenwert am Anfang in Ordnung. In den Folgejahren verschlechtern sich die Effektivverschuldung um +50% und der Cashflow um −50%. Durch die Anordnung dieser beiden Einzelmerkmale über und unter dem Bruchstrich verstärken sie sich in ihrer Wirkung, sodass sich der Verschuldungsfaktor innerhalb von zwei Jahren verdreifacht. Damit wird die Verschlechterung der finanziellen Situation besonders augenfällig.

c)

	20_1	20_2	20_3
Zinsdeckungsfaktor	25 : 5 = 5	21 : 6 = 3,5	18 : 8 = 2,25

d) Im ersten Jahr ist der Zinsdeckungsfaktor in Ordnung. Er verschlechtert sich in der Beobachtungsperiode drastisch: Ende 20_3 wird fast die Hälfte des Cashflows vor Zinsen für den Zinsendienst verbraucht.

25.04

Alle fünf Betriebe verfügen jeweils über einen Cashflow und einen Free Cashflow in derselben Höhe.

Grundsätzlich ist bei allen Betrieben positiv, dass der Cashflow die Investitionen übersteigt, weshalb überall ein Free Cashflow resultiert, sodass alle über ein Gewinnausschüttungs- und Schuldentilgungs-Potenzial verfügen.

Allerdings unterscheiden sich die Cashflows in ihrer Zusammensetzung, was zu folgenden vereinfachenden Kurzkommentaren bzw. Qualitätsurteilen führt:

Betrieb	Kurzkommentar	Qualitätsurteil
A	Das ist ein dynamisch wachsender Betrieb, weshalb die Forderungen L+L, Vorräte und Verbindlichkeiten L+L steigen. Der Gewinnanteil am Cashflow ist sehr hoch. Die Abschreibungen sind gering, sodass ein grosser Teil des Cashflows für Erweiterungsinvestitionen zur Verfügung steht.	Sehr gut
B	Der Gewinnanteil am Cashflow ist gering. Die Gewinnausschüttung übersteigt den Gewinn. Die Investitionen entsprechen in der Höhe den getätigten Abschreibungen, was grundsätzlich bedeutet, dass die Unternehmung nicht wächst, sondern nur die abgeschriebenen Anlagen ersetzt.	Ungenügend
C	Für eine gute Qualität spricht, dass der Gewinnanteil recht hoch und der Abschreibungsanteil tief ist. Ein grosser Qualitätsnachteil ist der wahrscheinlich nicht wiederholbare Einmaleffekt der Abnahme an Forderungen L+L von 29. (Die näheren Umstände des Abbaus von Forderungen L+L sind nicht bekannt.)	Ziemlich gut
D	Der Gewinnanteil ist tief. Die Gewinnausschüttung übersteigt den Gewinn. Der Cashflow ist vor allem dank der Zunahme der Verbindlichkeiten L+L entstanden, die zu einer Verschlechterung der künftigen Liquiditätssituation sowie der Bonität führt. Bedenklich ist auch, dass die Lieferantenkredite im Prinzip teilweise zur Finanzierung der Dividenden herangezogen wurden.	Ungenügend
E	Der Gewinnanteil ist in Ordnung. Allerdings konnte die Höhe des Cashflows nur dank einem wahrscheinlich einmaligen Lagerabbau erzielt werden. (Die Gründe für die Verminderung des Lagers sind nicht bekannt.)	Genügend

25.05

	Buchung	Cashflow/Investitions-Verhältnis	Verschuldungsfaktor	Zinsdeckungsfaktor	Cashflow-Marge
a)	Flüssige Mittel / Warenertrag	+	–	+	+
b)	Maschinen / Flüssige Mittel	–	+	0	0
c)	Raumaufwand / Flüssige Mittel	–	+	–	–
d)	Hypotheken / Flüssige Mittel	0	0	0	0
e)	Zinsaufwand / Flüssige Mittel	–	+	–	–

25.06

a)

Kennzahl	Berechnung	Resultat	Financial covenants	
			Eingehalten	Nicht eingehalten
Eigenfinanzierungsgrad	$\frac{90}{200}$	45 %	X	
Liquiditätsgrad 2	$\frac{50}{40}$	125 %	X	
Verschuldungsfaktor	$\frac{60}{20}$	3	X	
Zinsdeckungsfaktor	$\frac{24}{4}$	6		X

Bilanz

Flüssige Mittel	15	Kurzfristiges Fremdkapital	40
Forderungen	35	Langfristiges Fremdkapital	70
Vorräte	50	Eigenkapital (inkl. Gewinn)	90
Anlagevermögen	100		
	200		200

b) Der Kredit wird grundsätzlich zur sofortigen Rückzahlung fällig. In der Praxis wird der Kredit oft zu veränderten Kreditkonditionen verlängert (mit höherem Zinsfuss, dem gestiegenen Risiko für den Kreditgeber entsprechend).

25.07

Grundsätzlich geht es in dieser Aufgabe primär um das Cashflow/Investitions-Verhältnis. Sekundär ist der Abschreibungs- bzw. Gewinnanteil am Cashflow zu untersuchen.

- **Gesellschaft Alpha** weist relativ betrachtet ein Cashflow/Investitions-Verhältnis von nur 60 % aus; absolut entspricht dies einem negativen Free Cashflow von CHF 40 Mio. Die finanzielle Situation muss grundsätzlich als unbefriedigend betrachtet werden, weil eine Unternehmung mittel- bis langfristig in der Lage sein muss, mehr Cashflow zu erwirtschaften, als für die Investitionen verbraucht wird.
- **Gesellschaft Beta** weist wie Alpha ein Cashflow/Investitions-Verhältnis von nur 80 % aus. Die finanzielle Situation ist aber bedeutend schlechter: Erstens erlitt sie einen Verlust von CHF 20 Mio. Zweitens tätigte sie grundsätzlich nur Ersatz-Investitionen, keine Erweiterungs-Investitionen. Und drittens konnte sie nicht einmal die Ersatz-Investitionen aus der Betriebstätigkeit bezahlen. (Hinweis: Aus dem Umstand, dass die Abschreibungen gleich hoch waren wie die Investitionen, lässt sich schliessen, dass per Saldo nur Ersatz-Investitionen vorgenommen wurden.)
- **Gesellschaft Gamma** weist ein Cashflow/Investitions-Verhältnis von 120 % bzw. einen Free Cashflow von CHF 20 Mio. aus, was als positiv zu bewerten ist. Im Vergleich mit Gesellschaft Delta fällt allerdings der hohe Abschreibungsanteil am Cashflow negativ ins Gewicht.
- **Gesellschaft Delta** ist finanziell insgesamt die beste dieser vier Unternehmungen: Das Cashflow/Investitions-Verhältnis beträgt wie bei Gamma 120 %. Aber aufgrund des höheren Gewinnanteils am Cashflow konnte Delta in diesem Zeitraum mehr Erweiterungs-Investitionen tätigen, was Wachstum bedeutet und in der Zukunft zu steigenden Cashflows und Gewinnen führen wird.

25.08

a)

Kennzahl	Berechnung	Wert My AG	Wert Branche	Kurzkommentar
Eigenfinanzierungsgrad	580 : 1000	58 %	32 %	Die My AG ist deutlich sicherer finanziert als die Branche.
Liquiditätsgrad 2	210 : 140	150 %	90 %	Die My AG verfügt über eine viel bessere Liquidität und erfüllt die Faustregel von 100 %.
Verschuldungsfaktor	210 : 210	1	6	Die My AG ist in einer sehr guten Liquiditäts- und Verschuldungslage.
Zinsdeckungsfaktor	225 : 15	15	8	Der Zinsdeckungsfaktor ist sehr hoch und unterstreicht die gute Liquiditätslage der My AG.
Rentabilität des Eigenkapitals	42 : 580	7,2 %	14 %	Die Eigenkapitalrendite ist (auch gemessen am Risiko für die Eigentümer) ungenügend.
Rendite des Gesamtkapitals	70 : 1000	7 %	10 %	Die operative Ertragskraft ist ungenügend.

b)

X	Die Eigenkapitalrendite wäre gestiegen.		Die Eigenkapitalrendite wäre gefallen.		Die Eigenkapitalrendite wäre unverändert geblieben.

26

Aktivitäts-Analyse

26.01

Umschlag Forderungen L+L	(Kredit-)Warenertrag / ∅ Bestand Forderungen L+L	900 / 100	9
Zahlungsfrist Kunden	360 Tage / Umschlag Forderungen L+L	360 / 9	40 Tage
Lagerumschlag	Warenaufwand / ∅ Warenvorrat	720 / 160	4,5
Lagerdauer	360 Tage / Lagerumschlag	360 / 4,5	80 Tage
Umschlag Verbindlichkeiten L+L	(Kredit-)Wareneinkäufe / ∅ Bestand Verbindlichkeiten L+L	736 / 92	8
Zahlungsfrist Lieferanten	360 Tage / Umschlag Verbindlichkeiten L+L	360 / 8	45 Tage

26.02

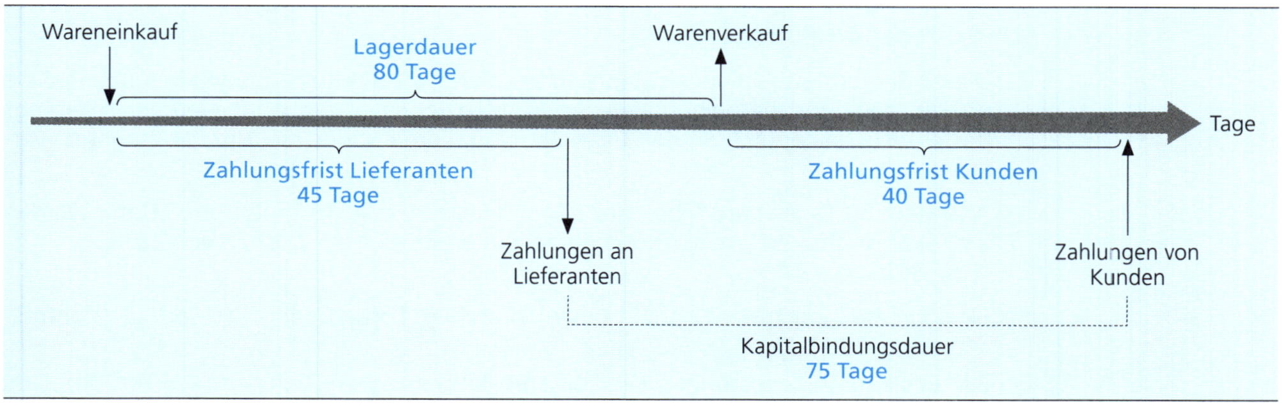

26.03

a)

	20_1	20_2	Branchenvergleich b)
Durchschnittlicher Lagerbestand	$\frac{90 + 90}{2} = 90$	$\frac{90 + 150}{2} = 120$	80
Durchschnittlicher Lagerumschlag	$\frac{900}{90} = 10$	$\frac{960}{120} = 8$	$\frac{960}{80} = 12$
Durchschnittliche Lagerdauer	$\frac{360}{10}$ = 36 Tage	$\frac{360}{8}$ = 45 Tage	$\frac{360}{12}$ = 30 Tage

b) Bei gleichem Umsatz beträgt der durchschnittliche Lagerbestand in der Branche 80 000.– gegenüber 120 000.– bei der eigenen Unternehmung. Die Mehrkosten betragen jährlich 6 000.– (15 % von 40 000.–).

c) Vorteile: Grösseres Angebot (Auswahl), bessere Lieferbereitschaft, Mengenrabatte sowie geringere Bezugskosten (z. B. Fracht) bei Grosseinkäufen, Spekulationsgewinne bei vorzeitigem Einkauf, günstige Gelegenheitskäufe.

Nachteile: Höhere Zins-, Raum- und Personalkosten, gebundenes Kapital, Gefahr des Verderbs, der Überalterung und der Demodierung, Risiko sinkender Einkaufspreise.

26.04

a) (165 000 + 195 000) : 2 = **180 000**

b) 720 000 : 180 000 = **4**

c) 360 Tage : 4 = **90 Tage**

d) Die eingeräumten Zahlungsfristen sind aus der Sicht des kostenbewussten Buchhalters viel zu lang, und deshalb sollten die Kunden schneller gemahnt werden. Allerdings besteht ein Zielkonflikt mit den Verkäufern, die ihre Kunden nicht mit Mahnungen verärgern wollen.

e) Anstatt in 60 Tagen wird schon in 20 Tagen bezahlt, d. h. 40 Tage früher. Dafür werden 2 % Skonto offeriert. Aufs Jahr umgerechnet ergibt sich ein Zinsfuss von **18 %.** (2 % · 360 : 40 = 18 %).

f) 30 Tage Zahlungsfrist entspricht einem Umschlag Forderungen L+L von 12 (Kontrollrechnung: 360 Tage : 12 = 30 Tage).

Der Bestand an Forderungen L+L sollte **60 000** betragen (720 000 : 12 = 60 000). Dies entspricht einem Drittel des effektiven Bestands an Forderungen L+L von 180 000, da die durchschnittliche Zahlungsfrist Kunden auf einen Drittel gesenkt werden soll (von 90 Tagen auf 30 Tage).

g) 10 % von 120 000 (das sind 180 000 effektiver Bestand ./. 60 000 Sollbestand) = **12 000.**

26.05

a) (980 + 20) : [(80 + 120) : 2)] = 10

b) 360 : 10 = 36 Tage

c) (30 + 10) : 2 = 20 Tage
(Diese Unternehmung zahlt die Lieferantenrechnungen im Schnitt 16 Tage zu spät.)

d) Umschlag Verbindlichkeiten L+L bei 20 Tagen durchschnittlicher Kreditfrist = 18 (360 : 18 = 20). Durchschnittlicher Soll-Bestand an Verbindlichkeiten L+L = 1000 : 18 = 55,6 (gegenüber effektiv 100).

26.06

a)

Ø Lagerumschlag	$\frac{\text{Warenaufwand}}{\text{Ø Warenvorrat}}$	$\frac{1800}{500}$	**3,6**

b)

Ø Zahlungsfrist Lieferanten	$\frac{\text{Ø Bestand Verbindlichkeiten L+L} \cdot 360}{\text{Kreditwareneinkäufe}}$	$\frac{200 \cdot 360}{1600}$	**45 Tage**

c)

Ø Bestand Verbindlichkeiten L+L	$\frac{\text{Krediteinkäufe} \cdot \text{Ø Zahlungsfrist Lieferanten}}{360}$	$\frac{1600 \cdot 36}{360}$	**160**

d)

Zinsfuss (Skonto) für 40 Tage	3 %	$\frac{3\,\% \cdot 360\text{ Tage}}{40\text{ Tage}} = 27\,\%$ p.a.
Zinsfuss für 360 Tage (Jahreszinsfuss)	**27 %**	

e) Die meisten Zinsfüsse beziehen sich auf ein Jahr, damit sie sich miteinander vergleichen lassen (z. B. der Zinsfuss eines Sparkontos mit dem Zinsfuss einer Obligationenanleihe oder eines Kontokorrentkredites). Auch die Renditen beziehen sich auf ein Jahr.

f) Folgende drei Gründe sind am häufigsten:

- Der Lieferant braucht dringend Geld, kann aber aufgrund mangelnder Bonität keinen Bankkredit aufnehmen.
- Der Lieferant will das Kreditrisiko (Risiko auf Forderungen L+L) vermindern.
- Der Skonto ist branchenüblich.

Gesamtaufgaben

26.10

Name	Berechnung	Wert von Tutto AG	Wert der Branche	Kurzkommentar
Eigenfinanzierungsgrad (Ende 20_2)	$\frac{72}{310}$	23,2 %	30 %	Die Eigenfinanzierung ist schlechter als branchenüblich, woraus sich gegenüber dem Darlehensgeber Bonitätsprobleme ergeben können. Mögliche Massnahmen zur Verbesserung sind: Dividendenausschüttungen reduzieren, künftige Gewinne steigern, Aktienkapital erhöhen.
Liquiditätsgrad 2 (Ende 20_2)	$\frac{133}{125}$	106,4 %	70 %	Der Liquiditätsgrad 2 ist höher als der Branchenvergleichswert. Auch die Faustregel von 100 % wird von der Tutto AG eingehalten. Grund dafür ist allerdings hauptsächlich der zu hohe Bestand an Forderungen L+L (vgl. die unten berechnete Zahlungsfrist Kunden).
Gewinnmarge	$\frac{3}{600}$	0,5 %	2,2 %	Die Gewinnmarge ist bei der Tutto AG völlig ungenügend, was mit eine Ursache für die zu tiefe Eigenfinanzierung und die ungenügende Eigenkapitalrendite ist.
Rendite des Eigenkapitals	$\frac{3}{72}$	4,2 %	16,3 %	Als Folge der schlechten Gewinnmarge ist die Eigenkapitalrendite sehr schlecht. Sie ist sogar tiefer als der Zinsfuss für das Fremdkapital von ca. 5 %.
Cashflow-Marge	$\frac{11}{600}$	1,8 %	4,3 %	Die Cashflow-Marge ist zu tief. Hauptgründe für den ungenügenden Geldzufluss sind die geringe Gewinnmarge sowie die Zunahmen an Forderungen L+L und Vorräten.
Verschuldungsfaktor	$\frac{105}{11}$	9,5	4,3	Der Verschuldungsfaktor ist unbefriedigend. Schuld sind die hohe Verschuldung und der tiefe Cashflow.
Zahlungsfrist Kunden	$\frac{360 \text{ Tage} \cdot 120}{600}$	72 Tage	30 Tage	Die Kundenzahlungen sind schleppend, der Bestand an Forderungen L+L zu hoch.
Zahlungsfrist Lieferanten	$\frac{360 \text{ Tage} \cdot 123}{410}$	108 Tage	30 Tage	Die Lieferantenrechnungen werden von der Tutto AG viel zu spät bezahlt, was zu Konflikten mit den Lieferanten führt.
Lagerdauer	$\frac{360 \text{ Tage} \cdot 40}{400}$	36 Tage	20 Tage	Die Lagerbewirtschaftung muss verbessert werden, weil die Ware zu lange an Lager liegt.

26.11

Kennzahlen	Wert für Copo	Wert für Migi	Kurzkommentar
Anlageintensität	$\frac{226}{322} = 70\,\%$	$\frac{451}{561} = 80\,\%$	Beide Betriebe sind anlageintensiv (vor allem wegen eigener Liegenschaften), was hohe Fixkosten zur Folge hat.
Fremdfinanzierungsgrad	$\frac{310}{322} = 96\,\%$	$\frac{417}{561} = 74\,\%$	Copo ist sehr stark verschuldet, was eine schlechte Bonität nach sich zieht.
Liquiditätsgrad 2	$\frac{29}{123} = 24\,\%$	$\frac{34}{121} = 28\,\%$	Beide liegen unter der Faustregel von 100 %.
Anlagedeckungsgrad 2	$\frac{199}{226} = 88\,\%$	$\frac{440}{451} = 98\,\%$	Die goldene Bilanzregel wird von Copo nicht und von Migi nur knapp eingehalten.
Bruttogewinnmarge	$\frac{165}{650} = 25{,}4\,\%$	$\frac{565}{2000} = 28{,}3\,\%$	Migi verfügt über eine wesentlich höhere Bruttogewinnmarge.
Gewinnmarge	$\frac{-2}{650} = -0{,}3\,\%$	$\frac{5}{2000} = 0{,}3\,\%$	Die Gewinnmarge ist bei beiden sehr tief, bei Copo sogar negativ.
Umsatz pro m²	$\frac{650\text{ Mio.}}{62\,460\text{ m}^2} = 10\,407$ pro m²	$\frac{2000\text{ Mio.}}{112\,760\text{ m}^2} = 17\,737$ pro m²	Migi ist wesentlich besser.
Raumaufwand pro m²	$\frac{39\text{ Mio.}}{62\,460\text{ m}^2} = 624$ pro m²	$\frac{37\text{ Mio.}}{112\,760\text{ m}^2} = 328$ pro m²	Copo hat fast doppelt so hohe Raumkosten je m².
Gesamtkapitalrendite	$\frac{4}{322} = 1{,}2\,\%$	$\frac{21}{561} = 3{,}7\,\%$	Die Gesamtkapitalrendite ist bei beiden ungenügend.
Eigenkapitalrendite	$\frac{-2}{12} = -16{,}7\,\%$	$\frac{5}{144} = 3{,}5\,\%$	Copo verlor in diesem Jahr 16,7 % ihres Eigenkapitals. Auch Migi ist klar ungenügend.
Verschuldungsfaktor	$\frac{281}{17} = 16{,}5$	$\frac{383}{81} = 4{,}7$	Copo weist einen sehr schlechten Wert auf. Migi ist gut.
Cashflow/ Investitions-Verhältnis	$\frac{17}{32} = 53\,\%$	$\frac{81}{79} = 103\,\%$	Der Wert von Copo ist viel zu niedrig. Migi ist knapp genügend.
Durchschnittliche Lagerdauer	$\frac{360\text{ Tage} \cdot 68}{485} = 50\text{ Tage}$	$\frac{360\text{ Tage} \cdot 75}{1435} = 19\text{ Tage}$	Die Lagerdauer von Copo ist im Vergleich zu Migi sehr schlecht.
Zahlungsfrist Lieferanten	$\frac{360\text{ Tage} \cdot 46}{483} = 34\text{ Tage}$	$\frac{360\text{ Tage} \cdot 121}{1437} = 30\text{ Tage}$	Das Zahlungsverhalten ist bei beiden in Ordnung.

26.12

a)

Geldflussrechnung

	Geldfluss aus Betriebstätigkeit		
	Zahlungen von Kunden (450 – 10 + 150)	590	
./.	Zahlungen an Lieferanten (–360 – 16 + 28)	– 348	
./.	Zahlungen ans Personal	– 100	
./.	Zahlungen für übrigen Aufwand	– 91	51
	Geldfluss aus Investitionstätigkeit		
./.	Kauf Mobiliar	– 23	
./.	Kauf Fahrzeuge	– 48	
+	Verkauf Fahrzeug	8	– 63
	Geldfluss aus Finanzierungstätigkeit		
+	Aktienkapitalerhöhung (Nominalwert)	8	
+	Agio aus Aktienkapitalerhöhung (25 % von 8)	2	
./.	Dividendenausschüttung	– 16	– 6
	Abnahme flüssige Mittel		– 18

Cashflow (indirekt)

	Gewinn	29
+	Abschreibung Mobiliar	8
+	Abschreibung Fahrzeuge	12
./.	Zunahme Forderungen L+L	– 10
./.	Zunahme Warenvorrat	– 16
+	Zunahme Verbindlichkeiten L+L	28
=	Cashflow	51

b)

Kennzahl	Berechnung	Kurzkommentar
Eigenkapitalrendite (Eigenkapital per Ende Jahr)	29 : 219 = **13 %**	Die Eigenkapitalrendite ist hoch und braucht in der Geschäftsleitung nicht weiter besprochen zu werden. (Ob sich diese Rendite im nächsten Geschäftsjahr wieder erzielen lässt, muss aufgrund von Planungsrechnungen abgeschätzt werden. Die gestiegenen Lagerbestände weisen vielleicht auf ein Absatzproblem hin, das sich ertragsmässig im nächsten Jahr auswirken könnte.)
Liquiditätsgrad 2 gemäss Eröffnungs- und Schlussbilanz	Eröffnung 104 : 80 = **130 %** Schluss 96 : 108 = **89 %**	Die Liquiditätslage verschlechterte sich deutlich. Als Faustregel für den Liquiditätsgrad 2 gilt ein Wert von 100 %, den die Interhandel Ende Jahr unterschreitet.
Cashflow/ Investitions-Verhältnis	51 : 63 = **81 %**	Die Nettoinvestitionen können nicht aus dem Cashflow bezahlt werden, was eine wichtige Ursache für die ungenügende Liquiditätslage darstellt. Eine nähere Analyse drängt sich vor allem bei den hohen Fahrzeugkäufen auf.
Ø Zahlungsfrist Kunden	Umschlag Forderungen L+L = 450 : 90 = 5x Zahlungsfrist Kunden = 360 : 5 = **72 Tage**	Die den Kunden eingeräumte Zahlungsfrist von 30 Tagen wird massiv überschritten. Dies ist eine weitere Ursache für die ungenügende Liquiditätssituation. Es stellt sich die Frage, ob diese grossen Ausstände an Forderungen L+L durch ein verbessertes Mahnwesen vermindert werden können oder ob allenfalls mit grösseren Forderungsverlusten gerechnet werden muss.
Ø Lagerdauer	Lagerumschlag = 360 : 40 = 9x Lagerdauer = 360 : 9 = **40 Tage**	Diese Frist kann ohne Angabe zur Entwicklung des Kennzahlenwerts über die letzten Jahre sowie Kenntnis des branchenüblichen Durchschnittswerts nicht schlüssig beurteilt werden. Allerdings hat der Lagerbestand im Jahresverlauf um 50 % zugenommen, was auf Absatzstockungen und überalterte Lagerbestände hinweisen kann.
Ø Zahlungsfrist Lieferanten	Umschlag Verbindlichkeiten L+L = 376 : 94 = 4x Zahlungsfrist Lieferanten = 360 : 4 = **90 Tage**	Die von den Lieferanten gewährte Zahlungsfrist von 30 Tagen wird massiv überschritten. Die Interhandel AG wälzt ihr Liquiditätsproblem auf die Lieferanten ab, was normalerweise zu Problemen führt: Lieferanten liefern künftig nicht mehr oder nur gegen Vorkasse. Mit Betreibungen durch Lieferanten muss gerechnet werden.

c) Mögliche Massnahmen zur Verbesserung der Liquiditätslage sind:

- Durch ein verbessertes Mahnwesen können die Ausstände an Forderungen L+L vermindert werden.
- Sofern das Provisionssystem für die Verkäufer auf dem Verkaufsumsatz basiert, muss dieses neu vom Eingang der Zahlung vom Kunden abhängig gemacht werden.
- Eine systematische Lagerbewirtschaftung muss zur Verminderung der Lagerbestände führen, ohne dass die Lieferbereitschaft dabei abnimmt.
- Die Zweckmässigkeit der getätigten Neuinvestitionen in Mobiliar und Fahrzeuge ist zu überprüfen. Die entsprechenden Entscheidungs- und Kontrollprozesse müssen allenfalls angepasst werden.
- Sofern ein hoher Investitionsbedarf gerechtfertigt war und weiterhin damit zu rechnen ist, muss die langfristige Finanzierung durch Darlehensaufnahme oder Aktienkapitalerhöhung gesichert werden. Wenn dies nicht möglich ist, muss ein langfristiges Finanzleasing ins Auge gefasst werden.
- Sobald die Liquiditätslage stabilisiert ist, müssen die Ausstände an Verbindlichkeiten L+L abgebaut werden.
- Dividendenausschüttungen reduzieren.

26.13

Berechnungen

Kennzahl	Formel	Zahlen	Resultat
Eigenfinanzierungsgrad	$\frac{\text{Eigenkapital}}{\text{Gesamtkapital}}$	$\frac{30}{150}$	**20 %**
Liquiditätsgrad 2	$\frac{\text{Flüssige Mittel + Forderungen}}{\text{Kurzfristiges Fremdkapital}}$	$\frac{5+31}{50}$	**72 %**
Rentabilität des Eigenkapitals	$\frac{\text{Gewinn}}{\text{Eigenkapital}}$	$\frac{3}{30}$	**10 %**
Free Cashflow	Cashflow ./. Nettoinvestitionen	12 – 15	**– 3**
Umschlag Forderungen L+L	$\frac{\text{Kreditwarenverkäufe}}{\varnothing\ \text{Bestand Forderungen L+L}}$	$\frac{75}{30}$	**2,5**
Zahlungsfrist Kunden	$\frac{\text{360 Tage}}{\text{Umschlag Forderungen L+L}}$	$\frac{360}{2{,}5}$	**144 Tage**
Lagerumschlag	$\frac{\text{Warenaufwand}}{\varnothing\ \text{Warenbestand}}$	$\frac{180}{20}$	**9**
Lagerdauer	$\frac{\text{360 Tage}}{\text{Lagerumschlag}}$	$\frac{360}{9}$	**40 Tage**
Umschlag Verbindlichkeiten L+L	$\frac{\text{Kreditwareneinkäufe}}{\varnothing\ \text{Bestand Verbindlichkeiten L+L}}$	$\frac{180+8}{47}$	**4**
Zahlungsfrist Lieferanten	$\frac{\text{360 Tage}}{\text{Umschlag Verbindlichkeiten L+L}}$	$\frac{360}{4}$	**90 Tage**

Interpretationen

Kennzahl	Kommentar
Eigenfinanzierungsgrad	20 % sind in der Regel zu tief.
Liquiditätsgrad 2	Die Norm von 100 % wird deutlich verfehlt, was auf Zahlungsprobleme hindeutet.
Rentabilität des Eigenkapitals	Ein Wert von 10 % gilt als gut. Allerdings wird dieser Satz hier auch dank tiefem Eigenfinanzierungsgrad erreicht.
Free Cashflow	Der Cashflow sollte langfristig höher sein als die Nettoinvestitionen, was hier nicht der Fall ist. Die Supermarkt AG kann aus dem Cashflow nicht einmal die Gewinnausschüttung (basierend auf dem Vorjahresgewinn) bezahlen, weshalb die Unternehmung zur Schonung der Liquidität besser auf eine Dividendenausschüttung verzichtet hätte. Der Bestand an flüssigen Mitteln hat in der Periode gemäss Geldflussrechnung um 10 abgenommen.
Zahlungsfrist Kunden	Das Management der Supermarkt AG muss zum Beispiel mit einem verbesserten Mahnwesen dafür sorgen, dass die Grosskunden ihre Schulden rascher begleichen. Das Zahlungsziel beträgt 30 Tage.
Lagerdauer	Die Lagerdauer ist deutlich zu hoch, was nicht nur höhere Kosten verursacht, sondern auch Fragen nach der Frische der Produkte aufwirft.
Zahlungsfrist Lieferanten	Die Supermarkt AG zahlt ihre Lieferanten nur zögerlich, was die beim Liquiditätsgrad 2 festgestellten Zahlungsprobleme unterstreicht. Das Zahlungsziel beträgt 30 Tage.

26.14

Kennzahl	Wert für Bergbahn J	Wert für Bergbahn P	Kurzkommentar
Fremdfinanzierungsgrad	25939 : 31060 = 84 %	37384 : 52236 = 72 %	Die Verschuldung bei J ist unter dem Aspekt der Sicherheit relativ hoch.①
Liquiditätsgrad 2	3160 : 1087 = 291 %	7629 : 3874 = 197 %	Die Liquidität ist hoch.②
Anlagedeckungsgrad 2	29973 : 27720 = 108 %	48362 : 44060 = 110 %	Die goldene Bilanzregel ist eingehalten.
Reingewinnmarge	697 : 12662 = 5,5 %	877 : 21597 = 4,1 %	P ist deutlich schlechter.
Cashflow-Marge	5626 : 12662 = 44,4 %	4493 : 21597 = 20,8 %	P weist für einen anlageintensiven Betrieb eine viel zu tiefe Cashflow-Marge auf.
Cashflow/Investitions-Verhältnis	5626 : 7234 = 78 %	4493 : 7247 = 62 %	Beide Bahnen sind zufolge unter 100 % liegenden Werten auf Aussenfinanzierung angewiesen.
Personalintensität	3373 : 12662 = 26,6 %	8258 : 21597 = 38,2 %	Die viel zu hohen Personalkosten sind möglicherweise das finanzielle Problem von P.③
EBIT-Marge	1867 : 12662 = 14,7 %	2451 : 21597 = 11,3 %	P ist deutlich schlechter.④
Kapitalumschlag	12662 : 31060 = 0,41	21597 : 52236 = 0,41	Da Bergbahnen als anlageintensive Betriebe gelten, sind die Umschlagshäufigkeiten tief.
Gesamtkapitalrendite	1867 : 31060 = 6,0 %	2451 : 52236 = 4,7 %	Beide Bahnen weisen tiefe Werte auf. P ist ungenügend.④
Eigenkapitalrendite	697 : 5121 = 13,6 %	877 : 14852 = 5,9 %	P ist völlig ungenügend.⑤
Dividendenausschüttung in %	450 : 3000 = 15 %	600 : 6000 = 10 %	J schüttet eine um 50 % höhere Dividende aus.

Aufgrund dieser Analyse ist der Kauf von Aktien der Bergbahn J zu favorisieren.

① Allerdings wirkt bei J der finanzielle Leverage-Effekt: Die Eigenkapitalrendite wird durch den vermehrten Einsatz von Fremdkapital gesteigert, da die Gesamtkapitalrendite über dem Zinsfuss für das Fremdkapital liegt.

② Der Abschlusstermin ist bei beiden Bahnen Ende Mai, d. h. Ende Hauptsaison, sodass der Liquiditätsstand naturgemäss hoch ist.

③ Ohne weitere konkrete Kenntnisse des Betriebes kann nicht genau gesagt werden, welches die Gründe für diese hohe Personalintensität sind. Werden über dem Branchendurchschnitt liegende Löhne ausbezahlt? Sind die Sozialleistungen besser? Ist das Management schlecht?

④ Die Gesamtkapitalrendite von P entspricht nur etwa dem durchschnittlichen Zinsfuss für das (langfristige) Fremdkapital. Entweder muss die EBIT-Marge oder der Kapitalumschlag gesteigert werden. Dies wird von beiden Bahnen am besten durch eine Umsatzsteigerung erreicht, bei P kommt noch eine Senkung des Personalaufwandes dazu.

Bei dieser Gruppe von Kennzahlen wird auch das Hauptproblem anlageintensiver Betriebe deutlich: Infolge hoher Fixkosten ist die Höhe des Umsatzes (bzw. der Beschäftigungsgrad oder die Kapazitätsauslastung) entscheidend für die Gewinnerzielung.

⑤ Hauptursache für die schlechte Eigenkapitalrendite von P ist die ungenügende Reingewinnmarge, die wiederum eine Folge der zu hohen Personalintensität ist.

3. Teil Kostenrechnung

Einleitung

31.01

a) Jährliche Hypothekarzinsen: 4 % von CHF 180 000.– = CHF 7200.–
Monatlicher Hypothekarzins: 7200 : 12 = CHF 600.–

b) Die befreundete Buchhalterin geht davon aus, dass die in der Wohnung investierten Eigenmittel weiter mit einer Rendite von 6 % hätten angelegt werden können. Somit entgehen der Marketingplanerin jährlich 6 % von CHF 100 000.–. Werden diese so genannten Opportunitätskosten in die Rechnung miteinbezogen, entstehen jährliche Kosten von CHF 13 200.–, bzw. eine monatliche Belastung von CHF 1100.–. Die Buchhalterin hat Recht.

	Jahr	Monat
Bezahlte Hypothekarzinsen	7 200	600
+ Entgangener Eigenkapitalzins (Opportunitätskosten)	6 000	500
= Gesamtkosten	13 200	1 100

31.02

Text	Aufwand (FIBU)	Sachliche Abgrenzung	Kosten (BEBU)
Material	4 300	+ 100	4 400
Löhne	2 100	0	2 100
Sozialleistungen	400	+ 20	420
Miete	700	0	700
Unterhalt, Reparatur, Ersatz	40	0	40
Versicherung	50	0	50
Energie	80	0	80
Werbung	70	0	70
Zinsen	120	+ 60	180
Abschreibungen	230	– 30	200
Übriges	260	0	260
Total	8 350	+ 150	8 500

31.03

Nr.	Aussage	Richtig	Begründung bei falscher Aussage
1	Mittels Abgrenzungen werden die teilweise durch unternehmungspolitische Entscheide verfälschten Aufwände in Kosten umgewandelt.	X	
2	Werden die Aufwände zwecks Bildung stiller Reserven zu hoch ausgewiesen, sind entsprechende Abgrenzungen für die Kostenermittlung zu addieren.		Umgekehrt: Die sachlichen Abgrenzungen für die Kostenermittlung müssen subtrahiert werden.
3	Eine Abgrenzung auf dem Energieaufwand ist eher unwahrscheinlich.	X	
4	Durch die Auflösung stiller Reserven auf dem Anlagevermögen werden die Abschreibungen in der FIBU zu gross ausgewiesen und müssen abgegrenzt werden.		Durch die Auflösung stiller Reserven werden die Abschreibungen in der Fibu zu klein ausgewiesen. Sie sind für die BEBU nach oben zu korrigieren.
5	Bei Aktiengesellschaften werden in der FIBU nur die Fremdzinsen berücksichtigt. Für das Eigenkapital sind kalkulatorische Zinsen einzubeziehen.	X	
6	Wegen der steuerlich zugelassenen Bewertung des Warenvorrates unter dem Einstand sind bei Vorratsschwankungen oft sachliche Abgrenzungen nötig.	X	
7	Die Bildung überhöhter Garantierückstellungen führt zu stillen Reserven und muss entsprechend abgegrenzt werden.	X	
8	Werbeausgaben werden in der Regel schon in der FIBU zeitlich abgegrenzt und können ohne sachliche Abgrenzung in die BEBU übernommen werden.	X	
9	Der Unternehmerlohn wird in der FIBU gar nicht oder zu klein ausgewiesen, weshalb die Lohnkosten geringer ausfallen als der Lohnaufwand.		Umgekehrt: Die Berücksichtigung des Unternehmerlohns als sachliche Abgrenzung führt zu höheren Lohnkosten.

Fixe und variable Kosten, Break-even-Analyse

32.01

a)

	Letztes Jahr	Optimistische Variante	Pessimistische Variante
Nettoerlös	300 000	360 000	270 000
./. Variable Kosten	– 200 000	– 240 000	– 180 000
Deckungsbeitrag (Bruttogewinn)	100 000	120 000	90 000
./. Fixe Kosten	– 95 000	– 95 000	– 95 000
Erfolg	+ 5 000	+ 25 000	– 5 000

b) Fixe Kosten: Löhne, Miete, Abschreibungen, Zinsen
Variable Kosten: Warenaufwand (Einstandswert)

32.02

a)

Verkaufte Menge	Variable Kosten	Fixkosten	Selbstkosten	Nettoerlös	Deckungsbeitrag	Reingewinn
0	0.–	700.–	700.–	0.–	0.–	– 700.–
20	160.–	700.–	860.–	300.–	140.–	– 560.–
40	320.–	700.–	1 020.–	600.–	280.–	– 420.–
60	480.–	700.–	1 180.–	900.–	420.–	– 280.–
80	640.–	700.–	1 340.–	1 200.–	560.–	– 140.–
100	**800.–**	**700.–**	**1 500.–**	**1 500.–**	**700.–**	**0.–**
120	960.–	700.–	1 660.–	1 800.–	840.–	140.–
140	1 120.–	700.–	1 820.–	2 100.–	980.–	280.–

b) Bei 100 Stück

c) Der Reingewinn ist CHF 0.–

- [x] Bei der Nutzschwelle entsprechen die Totalkosten dem Nettoerlös.
- [ ] Bei der Nutzschwelle sind die Fixkosten gerade 0.
- [x] Bei der Nutzschwelle wird weder ein Gewinn noch ein Verlust erzielt.
- [ ] Bei der Nutzschwelle entspricht der Deckungsbeitrag pro Stück den variablen Kosten pro Stück.
- [x] Bei der Nutzschwelle entspricht der Deckungsbeitrag (Bruttogewinn) den Fixkosten.
- [x] Bei der Nutzschwelle ist die verkaufte Menge immer grösser als 0.

d) CHF 140.–

e) 140 Güggeli

f)

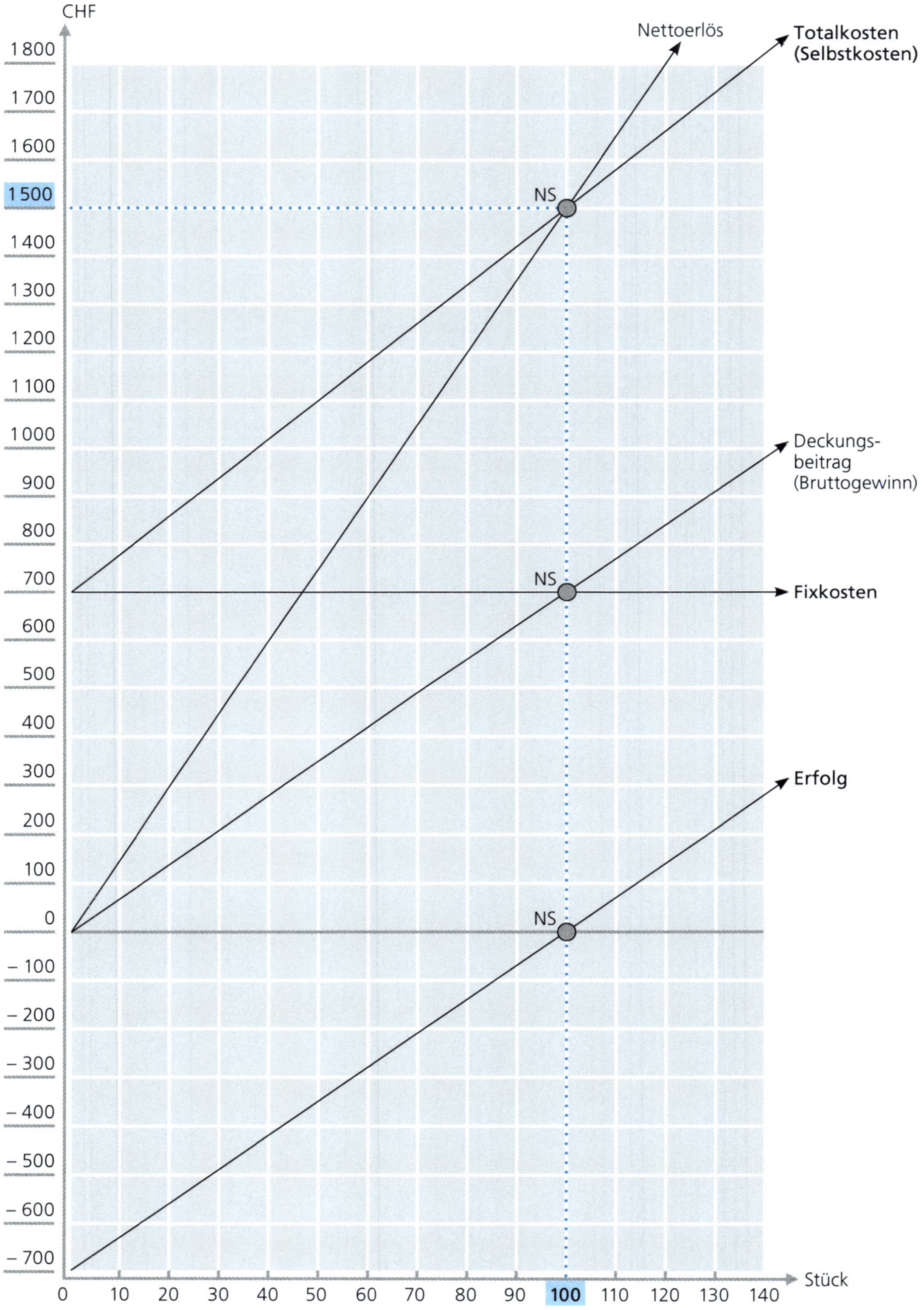
CHF
1 800
1 700
1 600
1 500
1 400
1 300
1 200
1 100
1 000
900
800
700
600
500
400
300
200
100
0
– 100
– 200
– 300
– 400
– 500
– 600
– 700
Nettoerlös
Totalkosten (Selbstkosten)
NS
Deckungs-beitrag (Bruttogewinn)
NS
Fixkosten
Erfolg
NS
0
10
20
30
40
50
60
70
80
90
100
110
120
130
140
Stück

32.03

a) $\frac{45\,000}{1.50} = 30\,000$ Stück; Nettoerlös = CHF 270 000.–

b) $\frac{60\,000}{3} = 20\,000$ Stück; Nettoerlös = CHF 180 000.–

c) $\frac{90\,000}{3} = 30\,000$ Stück; Nettoerlös = CHF 450 000.–

32.04

	Lösung	Lösungsweg
a)	CHF 60 000.–	(7 – 5) • 50 000 – 40 000
b)	10 000 Stück	DB total : DB je St. = (48 000 + 12 000) : 6
c)	17 000 Stück	DB total : DB je St. = (56 000 – 5 000) : 3
d)	CHF 180 000.–	DB = 45 000 + 15 000 = 50 % der variablen Kosten; Nettoerlös = 150 %
e)	100 %	DB = 6 000 + 42 000 = 48 000; variable Kosten = Nettoerlös – DB
f)	CHF 8 000.–	DB-Steigerung = (100 000 – 96 000) • 50 % DB-Marge = 2 000 RG neu = RG alt + DB-Steigerung = 6 000 + 2 000
g)	CHF 17 000.–	DB alt = 60 000 + 10 000 = 70 000 DB-Steigerung 10 % = 7 000 RG neu = RG alt + DB-Steigerung

32.05

Tabellarische Lösungen

	Umsatz in Stücken							
	0	5000	10000	15000	20000	25000	30000	35000
Nettoerlös	0	50000	100000	150000	200000	250000	300000	350000
./. Variable Kosten	– 0	– 30000	– 60000	– 90000	– 120000	– 150000	– 180000	– 210000
= Deckungsbeitrag	0	20000	40000	60000	80000	100000	120000	140000
./. Fixe Kosten	– 100000	– 100000	– 100000	– 100000	– 100000	– 100000	– 100000	– 100000
= Erfolg	– 100000	– 80000	– 60000	– 40000	– 20000	0	20000	40000
				c)		a)	b)	

Rechnerische Lösungen

a) $\frac{\text{Deckungsbeitrag total (= Fixkosten)}}{\text{Deckungsbeitrag je Stück}} = \frac{100\,000}{4}$ = 25 000 Stück; Nettoerlös = CHF 250 000.–

b) $\frac{\text{Deckungsbeitrag total}}{\text{Deckungsbeitrag je Stück}} = \frac{120\,000}{4}$ = 30 000 Stück; Nettoerlös = CHF 300 000.–

c) $\frac{\text{Deckungsbeitrag total}}{\text{Deckungsbeitrag je Stück}} = \frac{60\,000}{4}$ = 15 000 Stück; Nettoerlös = CHF 150 000.–

Grafische Lösungen

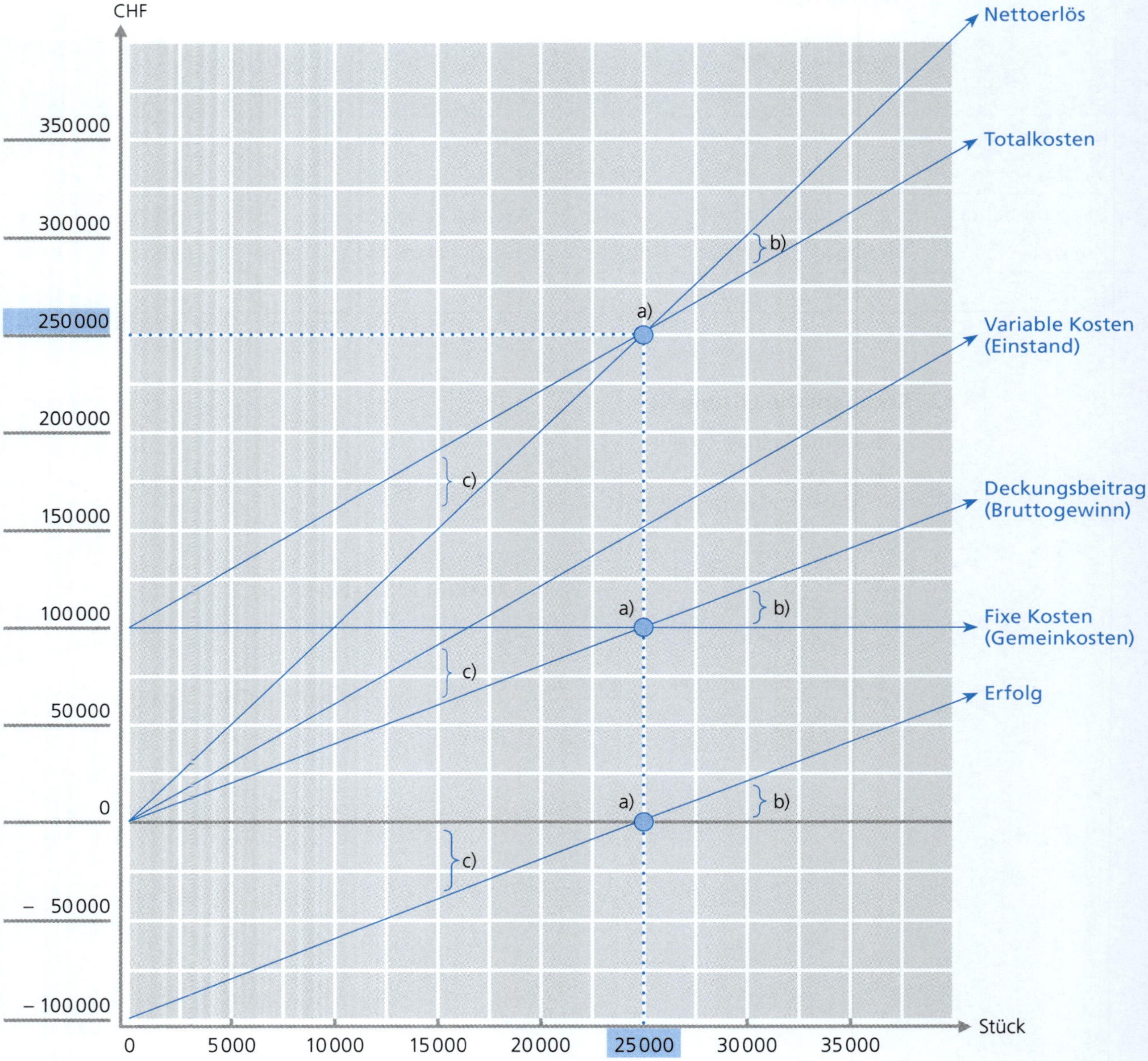

32.06

a) $\frac{48000}{10} = 4800$ Stück

b) CHF 12 000.–

c) Umsatzsteigerung

d) $\frac{48000}{8} = 6000$ Stück

e) $\frac{300000}{48} = 6250$ Stück

f) $\frac{60000}{8} = 7500$ Stück

32.07

a) $\frac{75000 \cdot 130\,\%}{30\,\%}$ = CHF 325 000.–

b) Es handelt sich um einen Mehrproduktebetrieb. (Dies folgt aus der Formulierung «durchschnittlicher Bruttogewinnzuschlag» in der Aufgabenstellung.)

c) $\frac{90000 \cdot 130\,\%}{30\,\%}$ = CHF 390 000.–

32.08

a) $\frac{60000}{2} = 30000$ Stück; Nettoerlös = CHF 180 000.–

b) $\frac{80000}{2} = 40000$ Stück; Nettoerlös = CHF 240 000.–

c) $\frac{100000}{2} = 50000$ Stück; Nettoerlös = CHF 300 000.–

d) Gleiche Stückzahl wie a), da der Deckungsbeitrag unverändert bleibt; Nettoerlös = CHF 210 000.–

e) $\frac{60000}{1} = 60000$ Stück; Nettoerlös = CHF 360 000.–

f) $\frac{60000}{3} = 20000$ Stück; Nettoerlös = CHF 140 000.–

g) $\frac{60000}{2.50} = 24000$ Stück; Nettoerlös = CHF 180 000.–

h) $\frac{60000}{1.60} = 37500$ Stück; Nettoerlös = CHF 180 000.–

32.09

a), b)

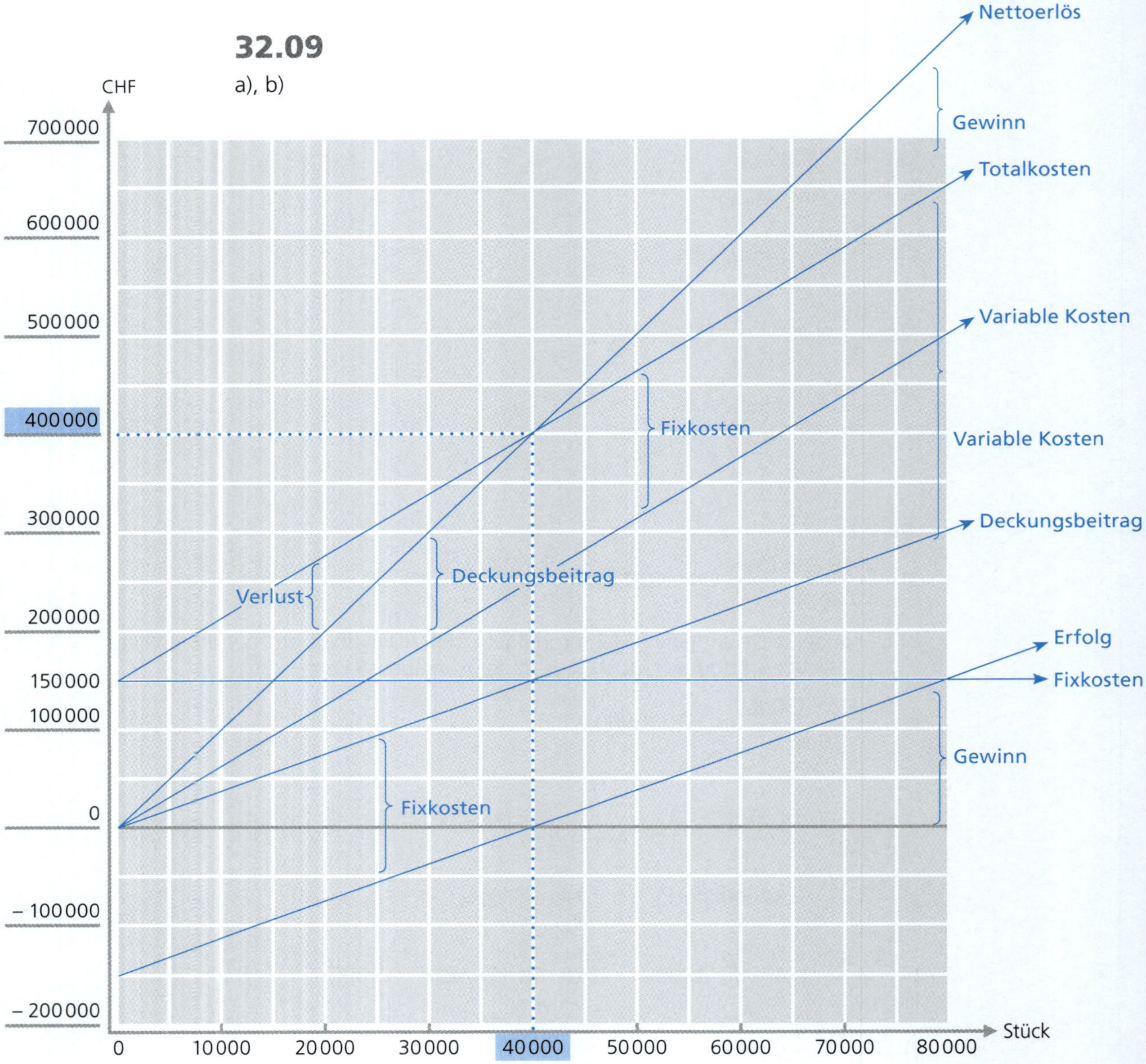

c) Mengenmässige Nutzschwelle 40000 Stück
Wertmässige Nutzschwelle CHF 400000.–

d)

Fixkosten	150000.–
Geplanter Gewinn	60000.–
Geplanter Deckungsbeitrag	210000.–
Nettoerlös je Stück	10.–
Variable Kosten je Stück	6.25 (z. B. 80000 Stück = CHF 500000.– variable Kosten)
Deckungsbeitrag je Stück	3.75 (z. B. 40000 Stück = CHF 150000.– Deckungsbeitrag)

$$\frac{\text{Deckungsbeitrag}}{\text{Deckungsbeitrag je Stück}} = \frac{210000.–}{3.75} = \mathbf{56000\ Stück}$$

32.10

a) Personalkosten
Raumkosten

b)

Einstandswert (= variable Kosten)	100 %	Verkaufserlös	100 %
+ Bruttogewinnzuschlag (= DB)	25 %	./. Deckungsbeitrag	– 20 %
= Verkaufserlös	125 %	= Variable Kosten	80 %

c)

	Umsatz in CHF 1 000						
Verkaufserlös (Umsatz)	0	500	1 000	1 500	2 000	2 500	3 000
./. Variable Kosten	– 0	– 400	– 800	– 1 200	– 1 600	– 2 000	– 2 400
= Deckungsbeitrag	0	100	200	300	400	500	600
./. Fixe Kosten	– 400	– 400	– 400	– 400	– 400	– 400	– 400
= Erfolg	– 400	– 300	– 200	– 100	0	100	200

d) Siehe nächste Seite.

d)

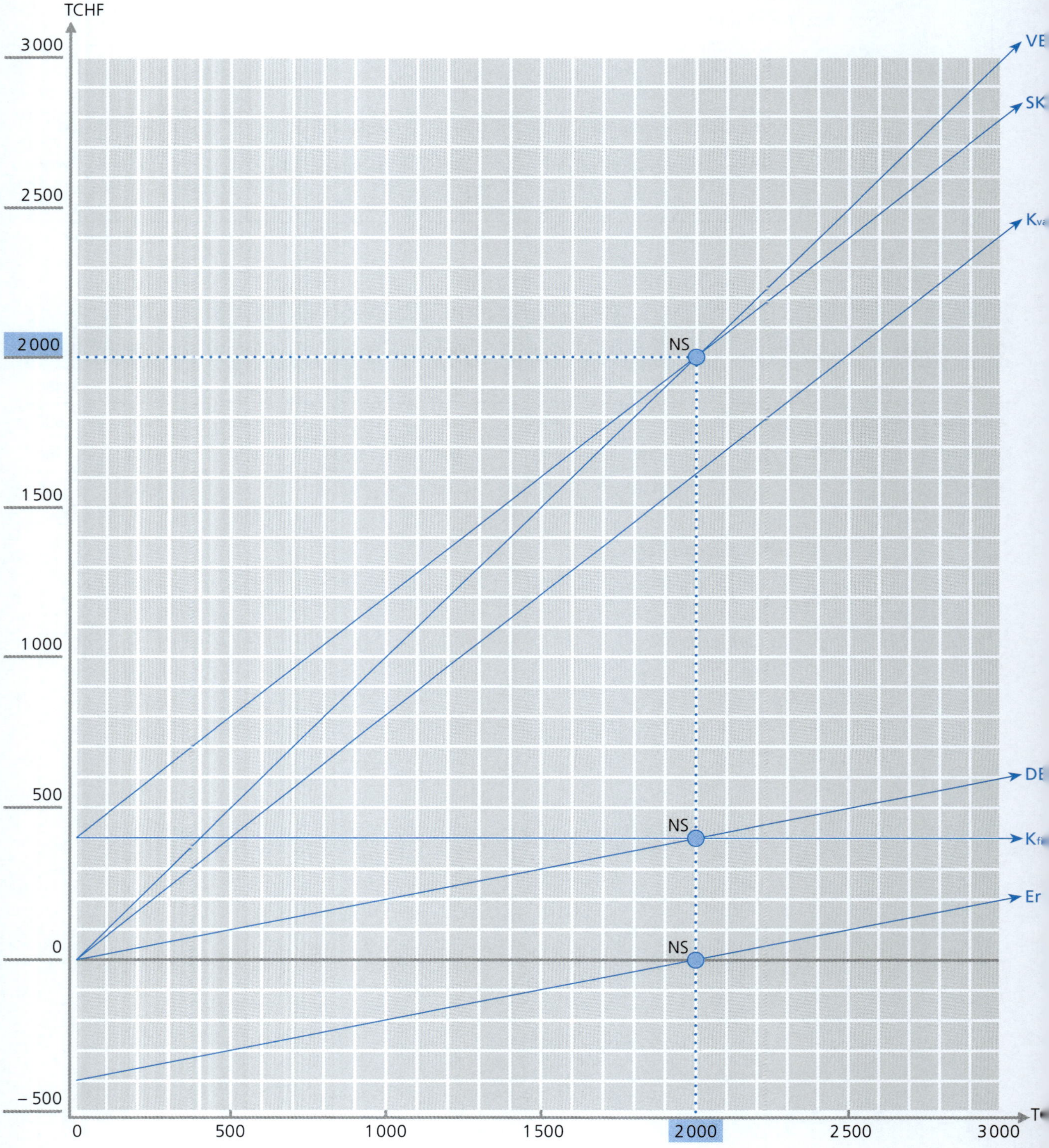
TCHF
3000
2500
2000
1500
1000
500
0
–500
0
500
1000
1500
2000
2500
3000
NS
NS
NS
VE
SK
Kva
DE
Kfi
Er

32.11

a)

	300 Billette Kategorie A zu CHF 80.–			CHF 24 000.–
	150 Billette Kategorie B zu CHF 60.–			CHF 9 000.–
	50 Billette Kategorie C zu CHF 40.–			CHF 2 000.–
	Total Billetteinnahmen			CHF 35 000.–
./.	15 % Abgaben			CHF 5 250.–
	Deckungsbeitrag			CHF 29 750.–
./.	Fixkosten	Saalmiete	CHF 8 000.–	
		Personal	CHF 2 500.–	
		Werbung	CHF 5 200.–	
		Honorar	CHF 10 700.–	CHF 26 400.–
	Gewinn			CHF 3 350.–

b) Prozentuale Belegung $= \frac{26\,400 \cdot 100}{29\,750} =$ 88,7 %

c)

	Zusätzlicher Verkaufserlös (500 • 5)	CHF 2 500.–
./.	Abgaben 15 %	CHF 375.–
	Zusätzlicher Gewinn	CHF 2 125.–

32.12

a)

	Verkaufspreis	12.–	100 %
./.	Bruttogewinn (DB)	– 4.–	33⅓ %
=	Einstandspreis	8.–	

b) Nutzschwelle $= \frac{32\,000}{4}$ = 8000 Stück

Nettoerlös = 8000 • 12 = 96000.– 100 %

c) Nutzschwelle $= \frac{32\,000 + 3\,000}{2.50}$ = 14000 Stück

Nettoerlös = 14000 • 10.50 = 147000.– 153,13 %

Der Umsatz ist um 53,13 % zu steigern.

d) Umsatz $= \frac{32\,000 + 3\,000}{1.50}$ = 23333,33 Stück

(Nettoerlös = 23333,33 • 10.50 = 245000.–)

32.13

a) CHF 200000.–

b) CHF 300000.–

c) Verlust von CHF 100000.–

d) CHF 0.– (Nutzschwelle)

e) CHF 200000.–

f) 66⅔ %

g) 33⅓ %

h) 50 %

32.14

a) Variable Kosten (Einstandswert des Heilmittels) = CHF 3.–/Stück
Deckungsbeitrag/Stück = CHF 2.–/Stück
Nutzschwelle = Fixkosten : DB/Stück = 40 000 : 2 = 20 000 Stück

b) Variable Kosten = CHF 3.20/Stück. Deckungsbeitrag/Stück = CHF 1.80/Stück
Gesamthaft zu erzielender Deckungsbeitrag = Fixkosten + Gewinn = CHF 90 000.–
Gesuchte Menge = Deckungsbeitrag : DB/Stück = 90 000 : 1.80 = 50 000 Stück

c) Gesamter Deckungsbeitrag = Fixkosten + Gewinn = 110 000.–
Deckungsbeitrag/Stück = CHF 110 000 : 50 000 Stück = CHF 2.20/Stück
Variable Kosten/Stück = Verkaufspreis ./. DB = 5.00 – 2.20 = CHF 2.80/Stück
Wechselkurs = CHF 2.80 : EUR 2.00 = CHF 1.40/EUR

d)

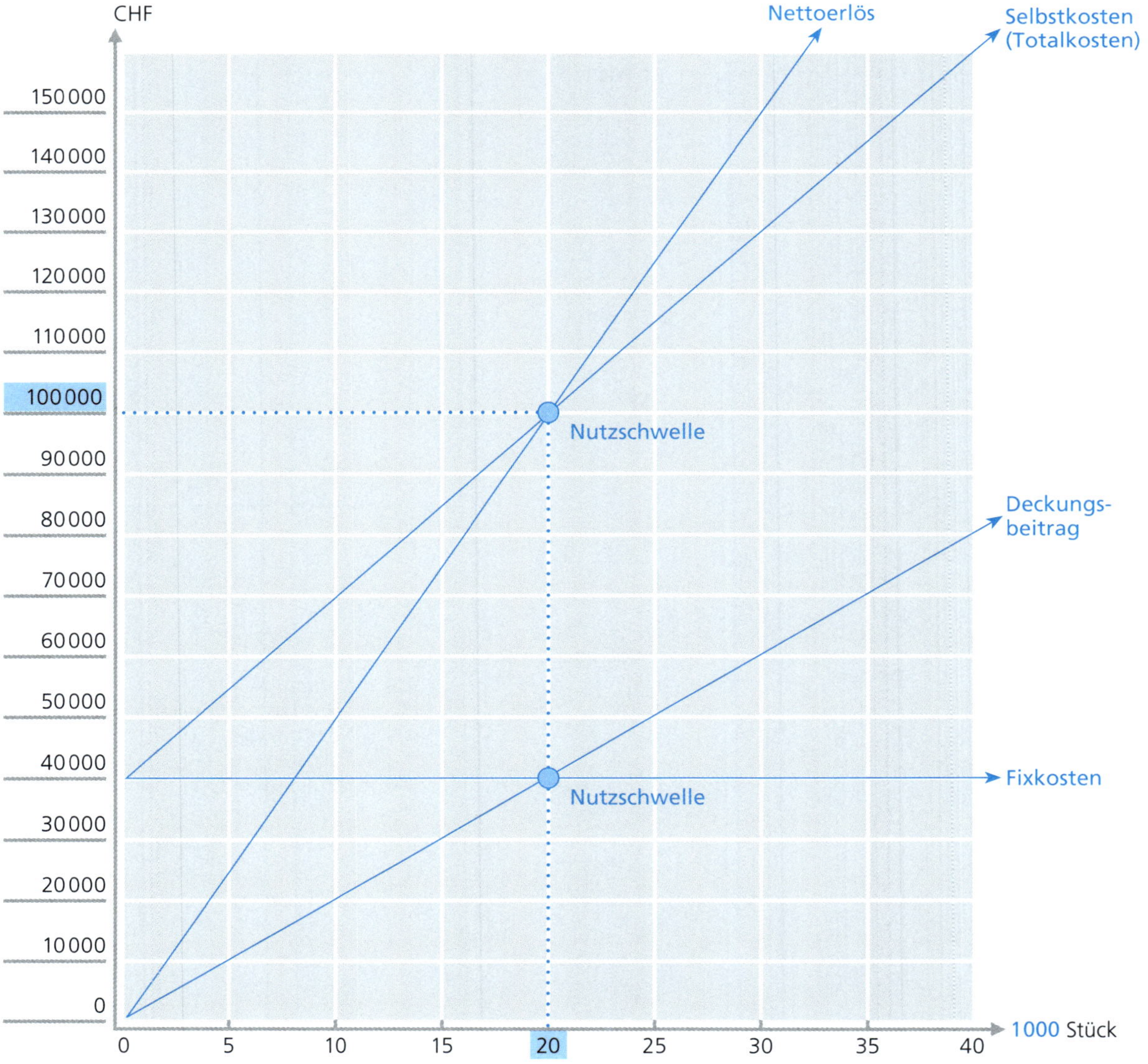

32.15

a)

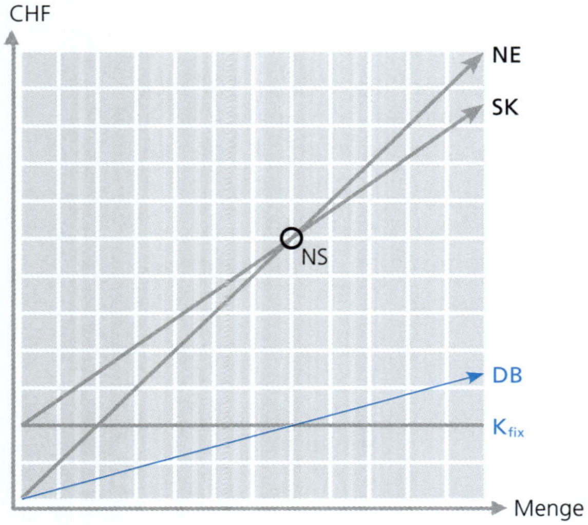

b)

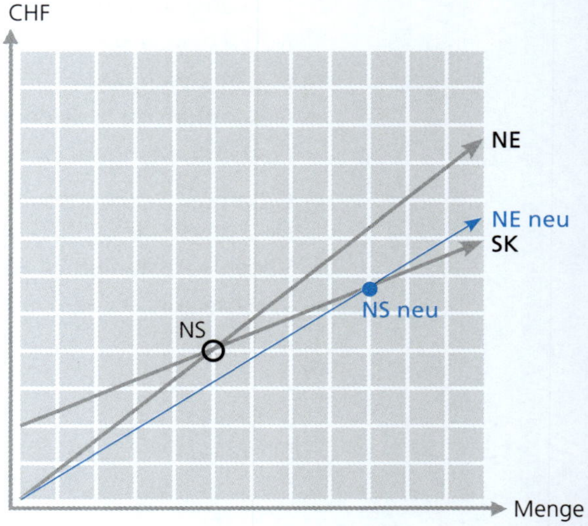

c)

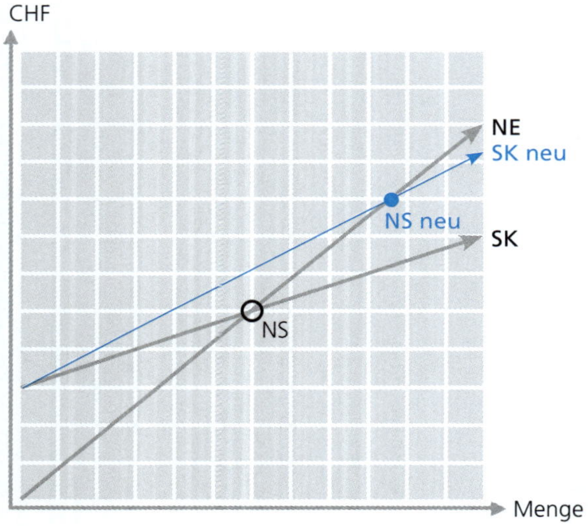

d)

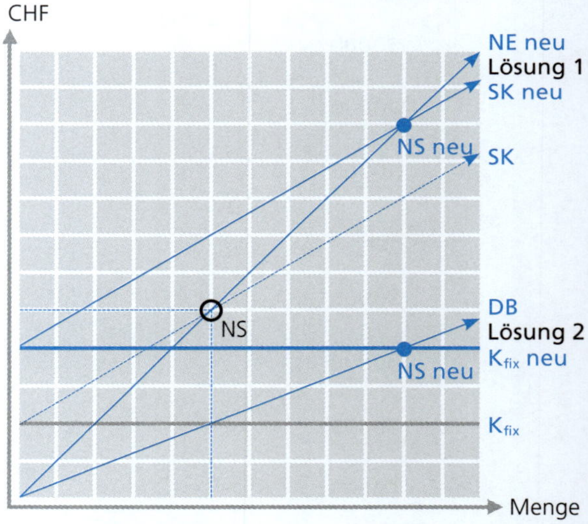

NE = Nettoerlös
SK = Selbstkosten, Totalkosten
NS = Nutzschwelle
K_{fix} = Fixkosten
DB = Deckungsbeitrag

32.16

Fixe Kosten		40 000.–
Fixer Ertrag		5 000.–
Deckungsbeitrag total		35 000.–
Deckungsbeitrag je Passagier	600 – 50	550.–

$$\frac{\text{DB total}}{\text{DB je Passagier}} = \frac{35\,000}{550} = 63{,}6 \text{ Personen}$$

Die Nutzschwelle wird bei 64 Personen, d. h. bei einer Sitzplatzauslastung von 64 %, erreicht.

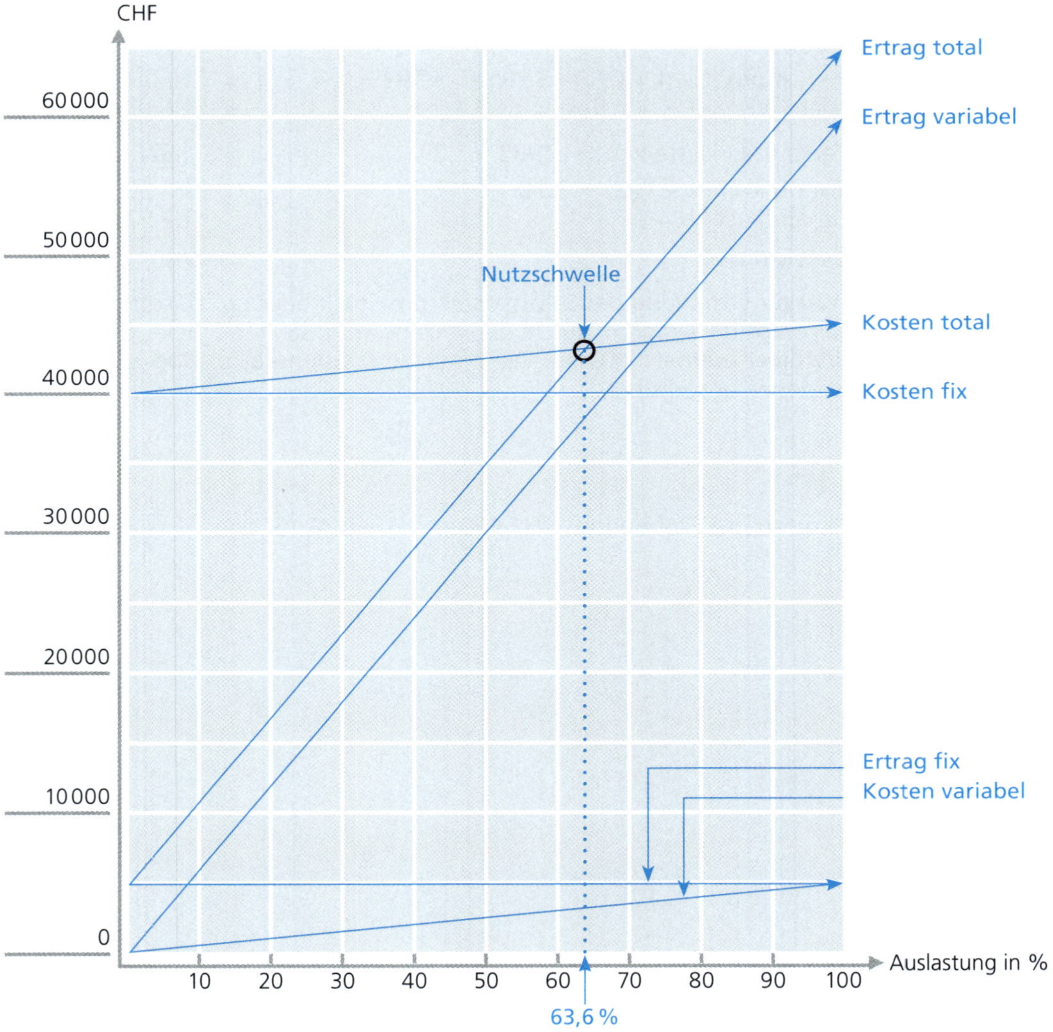

Divisionskalkulation

33.01

a)
- Der Besitzer hat für seine Arbeiten im Zusammenhang mit der Rössliriiti noch keinen Lohn verrechnet. Nun wird ein bescheidener Eigenlohn in Rechnung gestellt.
- In der Fibu wurden stille Reserven gebildet.
- Kalkulatorischer Zins auf dem Eigenkapital (Opportunitätskosten).

b) Preis pro Billett = CHF 53 805.– : 17 935	= CHF 3.–
c) Durchschnittskosten = CHF 57 200.– : 17 935	= CHF 3.19
d) Verlust pro Billett = CHF – 3 395.– : 17 935	= CHF –.19
oder Erlös CHF 3.– ./. Kosten CHF 3.19	= CHF –.19
e) Verkaufte Billette neu = 17 935 × 1,2	= 21 522
Billetterlös neu 21 522 × 2.70	CHF 58 109.40
Gesamtkosten	CHF 57 200.–
Gewinn neu	**CHF 909.40**

f) Weil zur Ermittlung der Selbstkosten pro Stück oder pro Leistungseinheit die gesamten Selbstkosten lediglich durch die Anzahl hergestellter Stücke oder Leistungseinheiten **dividiert** werden müssen. Die einfache Divisionskalkulation ist nur bei Einproduktebetrieben anwendbar.

33.02

Heizkosten pro Wohnung = CHF 9000.– : 6 = CHF 1500.–

33.03

a)

Wohnungstyp	Anzahl Wohnungen	Wohnfläche je Wohnung	Äquivalenzziffer	Anzahl Recheneinheiten	Heizkosten je Wohnung
1-Zimmer-Wohnung	2	30 m²	1	2	420
2-Zimmer-Wohnung	4	45 m²	2	8	840
4-Zimmer-Wohnung	2	120 m²	4	8	1680
7-Zimmer-Wohnung	1	150 m²	7	7	2940
				25	

Heizkosten pro Recheneinheit = CHF 10500.– : 25 = CHF 420.–

b)

Wohnungstyp	Anzahl Wohnungen	Wohnfläche je Wohnung	Äquivalenzziffer	Anzahl Recheneinheiten	Heizkosten je Wohnung
1-Zimmer-Wohnung	2	30 m²	1	2	500
2-Zimmer-Wohnung	4	45 m²	1,5	6	750
4-Zimmer-Wohnung	2	120 m²	4	8	2000
7-Zimmer-Wohnung	1	150 m²	5	5	2500
				21	

Heizkosten pro Recheneinheit = CHF 10500.– : 21 = CHF 500.–

c) Die Verteilung nach Quadratmetern, da die Beheizung eines grösseren Zimmers mehr Energie braucht als die eines Kleineren.

33.04

a) Eine verursachungsgerechte Kostenverteilung auf die verschiedenen Platzkategorien erfolgt am besten aufgrund der unterschiedlichen Standplatzbreiten.

b) und c)

Platzkategorie	Standplatzbreite	Anzahl Plätze	Äquivalenzziffer	Anzahl Recheneinheiten	Kosten pro Recheneinheit	Selbstkosten pro Standplatz	Rechnungsbetrag pro Standplatz
Kat. 1	bis 200 cm	5	2①	10	–	1800	2160
Kat. 2	bis 250 cm	10	2,5	25	–	2250	2700
Kat. 3	bis 300 cm	20	3	60	–	2700	3240
Kat. 4	bis 350 cm	10	3,5	35	–	3150	3780
Kat. 5	bis 400 cm	5	4	20	–	3600	4320
				150	$\frac{135000}{150} = 900$		

① Der Einfachheit halber wird hier nicht mit der Äquivalenzziffer 1 gerechnet, da sich von den Standplatzbreitenmassen diese Zuteilung der Äquivalenzziffern geradezu aufdrängt.

33.05

a) CHF 36000000.– : 674000000 kWh = 5.34 Rappen/kWh

b) CHF 700000000.– : 14,5 Milliarden kWh = 4.83 Rappen/kWh

c) Die Kosten würden sich wie folgt reduzieren:

Abschreibungen	1,5 Mio. CHF①
Wasserzinsen	5,0 Mio. CHF
Direkte Steuern	3,0 Mio. CHF
Total Reduktion	9,5 Mio. CHF

Selbstkosten neu: CHF 26500000.– : 674000000 kWh = 3.93 Rappen/kWh

c) Die wichtigsten Vorteile sind:

- Sicherheit, Umweltbelastung
- keine Abfälle
- Wasser ist gratis
- längere Lebensdauer
- Wasser ist unerschöpflich

33.06

a)

Betrieb	Wassermenge	Verschmutzungsgrad	Recheneinheiten	Totalkosten
Ablaugerei	50000 m³	2,2	110000	330000
Gärtnerei	10000 m³	1,2	12000	36000
Schlachthof	80000 m³	2,0	160000	480000
Summen	140000 m³	–	282000	846000.–

1 RE = 3.–

b) Ja. Die durchschnittlichen (theoretischen) Kosten betragen in dieser privaten Kläranlage nur CHF 3.–/m³ normal verschmutztes Wasser.

① Wenn der Staat die Konzessionsdauer nicht auf 80 Jahre beschränken würde, wären die Abschreibungen pro Jahr nur 1,5 Mio. CHF

33.07

Materialkosten

Artikel	Menge	Äquivalenzziffer	Recheneinheiten	Total Materialkosten	Kosten/ Beutel
Bohnen klein	80 000 Beutel	1,0	80 000	–	0.30
Bohnen gross	60 000 Beutel	2,0	120 000	–	0.60
Erbsen klein	150 000 Beutel	1,4	210 000	–	0.42
Erbsen gross	100 000 Beutel	2,8	280 000	–	0.84
Summen	–	–	690 000	207 000	–

1 RE = 0.30

Fertigungskosten

Artikel	Menge	Äquivalenzziffer	Recheneinheiten	Total Fertigungskosten	Kosten/ Beutel
Bohnen klein	80 000 Beutel	1,0	80 000	–	0.50
Bohnen gross	60 000 Beutel	1,4	84 000	–	0.70
Erbsen klein	150 000 Beutel	0,8	120 000	–	0.40
Erbsen gross	100 000 Beutel	1,2	120 000	–	0.60
Summen	–	–	404 000	202 000	–

1 RE = 0.50

Selbstkosten/Beutel

Artikel	Materialkosten	Fertigungskosten	Herstellkosten	VVGK	Selbstkosten
Bohnen klein	0.30	0.50	0.80	0.16	0.96
Bohnen gross	0.60	0.70	1.30	0.26	1.56
Erbsen klein	0.42	0.40	0.82	0.16	0.98
Erbsen gross	0.84	0.60	1.44	0.29	1.73

20 % HK

33.08

Benutzergruppe	Anzahl Benutzer	Stunden/ Tag und Benutzer	Benutzerstunden/ Jahr	Anteil an den Gesamtkosten	Kosten/ Benutzer
Gruppe A	100	5,00	110 000	478 500.–	4 785.–
Gruppe B	400	2,00	176 000	765 600.–	1 914.–
Gruppe C	200	0,75	33 000	143 550.–	717.75
Summen	–	–	319 000	1 387 650.–	–

1 RE = 4.35

34

Zuschlagskalkulation

34.01

a) **Betriebsabrechnungsbogen**

		Kostenartenrechnung	Kostenstellenrechnung			Kostenträgerrechnung	
		Kosten	Einkauf/ Lager	Fertigung/ Montage	Verwaltung und Vertrieb	Stand-kollektoren	Mobil-kollektoren
Einzelmaterial	Einzelkosten	500				200	300
Einzellöhne	Einzelkosten	600				210	390
Hilfsmaterial	Gemeinkosten	105	10	50	45		
Hilfslöhne	Gemeinkosten	270	60	60	150		
Miete	Gemeinkosten	100	30	60	10		
Zinsen	Gemeinkosten	60	14	40	6		
Abschreibungen	Gemeinkosten	80	12	60	8		
Sonstiges	Gemeinkosten	145	24	30	91		
Total		**1 860**	**150**	**300**	**310**	**410**	**690**
Umlage Material-Gemeinkosten			30 % EM – 150			60	90
Umlage Fertigungs-Gemeinkosten				15.–/Std. – 300		105	195
Herstellkosten						**575**	**975**
Umlage Verwaltungs- und Vertriebs-Gemeinkosten					20 % HK – 310	115	195
Selbstkosten						**690**	**1 170**
Erlös		– 1 910				– 680	– 1 230
Erfolg (+ = Verlust / – = Gewinn)		– 50	0	0	0	10	– 60

b)

Einzelmaterial	CHF 150.–		100 %	
Material-Gemeinkosten	CHF 45.–		30 %	
Materialkosten		**CHF 195.–**	130 %	
Einzellöhne (3 Std. à 30.–)	CHF 90.–			
Fertigungs-Gemeinkosten (3 Std. à 15.–)	CHF 45.–			
Fertigungskosten		**CHF 135.–**		
Herstellkosten		**CHF 330.–**	100 %	
Verwaltungs- und Vertriebs-Gemeinkosten		CHF 66.–	20 %	
Selbstkosten		**CHF 396.–**	120 %	100 %
Gewinn		CHF 99.–		25 %
Verkaufspreis		**CHF 495.–**		125 %

34.02

Teilaufgabe 1

a) **Betriebsabrechnungsbogen**

	Kostenartenrechnung			Kostenstellenrechnung				Kostenträgerrechnung	
	Aufwand/ Ertrag	Sachliche Abgrenzung	Kosten/ Leistung	Einkauf/ Lager	Fertigung 1	Fertigung 2	Verwaltung/ Vertrieb	Fusscreme	Handcreme
Einzelmaterial	2 500	0	2 500					1 000	1 500
Gemeinkostenmaterial	300	0	300	30	140	70	60		
Einzellöhne	320	0	320					120	200
Gemeinkostenlöhne	710	0	710	80	70	140	420		
Abschreibungen	420	– 50	370	50	120	100	100		
Zinsen	80	140	220	40	60	80	40		
Übriges	380	0	380	50	90	60	180		
Total	**4 710**	**90**	**4 800**	**250**	**480**	**450**	**800**	**1 120**	**1 700**
Umlage Material-Gemeinkosten				– 250				100	150
Umlage Fertigungs-Gemeinkosten 1					– 480			180	300
Umlage Fertigungs-Gemeinkosten 2						– 450		200	250
Herstellkosten								**1 600**	**2 400**
Umlage Verwaltungs- und Vertriebs-Gemeinkosten							– 800	320	480
Selbstkosten								**1 920**	**2 880**
Erlös	– 4 850		– 4 850					– 2 000	– 2 850
Erfolg (– = Gewinn / + = Verlust)	– **140**	**90**	– **50**	**0**	**0**	**0**	**0**	– **80**	**30**
Kostensätze				10 % des EM	150 % der EL	500.– pro Mh	20 % der HK		

b) Beispiele möglicher Massnahmen sind:

- Durch eine Erhöhung des Verkaufspreises für die Handcreme lässt sich der Ertrag steigern, sofern nicht Konkurrenten ein ähnliches Produkt günstiger anbieten und die von den Kunden nachgefragte Menge nicht wesentlich sinkt (Preiselastizität der Nachfrage).
- Die Cremeria AG muss versuchen, die Kosten zu senken, zum Beispiel durch den Kauf von billigeren Rohstoffen (mit dem Risiko, dass die Qualität der Handcreme abnimmt) oder durch Lohnsenkungen (was mit sozialen Zielkonflikten verbunden ist und zur Kündigung guter Mitarbeiter führen kann).
- Sofern die Produktionskapazitäten noch nicht ausgeschöpft sind, kann mithilfe von Preissenkungen und/oder Werbeaktionen versucht werden, die Absatzmenge von Cremen zu erhöhen, was zu tieferen Gemeinkosten pro Stück führt. Der gleiche Effekt entsteht auch, wenn es gelingt, neue Produkte zu lancieren (vgl. die Lippencreme von Teilaufgabe 2).

Teilaufgabe 2

	Einzelmaterial	4.00	
+	Material-Gemeinkosten (10 % des Einzelmaterials)	0.40	
=	**Materialkosten**		4.40
	Einzellöhne	0.36	
+	Fertigungs-Gemeinkosten 1 (150 % der Einzellöhne)	0.54	
+	Fertigungs-Gemeinkosten 2 (CHF 500.– : 1000 Stück)	0.50	
=	**Fertigungskosten**		1.40
=	**Herstellkosten**		5.80
+	Verwaltungs- und Vertriebs-Gemeinkosten (20 % der Herstellkosten)		1.16
=	**Selbstkosten**		6.96
+	Gewinnzuschlag (10 % der Selbstkosten)		0.70
=	**Verkaufspreis** (Erlös)		7.66

Berechnungen der Kostensätze für die Umlagen der Gemeinkosten (GK):

Material-GK	Material-GK / Einzelmaterialverbrauch	250000 / 2500000	**10 %**
Fertigungs-GK 1	Fertigungs-GK 1 / Einzellohnsumme	480000 / 320000	**150 %**
Fertigungs-GK 2	Fertigungs-GK 2 / Maschinenstunden	450000 / 900 Stunden	**500/Stunde**
Verwaltungs- und Vertriebs-GK	Verwaltungs- und Vertriebs-GK / Herstellkosten	800000 / 4000000	**20 %**

34.03

a) Siehe BAB

Anlagenbuchhaltung

	Gebäude	Einkauf/ Lager	Fertigung	Verwaltung/ Vertrieb	Total
Anschaffungswerte	4000	400	2000	1600	8000
Nutzungsdauer	40 Jahre	5 Jahre	10 Jahre	10 Jahre	–
Kalkulatorische Abschreibungen	25	20	50	40	135
Kalkulatorische Zinsen	50	5	25	20	100

Betriebsabrechnungsbogen

	Kostenartenrechnung			Kostenstellenrechnung				Kostenträgerrechnung	
	FIBU	Abgrenzung	BEBU	Gebäude	Einkauf/ Lager	Fertigung (Montage)	Verwaltung/ Vertrieb	Motorsensen	Rasenmäher
Einzelmaterial	600		600					150	450
Personal	190		190	35	15	80	60		
Abschreibungen	165	– 30	135	25	20	50	40		
Zinsen	60	40	100	50	5	25	20		
Übriges	55		55	10	10	25	10		
Total vor Umlage Vorkostenstelle	**1 070**	**10**	**1 080**	**120**	**50**	**180**	**130**	**150**	**450**
Umlage Gebäude				– 120	10	60	50		
Total nach Umlage Vorkostenstelle	**1 070**	**10**	**1 080**	**0**	**60**	**240**	**180**	**150**	**450**
Umlage Einkauf/Lager					– 60			15	45
Umlage Fertigung						– 240		85	155
Herstellkosten								**250**	**650**
Umlage Verwaltung/Vertrieb							– 180	50	130
Selbstkosten								**300**	**780**
Nettoerlöse	– 1 130		– 1 130					– 320	– 810
Gewinn	**– 60**	**10**	**– 50**	**0**	**0**	**0**	**0**	**– 20**	**– 30**

b) Kostensätze (GK = Gemeinkosten)

Material-GK	Material-GK / Einzelmaterial	60 / 600	**10 %**
Fertigungs-GK	Fertigungs-GK / Arbeitsleistung in h	CHF 240 000.– / 960 h	**CHF 250.–/h**
Verwaltungs- und Vertriebs-GK	Verwaltungs- und Vertriebs-GK / Herstellkosten	180 / 900	**20 %**

c)

Einzelkalkulation Kettensäge

	Einzelmaterial	CHF 120.00	
+	Material-GK (10 % des Einzelmaterials)	CHF 12.00	
=	Fertigungs-GK (0,4 h zu CHF 250.–/h)	CHF 100.00	
=	**Herstellkosten**	**CHF 232.00**	
+	Verwaltungs- und Vertriebs-GK (20 % der HK)	CHF 46.40	
=	**Selbstkosten**	**CHF 278.40**	90 %
+	Gewinn	CHF 30.93	10 %
=	**Verkaufspreis ohne MWST**	**CHF 309.33**	100 %

Der kalkulierte Verkaufspreis beträgt aufgerundet **CHF 310.–**

34.04

	Aufgabe a)		Aufgabe b)	
Einzelmaterial	100.–		100.–	
+ Material-GK (10 % EM)	10.–		10.–	
Materialkosten		110.–		110.–
Einzellöhne (10 Stunden)	210.–		230.–	
+ Fertigungs-GK (CHF 8.–/Std.)	80.–		80.–	
Fertigungskosten		290.–		310.–
Herstellkosten		400.–		420.–
+ Verwaltungs- und Vertriebs-GK (20 % HK)		80.–		84.–
Selbstkosten		480.–		504.–
+ Reingewinn (10 % SK)		48.–		50.40
Verkaufspreis		**528.–**		**554.40**

34.05

Einzelmaterial	**40.–**	
+ Material-GK (10 % EM)	4.–	
Materialkosten		44.–
Einzellöhne (2 Std. zu CHF 20.–)	40.–	
+ Fertigungs-GK (2 Std. zu CHF 30.–)	60.–	
Fertigungskosten		100.–
Herstellkosten		144.–
+ Verwaltungs- und Vertriebs-GK (25 % HK)		36.–
Selbstkosten		**180.–**

34.06

a) **Betriebsabrechnungsbogen**

		Kostenartenrechnung			Kostenstellenrechnung					Kostenträgerrechnung	
		Aufwand/ Ertrag	Abgren- zungen	Kosten/ Leistung	Auslieferung	Material- lager	Fertigung	Montage	Verwaltung und Vertrieb	Aussen- cheminées	Innen- cheminées
Einzelmaterial	Einzelkosten	50		50						20	30
Einzellöhne		150		150						60	90
Übriges Material	Gemeinkosten	20		20			10	10			
Übriger Lohn		33		33	3	3	6	9	12		
Miete		60		60	4	8	16	20	12		
Zinsen		14	6	20	5	6	3	4	2		
Abschreibungen		24	– 4	20	5	3	4	7	1		
Sonstiges		95		95	5	9	51	20	10		
Total		**446**	**2**	**448**	**22**	**29**	**90**	**70**	**37**	**80**	**120**
Umlage Vorkostenstelle Auslieferung					– 22	11			11		
Total nach Umlage Vorkostenstelle		**446**	**2**	**448**	**0**	**40**	**90**	**70**	**48**	**80**	**120**
Umlage Material-Gemeinkosten						– 40				16	24
Umlage Fertigungs-Gemeinkosten							– 90			36	54
Umlage Montage-Gemeinkosten								– 70		18	52
Herstellkosten										**150**	**250**
Umlage Verwaltungs- und Vertriebs-Gemeinkosten									– 48	18	30
Selbstkosten										**168**	**280**
Erlös		– 480	–	– 480						– 180	– 300
Erfolg (+ = Verlust / – = Gewinn)		**– 34**	**2**	**– 32**	**0**	**0**	**0**	**0**	**0**	**– 12**	**– 20**

Kostensätze für die Umlage der Gemeinkosten			80 %	30.–/Std. (0,03/Std.)	100.–/Std. (0,1/Std.)	12 %

b)

Kalkulationsblatt für Kundenaufträge

	Anzahl	Zuschlagssatz/ Stundensatz	Betrag in CHF
Einzelmaterial			400.–
Material-Gemeinkosten		80 %	320.–
Einzellohnstunden	34	50.–/Std.	1700.–
Fertigungs-Gemeinkosten	34	30.–/Std.	1020.–
Montagestunden	5	100.–/Std.	500.–
Herstellkosten			**3940.–**
Verwaltungs- und Vertriebs-Gemeinkosten		12 % HK	472.80
Selbstkosten			**4412.80**
Reingewinn-Zuschlag		15 %	661.90
Nettopreis (Nettoerlös)			**5074.70**
Rabatt		5 %	267.10
Bruttoverkaufspreis ohne MWST			**5341.80**

34.07

a) Die Abgrenzung entspricht dem kalkulatorischen Zins auf dem Eigenkapital.

b) Die Zinsen werden üblicherweise im Verhältnis zu dem in den Kostenstellen investierten Kapital verteilt.

c) Es wurden CHF 10000.– stille Reserven gebildet. Die Abschreibungen gemäss Fibu sind höher als die Abschreibungen gemäss BEBU, die als richtig betrachtet werden können.

d) CHF 73420.–

e) Die Vorkostenstelle wird auf andere Kostenstellen umgelegt; die Hauptkostenstellen werden auf die Kostenträger umgelegt.

f) Selbstkosten

g) CHF 594500.–

h) $\frac{71\,160}{474\,400} = 15\,\%$

i) Die Selbstkosten sind um CHF 4500.– höher als der Verkaufserlös; es handelt sich also um einen Verlust.

j)

	Gewinn Handelswaren	6000.–
./.	Verlust Erzeugnisse	– 4500.–
	Betriebsgewinn gemäss BEBU	**1500.–**
+	Sachliche Abgrenzungen Zinsen	8200.–
./.	Sachliche Abgrenzungen Abschreibungen	– 10000.–
	Betriebsverlust gemäss FIBU	**– 300.–**
+	Neutraler Ertrag	34200.–
./.	Neutraler Aufwand	– 15400.–
	Unternehmungsgewinn	**18500.–**

34.08

a) Material-GK $= \dfrac{80\,000}{400\,000} = 20\,\%$ des Einzelmaterials

Fertigungs-GK $= \dfrac{120\,000}{4000} =$ CHF 30.– je Stunde, oder:

Fertigungs-GK $= \dfrac{120\,000}{100\,000} = 120\,\%$ der Einzellohnsumme

Verwaltungs- und Vertriebs-GK $= \dfrac{140\,000}{700\,000} = 20\,\%$ der Herstellkosten

b)

	Einzelmaterial (15 kg zu CHF 10.–/kg)	150.–	
+	Material-GK (20 % des Einzelmaterials)	30.–	
=	**Materialkosten**		**180.–**
	Einzellöhne (4 Stunden zu CHF 25.–/Std.)	100.–	
+	Fertigungs-GK (4 Stunden zu CHF 30.–/Std.)	120.–	
=	**Fertigungskosten**		**220.–**
=	**Herstellkosten**		**400.–**
+	Verwaltungs- und Vertriebs-GK (20 % der Herstellkosten)		80.–
=	**Selbstkosten**		**480.–**
+	Reingewinn (12½ % der Selbstkosten)		60.–
=	**Nettoverkaufspreis**		**540.–**
+	Rabatt (10 % des Bruttoverkaufspreises)		60.–
=	**Bruttoverkaufspreis**		**600.–**

34.09

Einzelmaterial	Einzellöhne
+ Material-Gemeinkosten	+ Fertigungs-Gemeinkosten
= **Materialkosten**	= **Fertigungskosten**

= **Herstellkosten**
+ Verwaltungs- und Vertriebs-Gemeinkosten
= **Selbstkosten**
+ Gewinn
= **Nettoerlös**

34.10

a) **Betriebsabrechnungsbogen**

	Kostenartenrechnung	Kostenstellenrechnung			Kostenstellenrechnung			Kostenträgerrechnung	
		Gebäude	Lehrmittel	Grundausbildungssekretariat	Weiterbildungssekretariat	Schulzimmer	Zentrale Dienste	Grundausbildung	Weiterbildung
Einzelmaterial	1 000							600	400
Einzellöhne	28 000							18 000	10 000
GK-Material	720	500	100	10	10	20	80		
GK-Löhne	3 600	1 800	300	400	500		600		
URE	760	700				60			
Energie	400	400							
Zinsen	3 740	3 500	70	30	40	40	60		
Abschreibung	2 580	2 000	200	50	50	80	200		
Übrige Kosten	1 300	900	30	110	100	0	160		
Total Kosten	**42 100**	**9 800**	**700**	**600**	**700**	**200**	**1 100**	**18 600**	**10 400**
Umlage Gebäude		– 9 800	200	300	300	8 600	400		
Total nach Umlage Gebäude	**42 100**	**0**	**900**	**900**	**1 000**	**8 800**	**1 500**	**18 600**	**10 400**
Umlage Lehrmittel			– 900					495①	405①
Umlage GA-Sekretariat				– 900				900	
Umlage WB-Sekretariat					– 1 000				1 000
Umlage Schulzimmer						– 8 800		5 500	3 300
Umlage zentrale Dienste							– 1 500	1 000	500
Selbstkosten								**26 495**	**15 605**
Erlös Schulgelder GA	– 5 000							– 5 000	
Erlös Kursgelder WB	– 16 000								– 16 000
Subventionen GA	– 21 495							– 21 495	
Gewinn	**– 395**	**0**	**0**	**0**	**0**	**0**	**0**	**0**	**– 395**

① 270 + 225 = 495
180 + 225 = 405

34.11

a)

Erfolgsrechnung

Aufwand		Ertrag	
Einzelmaterial	300 000	Verkauf Kindervelos	150 000
Löhne	420 000	Verkauf Standardmodelle	550 000
Mietzinsen	50 000	Verkauf Rennvelos	200 000
Kapitalzinsen	50 000		
Abschreibungen	30 000		
Übriger Aufwand	70 000	Verlust	20 000
	920 000		920 000

b) **Betriebsabrechnungsbogen**

		Kostenartenrechnung	Kostenstellenrechnung					Kostenträgerrechnung		
			Material	Rahmenherstellung	Montage	Rennveloproduktion	Verwaltung und Vertrieb	Kindervelos	Standardmodelle	Rennvelos
Einzelmaterial		300						50	160	90
Löhne		420	10	80	230	30	70			
Mietzinsen		50	6	10	16	10	8			
Kapitalzinsen	Gemeinkosten	50	10	8	9	4	19			
Abschreibungen		30	2	8	6	4	10			
Übrige Kosten		70	2	22	29	4	13			
Total		**920**	**30**	**128**	**290**	**52**	**120**	**50**	**160**	**90**
Umlage Material-GK			– 30①					5	16	9
Umlage Material-GK				– 128②				48	80	–
Umlage Montage-GK					– 290③			90	200	–
Umlage Rennveloproduktions-GK						– 52④		–	–	52
Herstellkosten								**193**	**456**	**151**
Umlage Verwaltungs- und Vertriebs-GK							– 120⑤	29	68	23
Selbstkosten								**222**	**524**	**174**
Erlös		– 900						– 150	– 550	– 200
Erfolg		**20**	**0**	**0**	**0**	**0**	**0**	**72**	**– 26**	**– 26**

① $\frac{30}{300} = 10\,\%$ EM

② $\frac{128}{3200\text{ h}} = 0{,}04/\text{h}$

③ $\frac{290}{5800\text{ h}} = 0{,}05/\text{h}$

④ $\frac{52}{800\text{ h}} = 0{,}065/\text{h}$

⑤ $\frac{120}{\underbrace{193 + 456 + 151}_{800}} = 15\,\%$ HK

c)
- Kosten senken (z. B. Rohstoffe billiger einkaufen, Gemeinkosten einsparen)
- Verkaufspreise für Kindervelos erhöhen. (Allerdings besteht dabei die Gefahr des Absatzrückgangs.)
- Verkaufspreise für Kindervelos senken. (Diese Massnahme ist nur dann sinnvoll, wenn die mengenmässige Absatzsteigerung grösser ist als die Preisreduktion.)
- Werbeaktion für Kindervelos
- Keine Kindervelos mehr produzieren führt nicht zwingend zu einer Verbesserung des Gesamtergebnisses, solange die den Kindervelos belasteten Fixkosten nicht abgebaut werden können.

d)

	Einzelmaterial	150.–
+	Material-GK (10 % des Einzelmaterials)	15.–
+	Rahmenherstellung (2¼ Std. zu CHF 40.–/Std.)	90.–
+	Montage (4 Std. zu CHF 50.–/Std.)	200.–
=	**Herstellkosten**	**455.–**
+	Verwaltungs- und Vertriebs-GK (15 % der Herstellkosten)	68.25
=	**Selbstkosten**	**523.25**

e)

	Einzelmaterial	500.–
+	Material-GK (10 % des Einzelmaterials)	50.–
+	Fertigungs-GK (3 Std. zu CHF 65.–/Std.)	195.–
=	**Herstellkosten**	**745.–**
+	Verwaltungs- und Vertriebs-GK (15 % der Herstellkosten)	111.75
=	**Selbstkosten**	**856.75**
+	Gewinn (10 % der Selbstkosten)	85.68
=	**Nettoverkaufspreis**	**942.43**
+	Rabatt (10 % des Bruttoverkaufspreises)	104.71
=	**Bruttoverkaufspreis**	**1047.14**

34.12

a) Die Kostenstellenrechnung ist zugleich Kostenträgerrechnung

b) **Betriebsabrechnungsbogen eines Warenhauses**

	Kosten/ Leistung	Vorkostenstelle	Hauptkostenstellen			
		Einkauf und Verwaltung	Lebensmittel	Textilien	Dienstleistungen	Übrige Abteilungen
Personal	1 500	408	125	352	140	475
GK-Material	100	42	15	18	5	20
Raumkosten	500	150	30	150	10	160
Sonstiges	900	700	30	80	10	80
GK vor Umlage	**3000**	**1300**	**200**	**600**	**165**	**735**
Umlage Vorkostenstelle (in % des Umsatzes)		→	195	468	130	507
GK nach Umlage	**3000**		**395**	**1068**	**295**	**1242**
Einstandswert	6500		1200	2100	850	2350
Selbstkosten	**9500**		**1595**	**3168**	**1145**	**3592**
Nettoerlös (Umsatz)	– 10000		– 1500	– 3600	– 1000	– 3900
Erfolg	**– 500**		**95**	**– 432**	**145**	**– 308**

c) Lebensmittel: $= \frac{395}{1200} = 32{,}92\,\%$

Textilien: $= \frac{1068}{2100} = 50{,}86\,\%$

Dienstleistungen: $= \frac{295}{850} = 34{,}71\,\%$

d)

	Einstand	100.–
+	Gemeinkosten (50,86 % des Einstandes)	50.86
=	Selbstkosten	150.86

e)

	Verkaufspreis	1 380.–
./.	Reingewinn (15 % der Selbstkosten)	– 180.–
=	Selbstkosten	1 200.–
./.	Gemeinkosten (34,71 % des Einstandes)	– 309.20
=	Einstand	890.80

f) $GK = \frac{3000}{6500} = 46{,}15\,\%$

g) Die Lebensmittelpreise müssten angehoben werden, was einen Rückgang der Verkaufsumsätze zur Folge hätte; das Warenhaus wäre im Lebensmittelbereich nicht mehr konkurrenzfähig (man würde sich «aus dem Markt kalkulieren»). Die Textilien würden hingegen zu billig, d. h. unter den wirklichen Selbstkosten, verkauft.

34.13

a) **Betriebsabrechnungsbogen**

Kostenarten	Umlage-Schlüssel	Kosten/Erlöse	Kostenstellenrechnung						
			TV/Video/Foto	Hi-Fi-Geräte	Elektro-geräte	Telecom/Autoradio	Computer	Tonträger	Zubehör/Service
Warenkosten	direkt	54 330	7 365	3 781	4 355	5 298	23 307	8 999	1 225
Personalkosten Verkauf	direkt	2 882	366	361	392	426	652	355	330
Übrige Personalkosten	Umsatz	870	117	64	76	87	361	138	27
Zinskosten	Lagerbestand	211	34	18	22	22	79	29	7
Garantieverpflichtungen	Umsatz	13	2	1	1	2	7	0	0
Werbung	Umsatz	2 543	343	188	222	254	1 054	402	80
Raumkosten	Fläche	1 528	205	153	292	179	245	272	182
Übrige Kosten	Umsatz	557	75	41	48	56	231	88	18
Abschreibungen	Fläche	400	54	40	76	47	64	71	48
Verwaltung/Rechenzentrum	Umsatz	829	112	61	72	83	344	131	26
Selbstkosten		**64 163**	**8 673**	**4 708**	**5 556**	**6 454**	**26 344**	**10 485**	**1 943**
Umsatz	direkt	– 67 580	– 9 114	– 4 987	– 5 894	– 6 746	– 28 017	– 10 686	– 2 136
Zinserlös	Umsatz	– 662	– 89	– 49	– 58	– 66	– 274	– 105	– 21
Erfolg (– = Gewinn, + = Verlust)		**– 4 079**	**– 530**	**– 328**	**– 396**	**– 358**	**– 1 947**	**– 306**	**– 214**

b)

Erfolg in % des Umsatzes	–	6.04	5.82	6.58	6.72	5.31	6.95	2.86	10.02
Erfolg pro m² Verkaufsfläche	–	– 1.84	– 1.78	– 1.48	– 0.93	– 1.38	– 5.47	– 0.77	– 0.81

c) Tonträger sind Kundenzubringer (so genannte Frequenzbringer). Kunden kommen zum Kauf von Tonträgern regelmässig in den Laden und kaufen dabei häufig noch andere Produkte.

d) Da nur Barverkäufe getätigt werden, die Kreditfristen bei den Lieferanten jedoch ausgeschöpft werden, kann das aus dem Verkauf erhaltene Bargeld kurzfristig zinsbringend angelegt werden, bevor es teilweise wieder zu Lieferantenzahlungen verwendet wird. Deshalb kann die umsatzproportionale Verteilung der Zinserlöse als verursachungsgerecht betrachtet werden.

e) Das bedeutet, dass 75 % der zum Verkauf angebotenen Waren seit weniger als drei Monaten am Lager sind, bzw. im Media-Markt praktisch immer nur neue Produkte zum Verkauf angeboten werden.

f) Diese Tatsache bringt folgende Vorteile:
- tiefe Lagerkosten (Miete, Zinsen auf investiertem Kapital, Versicherungsprämien, Personalaufwand für Lagerbewirtschaftung)
- hoher Lagerumschlag, keine Ladenhüter, geplante Bruttogewinnmargen können eingehalten werden
- einfache Steuerung der Bestellungen durch den Verkäufer

34.14

a)

Im BAB können sich je nach Rundung leichte Abweichungen bzw. Differenzen im Total der horizontalen und vertikalen Additionen ergeben.

a) **Betriebsabrechnungsbogen**

	Kostenartenrechnung			Kostenstellenrechnung							Kostenträgerrechnung	
	FIBU	Sachliche Abgrenzung	BEBU	Gebäude	Spritzen	Stanzen	Härten	Schärfen	Montage	Verwaltung und Vertrieb	Offiziersmesser	Übrige Produkte
Material	93665		93665	1050	9900	18000	750	2800	150	2350	636	58029
Personal	44930		44930	1000	4000	3300	5000	6550	9580	15500		
Abschreibungen	5100	–1800	3300	2040	240	200	20	100	400	300		
Zinsen	2300	255	2555	2040	80	100	10	50	200	75		
Werbung	12800		12800							12800		
Übriges	16590		16590	1154	2539	1800	1200	1860	777	7260		
Total vor Umlage	**175385**	**–1545**	**173840**	**7284**	**16759**	**23400**	**6980**	**11360**	**11107**	**38285**	**636**	**58029**
Umlage Gebäude				–7284	916	1145	366	1833	1191	1833		
Total nach Umlage	**175385**	**–1545**	**173840**	**0**	**17675**	**24545**	**7346**	**13193**	**12298**	**40118**	**636**	**58029**
Umlage Spritzen					–17675						189	17486
Umlage Stanzen						–24545					352	24193
Umlage Härten							–7346				84	7262
Umlage Schärfen								–13193			173	13020
Umlage Montage									–12298		960	11338
Herstellkosten											**2394**	**131328**
Umlage V+V										–40118	718	39400
Selbstkosten											**3112**	**170728**
Erlös	–223400		–223400								–3600	–219800
Gewinn	**– 48015**	**–1545**	**– 49560**	**0**	**0**	**0**	**0**	**0**	**0**	**0**	**– 488**	**– 49072**

Ergänzungen zur Kostenstellenrechnung

	Gebäude	Spritzen	Stanzen	Härten	Schärfen	Montage	V+V
Flächen in m²	7950	1000	1250	400	2000	1300	2000
Maschinenstunden (Mh) bzw. Personenstunden (Ph)	–	411046 Mh	446272 Mh	209886 Mh	732889 Mh	256208 Ph	–
Berechnung der Kostensätze für die Umlagen	7284000 : 7950 m²	17675000 : 411046 Mh	24545000 : 446272 Mh	7346000 : 209886 Mh	13193000 : 732889 Mh	12298000 : 256208 Ph	40118000 : 133722000
Kostensätze für die Umlagen	916.2 je m²	43.0 je Mh	55.0 je Mh	35.0 je Mh	18.0 je Mh	48.0 je Ph	30,0 % HK
Fertigungszeiten in Stunden je 1000 Stück	–	11 je Mh	16 je Mh	6 je Mh	24 je Mh	50 je Ph	–

b) und c)

	Offiziersmesser		Schlüsselanhänger	
	Ausrechnung	CHF	Ausrechnung	CHF
Einzelmaterial	636 000:400 000	1.59		1.04
+ Spritz-Gemeinkosten	43•11:1000	0.47	43• 8:1000	0.34
+ Stanz-Gemeinkosten	55•16:1000	0.88	55•13:1000	0.72
+ Härt-Gemeinkosten	35• 6:1000	0.21	35• 4:1000	0.14
+ Schärf-Gemeinkosten	18•24:1000	0.43	18•18:1000	0.32
+ Montage-Gemeinkosten	48•50:1000	2.40	48•31:1000	1.49
= Herstellkosten		**5.98**		**4.05**
+ VVGK	5.98•0,3	1.79	4.05•0,3	1.22
= Selbstkosten		**7.77**		**5.27**

34.15

a) **Betriebsabrechnungsbogen**

	Kostenartenrechnung			Kostenstellenrechnung					Kostenträgerrechnung	
	Aufwand/ Ertrag	Sachliche Abgrenzung	Kosten/ Leistung	Gebäude	Einkauf	Schneiderei	Finish	Verwaltung/ Vertrieb	Rucksäcke	Wanderschuhe
Einzelmaterial	2 300		2 300						1 300	1 000
Personalkosten	1 820	120	1 940	52	130	936	285	537		
Abschreibungen	400	– 35	365	150	20	125	30	40		
Zinsen	160	230	390	300	5	50	15	20		
Übriges	397		397	98	50	139	70	40		
Total vor Umlage Gebäude	**5 077**	**315**	**5 392**	**600**	**205**	**1 250**	**400**	**637**	**1 300**	**1 000**
Umlage Gebäude				– 600	25	400	100	75		
Total nach Umlage Gebäude	**5 077**	**315**	**5 392**	**0**	**230**	**1 650**	**500**	**712**	**1 300**	**1 000**
Umlage Einkauf					– 230				130	100
Umlage Schneiderei						– 1 650			750	900
Umlage Finish							– 500			500
HK produzierte Erzeugnisse									**2 180**	**2 500**
Zunahme fertige Wanderschuhe	– 30		– 30							– 30
HK verkaufte Erzeugnisse									**2 180**	**2 470**
Umlage Verwaltung/Vertrieb								– 712	218	494
Selbstkosten									**2 398**	**2 964**
Nettoerlöse	– 5 460		– 5 460						– 2 500	– 2 960
Gewinn	**– 413**	**315**	**– 98**	**0**	**0**	**0**	**0**	**0**	**– 102**	**4**

b) Kalkulationssätze (GK = Gemeinkosten)

Einkauf	$\frac{\text{Einkaufs-GK}}{\text{Einzelmaterial}}$	$\frac{230}{2300}$	**10 %**
Schneiderei	$\frac{\text{Schneiderei-GK}}{\text{Arbeitsleistung in h}}$	$\frac{\text{CHF 1650000.–}}{\text{27500 h}}$	**CHF 60.–/h**
Finish	$\frac{\text{Finish-GK}}{\text{Arbeitsleistung in h}}$	$\frac{\text{CHF 500000.–}}{\text{10000 h}}$	**CHF 50.–/h**

Abschreibungen und Zinsen

	Gebäude	Einkauf	Schneiderei	Finish	Verwaltung/ Vertrieb
Anschaffungswerte	6000	100	1000	300	400
Nutzungsdauer	40 Jahre	5 Jahre	8 Jahre	10 Jahre	10 Jahre
Abschreibungen	150	20	125	30	40
Zinsen	300	5	50	15	20

Gebäude

	Einkauf	Schneiderei	Finish	Verwaltung/ Vertrieb
Effektive Fläche in m²	50	1000	250	100
Gewichtungsfaktor (Äquivalenzziffer)	1,0	0,8	0,8	1,5
Gewichtete Flächen in m²	50	800	200	150

Verwaltung/Vertrieb

	Herstellkosten verkaufte Erzeugnisse	Gewichtungsfaktor	Gewichtete Herstellkosten	Verteilung auf Kostenträger	Zuschlagssätze
Rucksäcke	2180	1	2180	218	10 %
Wanderschuhe	2470	2	4940	494	20 %
Total			7120	712	

c)

Produktions-Erfolgsrechnung (Gesamtkostenverfahren)

		Rucksäcke	Wanderschuhe	Total
	Verkaufserlös (Produktionserlös)	2500	2960	5460
+/–	Bestandesänderungen Erzeugnisse	0	30	30
=	**Produktionsertrag**	**2500**	**2990**	**5490**
./.	Herstellkosten der Produktion	– 2180	– 2500	– 4680
./.	Verwaltungs- und Vertriebsgemeinkosten	– 218	– 494	– 712
=	**Gewinn gemäss BEBU**	**102**	**– 4**	**98**
+	Sachliche Abgrenzungen			315
=	**Gewinn gemäss FIBU**			**413**

Absatz-Erfolgsrechnung (Umsatzkostenverfahren)

		Rucksäcke	Wanderschuhe	Total
	Verkaufserlös (Umsatz)	2500	2960	5460
./.	Herstellkosten des Absatzes	– 2180	– 2470	– 4650
./.	Verwaltungs- und Vertriebsgemeinkosten	– 218	– 494	– 712
=	**Gewinn gemäss BEBU**	**102**	**– 4**	**98**
+	Sachliche Abgrenzungen			315
=	**Gewinn gemäss FIBU**			**413**

d)

Einzelkalkulation Schlafsäcke

	Einzelmaterial	CHF 150.00		
+	Einkaufs-GK 10 % des Einzelmaterials	CHF 15.00		
+	Schneiderei-GK 0,75 h zu CHF 60.–/h	CHF 45.00		
=	**Herstellkosten**	**CHF 210.00**		100 %
+	Verwaltungs- und Vertriebs-GK	CHF 21.00		10 %
=	**Selbstkosten**	**CHF 231.00**	85 %	110 %
+	Gewinn	CHF 40.76	15 %	
=	**Nettoverkaufspreis**	**CHF 271.76**	100 %	96 %
+	Erlösminderungen	CHF 11.32		4 %
=	**Bruttoverkaufspreis ohne MWST**	**CHF 283.08**		100 %

Der kalkulierte Verkaufspreis beträgt aufgerundet **CHF 284.–**

34.16

a) **Betriebsabrechnungsbogen**①

	Kostenarten-rechnung			Kostenstellen-rechnung				Kostenträger-rechnung		
	Aufwand/ Ertrag	Abgrenzungen	Kosten/ Leistung	Lager und Zuschneiderei	Näherei 1	Näherei 2	Verwaltung und Vertrieb	Herren	Damen	Kinder
Stoffverbrauch (Einzelkosten)	250		250					116	90	44
Einzellöhne (Einzelkosten)	300		300					120	100	80
Gehälter (Gemeinkosten)	64	48	112	7	9	6	90			
Hilfsmaterial (Gemeinkosten)	18		18		9	9				
Miete (Gemeinkosten)	84		84	20	24	27	13			
Zinsen (Gemeinkosten)	3	30	33	17	5	8	3			
Abschreibungen (Gemeinkosten)	69	– 3	66	34	10	16	6			
Sonstiges (Gemeinkosten)	51		51	2	3	4	42			
Total	**839**	**75**	**914**	**80**	**60**	**70**	**154**	**236**	**190**	**124**
Umlage Lager und Zuschneiderei				– 80	30	50				
Total nach Umlage Vorkostenstelle	**839**	**75**	**914**	**0**	**90**	**120**	**154**	**236**	**190**	**124**
Umlage Näherei 1					– 90			24	36	30
Umlage Näherei 2						– 120		64	32	24
Herstellkosten der Produktion								**324**	**258**	**178**
Bestandesänderungen unfertige Erzeugnisse	– 2		– 2					3	– 9	4
Herstellkosten fertige Erzeugnisse								**327**	**249**	**182**
Bestandesänderungen fertige Erzeugnisse	12		12					17	– 11	6
Herstellkosten verkaufte Erzeugnisse								**344**	**238**	**188**
Umlage Verwaltung und Vertrieb							– 154	69	48	37
Selbstkosten								**413**	**286**	**225**
Erlös	– 950		– 950					– 450	– 260	– 240
Erfolg (– = Gewinn/ + = Verlust)	**– 101**	**75**	**– 26**	**0**	**0**	**0**	**0**	**– 37**	**26**	**– 15**

b) Einzelkalkulation

	Einzelmaterial (Stoff)	70.–
+	Einzellohn Näherei 1 (1 Std. zu 20.–/Std.)	20.–
+	GK Näherei 1 (1 Std. zu 12.–/Std.)	12.–
+	Einzellohn Näherei 2 (3/4 Std. zu 20.–/Std.)	15.–
+	GK Näherei 2 (3/4 Std. zu 16.–/Std.)	12.–
=	**Herstellkosten**	**129.–**
+	VVGK (20 % der Herstellkosten)	25.80
=	**Selbstkosten**	**154.80**

① Die Umlageschlüssel werden wie folgt berechnet:

GK Näherei 1	$\frac{90000}{7500 \text{ Std.}}$	12.–/Std.
GK Näherei 2	$\frac{120000}{7500 \text{ Std.}}$	16.–/Std.
VVGK	$\frac{154000}{770000}$	20 %

c)

Produktions-Erfolgsrechnung (Umsatzkostenverfahren)

	Herren	Damen	Kinder	Total
Verkaufserlös	450	260	240	950
+/– Bestandesänderungen unfertige Erzeugnisse	– 3	9	– 4	2
+/– Bestandesänderungen fertige Erzeugnisse	– 17	11	– 6	– 12
= **Produktionsertrag**	**430**	**280**	**230**	**940**
./. Herstellkosten der Produktion①	– 324	– 258	– 178	– 760
./. Verwaltungs- und Vertriebsgemeinkosten①	– 69	– 48	– 37	– 154
= **Gewinn gemäss BEBU**	**37**	**– 26**	**15**	**26**
+/– Sachliche Abgrenzungen				75
= **Gewinn gemäss FIBU**				**101**

Absatz-Erfolgsrechnung (Absatzkostenverfahren)

	Herren	Damen	Kinder	Total
Verkaufserlös (Absatz)	450	260	240	950
./. Herstellkosten des Absatzes	– 344	– 238	– 188	– 770
./. Verwaltungs- und Vetriebsgemeinkosten	– 69	– 48	– 37	– 154
= **Gewinn gemäss BEBU**	**37**	**– 26**	**15**	**26**
+/– Sachliche Abgrenzungen				75
= **Gewinn gemäss FIBU**				**101**

① Anstelle der Herstellkosten bzw. der Verwaltungs- und Vertriebsgemeinkosten könnten bei einer Produktions-Erfolgsrechnung auch die einzelnen Kostenarten oder die Einzelkosten sowie die Kostenstellentotale aufgeführt werden.

34.17

a)

Abschreibungen und Zinsen

	Gebäude	Material	Fertigung	Verwaltung/ Vertrieb
Anschaffungswerte	3000	400	2000	1000
Geschätzte Nutzungsdauer	20 Jahre	5 Jahre	10 Jahre	10 Jahre
Abschreibungskosten BEBU: lineare Abschreibung auf einen Restwert von 0	150	80	200	100
Zinskosten BEBU: 4 % vom Anschaffungswert	120	16	80	40

Vorkostenstelle Gebäude

	Material	Fertigung	Verwaltung/ Vertrieb
Fläche in m²	500 m²	1500 m²	1000 m²
Gewichtungsfaktoren (Äquivalenzziffern)	1	2	4
Gewichtete Fläche in m²	500 m²	3000 m²	4000 m²
Belastungen der Hauptkostenstellen	50	300	400

Betriebsabrechnungsbogen

	Kostenartenrechnung			Kostenstellenrechnung				Kostenträgerrechnung	
	FIBU	Abgrenzung	BEBU	Gebäude	Material	Fertigung	Verwaltung/ Vertrieb	Rasierapparate	Zahnbürsten
Einzelmaterial	4800	– 200	4600					2000	2600
Personal	1200	0	1200	100	200	500	400		
Abschreibungen	630	– 100	530	150	80	200	100		
Zinsen	126	130	256	120	16	80	40		
Übrige	1214	0	1214	380	114	180	540		
Total	**7970**	**– 170**	**7800**	**750**	**410**	**960**	**1080**	**2000**	**2600**
Umlage Gebäude				– 750	50	300	400		
Kostenstellentotal				**0**	**460**	**1260**	**1480**		
Umlage Material-GK					– 460			200	260
Umlage Fertigungs-GK						– 1260		600	660
HK Produktion								**2800**	**3520**
BÄ unfertige Erzeugnisse	10	5	15					– 30	45
HK fertige Erzeugnisse								**2770**	**3565**
BÄ fertige Erzeugnisse	– 90	– 45	– 135					– 70	– 65
HK Verkauf								**2700**	**3500**
Umlage VV-GK							– 1480	600	880
Selbstkosten								**3300**	**4380**
Verkaufserlös	–8280	0	– 8280					– 3000	– 5280
Salden	**– 390**	**– 210**	**– 600**	**0**	**0**	**0**	**0**	**300**	**– 900**

b)

Absatz-Erfolgsrechnung in CHF 1000.–

	Rasierapparate	Zahnbürsten	Total
Verkaufserlös verkaufte Erzeugnisse	3000	5280	8280
./. Herstellkosten verkaufte Erzeugnisse	– 2700	– 3500	– 6200
./. Verwaltungs- und Vertriebs-Gemeinkosten	– 600	– 880	– 1480
= Betriebserfolg gemäss BEBU	**– 300**	**900**	**600**
./. Sachliche Abgrenzungen			– 210
= Betriebsgewinn gemäss FIBU			**390**
+ Betriebsfremder Ertrag			500
./. Betriebsfremder Aufwand			– 400
+ Ausserordentlicher Ertrag			200
= Unternehmungsgewinn			**690**

c) Das Ergebnis würde schlechter (weil die Deckungsbeiträge der Rasierapparate verloren gehen, die Fixkosten aber bestehen bleiben).

34.18

Betriebsabrechnungsbogen

	Kostenartenrechnung			Kostenstellenrechnung			Kostenträgerrechnung	
	FIBU	Abgrenzung	BEBU	Materialstellen	Fertigung	Verwaltung/ Vertrieb	Eisschränke	Kühltruhen
Einzelmaterialkosten	700	0	700				300	400
Gemeinkosten	760	– 10	750	70	440	240		
Total	**1460**	**– 10**	**1450**	**70**	**440**	**240**	**300**	**400**
Umlage Materialstellen				– 70			30	40
Umlage Fertigungsstelle					– 440		160	280
Herstellkosten Produktion							**490**	**720**
BÄ unfertige Erzeugnisse	– 20	0	– 20				– 25	5
Herstellkosten fertige Erzeugnisse							**465**	**725**
BÄ fertige Erzeugnisse	10	0	10				35	– 25
Herstellkosten Verkauf							**500**	**700**
Umlage Verwaltung und Vertrieb						– 240	100	140
Selbstkosten							**600**	**840**
Verkaufserlöse	– 1480	0	– 1480				– 580	– 900
Salden	**– 30**	**– 10**	**– 40**	**0**	**0**	**0**	**20**	**– 60**

34.19

Kostenverrechnungen und Umlagen

Hilfskostenstellen

Leistungserbringer (abgebende Kostenstelle)	**Gebäude**
Kostenanrechnungsgrösse	m² gewichtet
Gesamtleistung effektiv	15 650
Gesamtleistung gewichtet	**29 000**
Kosten pro m² in CHF 1000.–	1

Die Gebäudeeinrichtungen weisen einen sehr unterschiedlichen Ausbaustandard auf. Die technischen Einrichtungen im Operationssaal sind rund sechsmal höher als diejenigen in der Wäscherei.

Leistungsempfänger	**Techn. Dienst**	**Ökonomie**	**Wäscherei**	**Verwaltung**	**Ärztl. Dienst**	**Pflegedienst**	**OP/ GEBS**	**Med. Diagn.**	**Hotellerie**	**Total**
m² effektiv	100	200	200	200	200	450	1 800	2 500	10 000	15 650
Äquivalenzziffer	0,5	0,5	0,5	1,0	1,0	1,0	3,0	3,0	1,5	–
m² gewichtet	50	100	100	200	200	450	5 400	7 500	15 000	**29 000**
Kostenzurechnung	50	100	100	200	200	450	5 400	7 500	15 000	29 000

Leistungserbringer (abgebende Kostenstelle)	**Technischer Dienst**
Kostenanrechnungsgrösse	**Geleistete Stunden**
Gesamtleistung	50 000
Kosten pro geleistete Stunde in CHF 1000.–	0.141

Die Leistungen werden nach den Stundenrapporten der Handwerker errechnet.

Leistungsempfänger	**Ökonomie**	**Wäscherei**	**Verwaltung**	**Ärztl. Dienst**	**Pflegedienst**	**OP/ GEBS**	**Med. Diagn.**	**Hotellerie**	**Total**
Stunden	1 000	2 000	1 000	1 200	1 000	15 000	8 000	20 800	50 000
Kostenzurechnung	141	282	141	169	141	2 115	1 128	2 933	7 050

Leistungserbringer (abgebende Kostenstelle)	**Ökonomie**
Kostenanrechnungsgrösse	**Leistungseinheiten**
Gesamtleistung	182 410
Kosten pro Leistungseinheit in CHF 1000.–	0.1

Die Leistungseinheiten beinhalten Reinigungsstunden und abgegebene Mahlzeiten.

Leistungsempfänger	**Wäscherei**	**Verwaltung**	**Ärztl. Dienst**	**Pflegedienst**	**OP/ GEBS**	**Med. Diagn.**	**Hotellerie**	**Total**
Wischfläche/Vpfl. Tage	2 000	6 000	20 000	10 000	30 000	20 000	94 410	182 410
Kostenzurechnung	200	600	2 000	1 000	3 000	2 000	9 441	18 241

Leistungserbringer (abgebende Kostenstelle)	**Wäscherei**
Kostenanrechnungsgrösse	Tonnen Schmutzwäsche
Gesamtleistung	200
Kosten pro Tonne in CHF 1000.–	12.91

Gewogen wird die trockene Schmutzwäsche von Patienten und Personal.

Leistungsempfänger	**Ärztl. Dienst**	**Pflegedienst**	**OP/ GEBS**	**Med. Diagn.**	**Hotellerie**	**Total**
Tonne Schmutzwäsche	10	30	40	20	100	200
Kostenzurechnung	129	388	516	258	1 291	2 582

Leistungserbringer (abgebende Kostenstelle)	**Verwaltung**
Kostenanrechnungsgrösse	**Prozent**
Gesamtleistung	100
Kosten je Prozent in CHF 1000.–	259.4

Die Leistungen und der Schlüssel werden aufgrund von Aufschreibungen erhoben und kontrolliert.

Leistungsempfänger	**Ärztl. Dienst**	**Pflegedienst**	**OP/ GEBS**	**Med. Diagn.**	**Hotellerie**	**Total**
Prozente	10	20	5	5	60	100
Kostenzurechnung	2 594	5 188	1 297	1 297	15 565	25 941

Hauptkostenstellen

Leistungserbringer (abgebende Kostenstelle)			Ärztlicher Dienst			
Kostenanrechnungsgrösse			Arztminuten		Leistungsdefinition: GK für ärztliche Betreuung von Patienten in Minuten der direkten Kosten.	
Gesamtleistung			1 386 500			
Kosten pro Arztminute in CHF 1000.–			0.008			
Leistungsempfänger	**Chirurgie**	**Frauenklinik**	**Kinderklinik**	**Übrige KTR**	**Total**	
Arztminuten	500 000	150 000	350 000	386 500	1 386 500	
Kostenzurechnung	4 000	1 200	2 800	3 092	11 092	

Leistungserbringer (abgebende Kostenstelle)			Pflegedienst			
Kostenanrechnungsgrösse			Pflegestunden		Leistungsdefinition: GK für pflegerische Betreuung von Patienten in Stunden der direkten Kosten.	
Gesamtleistung			105 835			
Kosten pro Pflegestunde in CHF 1000.–			0.200			
Leistungsempfänger	**Chirurgie**	**Frauenklinik**	**Kinderklinik**	**Übrige KTR**	**Total**	
Stunden	25 000	15 000	40 000	25 835	105 835	
Kostenzurechnung	5 000	3 000	8 000	5 167	21 167	

Leistungserbringer (abgebende Kostenstelle)			Operations- und Gebärsäle			
Kostenanrechnungsgrösse			OP-Minuten		Leistungsdefinition: GK für Benutzung der OP-Säle in Minuten der effektiven Operationszeit (Gebärsäle). Gemessen wird die Zeit von OP-Schnitt zu OP-Naht.	
Gesamtleistung			2 766 400			
Kosten pro OP-Minute in CHF 1000.–			0.02			
Leistungsempfänger	**Chirurgie**	**Frauenklinik**	**Kinderklinik**	**Übrige KTR**	**Total**	
OP-Minuten	1 600 000	200 000	400 000	566 400	2 766 400	
Kostenzurechnung	32 000	4 000	8 000	11 328	55 328	

Leistungserbringer (abgebende Kostenstelle)			Medizinische Diagnostik/Therapie			
Kostenanrechnungsgrösse			Taxpunkte		Leistungsdefinition: GK für Benutzung der übrigen medizinischen Einrichtungen.	
Gesamtleistung			6 036 600			
Kosten pro Taxpunkt in CHF 1000.–			0.005			
Leistungsempfänger	**Chirurgie**	**Frauenklinik**	**Kinderklinik**	**Übrige KTR**	**Total**	
Taxpunkte	2 000 000	200 000	1 800 000	2 036 600	6 036 600	
Kostenzurechnung	10 000	1 000	9 000	10 183	30 183	

Leistungserbringer (abgebende Kostenstelle)			Hotellerie			
Kostenanrechnungsgrösse			Aufenthaltstage		Leistungsdefinition: Benutzung von Zimmer und Verpflegung nach Aufenthaltsdauer in Tagen.	
Gesamtleistung			147 430			
Kosten pro Aufenthaltstag in CHF 1000.–			0.3			
Leistungsempfänger	**Chirurgie**	**Frauenklinik**	**Kinderklinik**	**Übrige KTR**	**Total**	
Aufenthaltsdauer (effektiv)	65 000	25 000	25 000	32 430	147 430	
Kostenzurechnung	19 500	7 500	7 500	9 730	44 230	

Betriebsabrechnung zu MEDICAL

Kostenart/Erlösart	Kosten	Zurechnungsschlüssel	Hilfskostenstellen				
			Gebäude	Techn. Dienst	Ökonomie	Wäscherei	Verwaltung
Besoldungen Ärzte	15 000	gemäss Erhebung Minuten					
Besoldungen Pflegepersonal	60 000	gemäss Erhebung Stunden					
Besoldungen übriges Personal	60 000	Stellenplan	3 000	6 000	8 000	2 000	15 000
Medizinischer Bedarf	30 000	Materialbewirtschaftung					
Fremdleistungen	2 000	Fremdrechnung					
Lebensmittel u. Wäschebesorg.	10 000	Fremdrechnung			10 000		
Unterhalt und Reparaturen	12 000	Fremdrechnung	5 000	1 000			
Kalk. Abschreibungen/Zinsen	30 000	gemäss Anlagekartei	20 000				
Energie und Entsorgung	2 000	Fremdrechnung	1 000				
Allg. Büro- und Verwaltungsk.	12 000						10 000
Total vor Umlage Hilfskostenst.	233 000		29 000	7 000	18 000	2 000	25 000
Umlagen Hilfskostenstellen		**Umlageschlüssel**					
Gebäude		m² gewichtet	– 29 000	50	100	100	200
Technischer Dienst		Stunden		– 7 050	141	282	141
Ökonomie		Leistungseinheiten			– 18 241	200	600
Wäscherei		Tonnen Schmutzwäsche				– 2 582	
Verwaltung		Prozent					– 25 941
Total nach Uml. Hilfskostenst.							
Umlagen Hauptkostenstellen							
Ärztlicher Dienst		Arztminuten					
Pflegedienst		Pflegestunden					
Operations- und Gebärsäle		Operationszeiten (Min.)					
Med. Diagnostik/Therapie		Taxpunkte					
Hotellerie		Aufenthaltstage					
Selbstkosten	233 000						
Erlöse	– 140 000						
Erfolg (– = Gewinn/+ = Verlust)	93 000		0	0	0	0	0

Kostensätze in CHF je LE							
Statistik							
Aufenthaltstage	147 430						
Selbstkosten je Aufenthaltstag	1 580						
Anzahl Patient/innen	17 400						
Selbstkosten je Patient in CHF	13 391						
Kostendeckungsgrad (Erlös in % der Selbstkosten)							

Je nach Rundung können sich leichte Abweichungen ergeben.

Hauptkostenstellen					Kostenträger			
Ärztl. Dienst	Pflegedienst	OP/GEBS	Med. Diagn.	Hotellerie	Chirurgie	Frauenklinik	Kinderklinik	Übr. Medizin
4000					3000	1000	3000	4000
	8000				12000	12000	18000	10000
		14000	12000					
1000	5000	15000	3000		4000			2000
							2000	
		4000	2000					
		10000						
			1000					
1000	1000							
6000	14000	43000	18000	0	19000	13000	23000	16000
200	450	5400	7500	15000				
169	141	2115	1128	2933				
2000	1000	3000	2000	9441				
129	388	516	258	1291				
2594	5188	1297	1297	15565				
11092	21167	55328	30183	44230	19000	13000	23000	16000
– 11092					4000	1200	2800	3092
	– 21167				5000	3000	8000	5167
		– 55328			32000	4000	8000	11328
			– 30183		10000	1000	9000	10183
				– 44230	19500	7500	7500	9730
					89500	29700	58300	55500
					– 67000	– 13000	– 20000	– 40000
0	0	0	0	0	22500	16700	38300	15500
8/Min.	200/Std.	20/Min.	5/Punkt	300/Tag				
					65000	25000	25000	32430
					1377	1188	2332	1711
					9000	4000	400	4000
					9944	7425	145750	13875
					75 %	44 %	34 %	72 %

Einzelnachkalkulationen

Patient/Patientin		**Egger Daniela, 1989**
Status	Eintritt	21. 09. 20_1
	Austritt	27. 09. 20_1
Klinik/Hauptkostenstelle		Frauenklinik
Diagnose		**Spontangeburt ohne Komplikationen**
		Jasmin; Geburtsgewicht > 2 500 Gramm
Einweisung		Hausarzt
Bemerkungen		gesund entlassen

Nachkalkulation				
Direkte Kosten	**Leistungseinheit**	**Anzahl LE**	**Kostensatz je LE**	**Kosten/Erlöse in CHF**
Direkte Arztkosten				
Diagnostik	Az-Minuten	60		400
Operation	Az-Minuten			
Direkte Pflegekosten	Pflegestunden	10		1 000
Medikamente				
Medikamente	CHF	30		30
Blut, Implantate	CHF	0		
Fremdleistungen	CHF			**0**
Total direkte Kosten				1 430
Gemeinkosten				
Ärztlicher Dienst	Az-Minuten	60	8	480
Pflegedienst	Pflegestunden	10	200	2 000
Operations- und Geburtssäle				
Operation				
Gebärsaal		50	20	1 000
Intensivstation				
Med. Diagnostik/Therapie	Taxpunkte	120	5	600
Hotellerie	Aufenthaltstage	7	300	2 100
Selbstkosten				7 610
Erlöse Krankenkassen				– 3 500
Verlust				4 110
Deckungsgrad (Erlös in % der Selbstkosten)				46 %

Patient/Patientin		**Schäublin Thomas, 1991**
Status	Eintritt	30. 08. 20_1
	Austritt	10. 09. 20_1
Klinik/Hauptkostenstelle		Chirurgie
Diagnose		**Unterschenkelbruch nach Sportunfall ohne Komplikationen**
Einweisung		Notfall 144
Bemerkungen		gesund entlassen

Nachkalkulation				
Direkte Kosten	**Leistungseinheit**	**Anzahl LE**	**Kostensatz je LE**	**Kosten/ Erlöse in CHF**
Direkte Arztkosten				
Diagnostik	Az-Minuten	30		200
Operation	Az-Minuten	40		1 000
Direkte Pflegekosten	Pflegestunden	14		1 500
Medikamente				
Medikamente	CHF	100		100
Blut, Implantate	CHF	450		450
Fremdleistungen	CHF			**250**
Total direkte Kosten				3 500
Gemeinkosten				
Ärztlicher Dienst	Az-Minuten	70	8	560
Pflegedienst	Pflegestunden	14	200	2 800
Operations- und Geburtssäle				
Operation		50	20	1 000
Gebärsaal				
Intensivstation				
Med. Diagnostik/Therapie	Taxpunkte	120	5	600
Hotellerie	Aufenthaltstage	12	300	3 600
Selbstkosten				12 060
Erlöse Krankenkassen				– 9 650
Verlust				2 410
Deckungsgrad (Erlös in % der Selbstkosten)				80 %

Patient/Patientin		**Würsch Stefan, 20_1**
Status	Eintritt	02. 07. 20_1
	Austritt	03. 10. 20_1
Klinik/Hauptkostenstelle		Kinderklinik
Diagnose		**Geburtsgewicht < 1000 Gramm mit Komplikationen**
Einweisung		Rega Notfall, Überweisung Regio-Spital
Bemerkungen		normalgewichtig entlassen

Nachkalkulation				
Direkte Kosten	**Leistungseinheit**	**Anzahl LE**	**Kostensatz je LE**	**Kosten/Erlöse in CHF**
Direkte Arztkosten				
Diagnostik	Az-Minuten	300		2000
Operation	Az-Minuten	480		7000
Direkte Pflegekosten	Pflegestunden	150		18000
Medikamente				
Medikamente	CHF	4500		4500
Blut, Implantate	CHF	0		
Fremdleistungen Rega	CHF			3600
Total direkte Kosten				35100
Gemeinkosten				
Ärztlicher Dienst	Az-Minuten	780	8	6240
Pflegedienst	Pflegestunden	150	200	30000
Operations- und Geburtssäle				
Operation		480	20	9600
Gebärsaal		0		0
Intensivstation		3000	20	60000
Med. Diagnostik/Therapie	Taxpunkte	2000	5	10000
Hotellerie	Aufenthaltstage	94	300	28200
Selbstkosten				179140
Erlöse IV-Versicherung				– 75000
Verlust				104140
Deckungsgrad (Erlös in % der Selbstkosten)				42 %

c) Die Chirurgie weist mit 75 % einen höheren Deckungsgrad auf als die gesetzlich geforderten 50 %. Die Kinderklinik mit 34 % und die Frauenklinik mit 44 % liegen unter der gesetzlichen Limite.

d) Eigentlich wären die Kostenträger mit den höchsten Deckungsgraden zu fördern (Chirurgie und übrige Medizin). Die Kinderklinik müsste aus betriebswirtschaftlicher Sicht geschlossen werden. Durch Leistungseinschränkungen und weitere Rationalisierungsmassnahmen müssten auch die Kosten der Frauenklinik stark gesenkt werden.

34.20

a) **Betriebsabrechnungsbogen**

	Kostenartenrechnung			Kostenstellenrechnung			Kostenträgerrechnung	
	FIBU	Abgrenzung	BEBU	Materialstellen	Fertigung	Verwaltung Vertrieb	Erzeugnis A	Erzeugnis B
Einzelmaterial	1580	20	1600				900	700
Personal	900	0	900	90	600	210		
Abschreibungen	310	– 30	280	10	190	80		
Übriges	470	0	470	60	280	130		
Total	3260	– 10	3250	**160**	**1070**	420	900	700
Umlage Materialstellen				– 160			90	70
Umlage Fertigung					– 1070		660	410
HK Produktion							1650	1180
Bestandesänderungen	– 20	– 10	–30				– 50	20
HK Verkauf							1600	1200
Umlage Verwaltung und Vertrieb						– 420	240	180
Selbstkosten							1840	1380
Verkaufserlös	– 3300	0	– 3300				–1800	– 1500
Salden	**– 60**	– 20	– 80	**0**	**0**	**0**	**40**	**– 120**

b)

Nr.	Aussage	Richtig	Begründung bei falscher Aussage
1	Der Gewinn beim Erzeugnis A beträgt 40.		Das ist ein Verlust. (Die Selbstkosten von 1840 übersteigen den Verkaufserlös von 1800.)
2	Der Zuschlagssatz für die Material-Gemeinkosten beträgt 10 % des Einzelmaterials.	X	
3	Sofern an der Fertigungsstelle in dieser Periode 13375 Fertigungsstunden (h) geleistet wurden, beträgt der Kostensatz CHF 80/h.	X	
4	Es wurden in dieser Periode stille Reserven auf den Sachanlagen aufgelöst.		Es wurden stille Reserven gebildet. (Der Abschreibungsaufwand ist höher als die Abschreibungskosten.)
5	Der Bestand an unfertigen und fertigen Erzeugnissen B nahm in der Periode um 20 zu.		Es handelt sich um eine Abnahme. (Eine Vorratsabnahme stellt Kosten dar, was im BAB mit positivem Vorzeichen dargestellt wird.)
6	Der Einzelmaterialeinkauf beträgt 1 540, sofern der Einzelmaterialvorrat konstant um einen Drittel unter den Einstandspreisen bewertet wird.	X	

Deckungsbeitragsrechnung

35.01

Betriebsabrechnungsbogen

	Kostenarten-rechnung	Kostenstellenrechnung						Kostenträgerrechnung		
		Gebäude	Lehrmittel	GA-Sekretariat	WB-Sekretariat	Schulzimmer	Zentrale Dienste	Grund-ausbildung	Weiter-bildung	Total
Einzelmaterial	1 000							600	400	1 000
Einzellöhne	28 000							18 000	10 000	28 000
GK-Material	720	500	100	10	10	20	80			
GK-Löhne	3 600	1 800	300	400	500		600			
URE	760	700				60				
Energie	400	400								
Zinsen	3 740	3 500	70	30	40	40	60			
Abschreibung	2 580	2 000	200	50	50	80	200			
Übrige Kosten	1 300	900	30	110	100		160			
Total Kosten	**42 100**	**9 800**	**700**	**600**	**700**	**200**	**1 100**	**18 600**	**10 400**	**29 000**
Umlage variable Kosten Lehrmittel			–420					231	189	420
Umlage variable Kosten GA-Sekretariat				–180				180		180
Umlage variable Kosten WB-Sekretariat					–210				210	210
Total variable Kosten								**19 011**	**10 799**	**29 810**
Erlös Schulgelder GA	– 5 000							– 5 000		– 5 000
Erlös Kursgelder WB	– 16 000								– 16 000	– 16 000
Subventionen GA	– 21 495							– 21 495		– 21 495
Deckungsbeitrag①								**– 7 484**	**– 5 201**	**– 12 685**
Fixkosten Gebäude		–9 800								9 800
Fixkosten Lehrmittel			–280							280
Fixkosten GA-Sekretariat				–420						420
Fixkosten WB-Sekretariat					–490					490
Fixkosten Schulzimmer						–200				200
Fixkosten zentrale Dienste							–1 100			1 100
Erfolg (– = Gewinn/+ = Verlust)①	**– 395**	0	0	0	0	0	0	–	–	**– 395**

① Im BAB werden die Kosten mit positivem Vorzeichen dargestellt (= Soll-Buchungen) und die Erlöse mit negativem Vorzeichen (= Haben-Buchungen), was bezüglich des Systems der doppelten Buchhaltung absolut richtig ist. Als Nachteil dieser Lösung muss die Darstellung des Deckungsbeitrags und des Erfolgs mit «verkehrtem» Vorzeichen in Kauf genommen werden: Ein positiver Deckungsbeitrag und ein positiver Erfolg (Gewinn) weisen ein negatives Vorzeichen auf (weil es sich dabei vom System der Doppik her um Haben-Überschüsse handelt).

35.02

Betriebsabrechnungsbogen

	Kostenarten-rechnung	Kostenstellenrechnung				Kostenträgerrechnung		
		Material	Fertigung 1	Fertigung 2	Verwaltung und Vertrieb	Artikel X	Artikel Y	Total
Einzelmaterial	500					300	200	500
Einzellöhne	325					190	135	325
GK-Material	150							
GK-Löhne	380							
URE	80							
Energie	40							
Zinsen	50							
Abschreibungen	90							
Übrige Kosten	185							
Total Kosten	**1 800**	**100**	**225**	**350**	**300**	**490**	**335**	**825**
Umlage variable Material-Gemeinkosten		– 30				18	12	30
Umlage variable Fertigungs-GK 1			– 180			100	80	180
Umlage variable Fertigungs-GK 2				– 140		90	50	140
Variable Herstellkosten						**698**	**477**	**1 175**
Erlös	– 1 960					– 1 160	– 800	– 1 960
Deckungsbeitrag (– = positiver DB)						**– 462**	**– 323**	**– 785**
Fixe Material-Gemeinkosten		– 70						70
Fixe Fertigungs-Gemeinkosten 1			– 45					45
Fixe Fertigungs-Gemeinkosten 2				– 210				210
Fixe Verwaltungs- und Vertriebs-GK					– 300			300
Erfolg (– = Gewinn)	**– 160**	**0**	**0**	**0**	**0**	**–**	**–**	**– 160**

35.03

Mehrstufige Deckungsbeitragsrechnung

	Sparte A				Sparte B			Total
	Produkt A1	Produkt A2	Produkt A3	Total A	Produkt B1	Produkt B2	Total B	
Bruttoerlös	420	290	100	810	740	550	1 290	2 100
./. Erlösminderungen	– 20	– 10	0	– 30	– 40	– 50	– 90	– 120
= **Nettoerlös**	**400**	**280**	**100**	**780**	**700**	**500**	**1 200**	**1 980**
./. Variable Kosten	– 220	– 90	– 70	– 380	– 420	– 60	– 480	– 860
= **Deckungsbeitrag 1**	**180**	**190**	**30**	**400**	**280**	**440**	**720**	**1 120**
./. Produktefixkosten	– 30	– 20	– 40	– 90	– 50	– 60	– 110	– 200
= **Deckungsbeitrag 2**	**150**	**170**	**– 10**	**310**	**230**	**380**	**610**	**920**
./. Spartenfixkosten				– 300			– 200	– 500
= **Deckungsbeitrag 3**				**10**			**410**	**420**
./. Unternehmungs-fixkosten								– 400
= **Gewinn**								**20**

35.04

a) Siehe Lösungen 1 bis 3

b) Es entsteht ein zusätzlicher Deckungsbeitrag von CHF 7400.– (Erlös CHF 8000.– ./. variable Kosten CHF 600.–). Um diesen Betrag verbessert sich das Unternehmungsergebnis. (Voraussetzung ist allerdings, dass die zusätzliche Kursteilnehmerin noch in der bestehenden Klasse Platz hat.)

c) Die Überlegung, dass der Unterricht für die technischen Kaufleute infolge eines Verlustes einzustellen sei, basiert auf der Vollkostenrechnung, die allerdings für diese Problemstellung ein untaugliches Führungsinstrument darstellt und in der Praxis häufig zu Fehlentscheiden verleitet. Die mehrstufige Deckungsbeitragsrechnung zeigt, dass der Schule ein Deckungsbeitrag 2 von CHF 41000.– entgeht und sich das Unternehmungsergebnis um CHF 41000.– verschlechtert, sofern die Ausbildung für technische Kaufleute eingestellt wird, denn die Fixkosten für Gebäude, Sekretariate sowie Schuldirektion bleiben wahrscheinlich auch bei Auflösung der beiden Klassen für technische Kaufleute bestehen.

d) Sobald das Kursgeld die variablen Kosten von CHF 500.– übersteigt, entsteht ein zusätzlicher Deckungsbeitrag und das Unternehmungsergebnis verbessert sich entsprechend. Die Preisuntergrenze beträgt demnach CHF 500.–. (Voraussetzung ist allerdings, dass der Neffe noch in einer bestehenden Klasse Platz hat.)

e) Der Preis muss mindestens die zusätzlichen Kosten decken. Nebst den variablen Kosten für die Bücher von CHF 4500.– (15 Schüler × CHF 300.–/Schüler) müssen auch die zusätzlichen Lehrersaläre von CHF 40000.– einkalkuliert werden, sodass der Minimalbetrag für die Offerte CHF 44500.– beträgt.
Bei diesem Lösungsvorschlag wurde davon ausgegangen, dass
- für 15 zusätzliche Schüler eine zusätzliche Klasse geführt werden muss
- die zusätzliche Klasse im bestehenden Schulhaus noch Platz hat
- keine zusätzlichen Leitungsentschädigungen anfallen
- der zusätzliche Sekretariatsaufwand mit den bestehenden Mitarbeitern bewältigt werden kann

Wenn diese Annahmen in der Praxis nicht zutreffen, muss der Offertbetrag entsprechend angepasst werden.

Lösung 1 Vollkostenrechnung

Gesamtkalkulation (in CHF 1 000,–)

	Kostenträgerrechnung									
	Bereich Rechnungswesen				Bereich Unternehmungsführung					Total
	Buchhalter	Treuhänder	Sachbearbeiter	Total	Planer	Koordinator	TK	HF	Total	
Erlöse	500	240	160	900	420	140	140	600	1 300	2 200
./. Kosten für Bücher	– 30	– 16	– 12	– 58	– 30	– 6	– 7	– 40	– 83	– 141
./. Lehrerlöhne	– 160	– 88	– 56	– 304	– 144	– 40	– 72	– 200	– 456	– 760
./. Entschädigungen Leiter	– 30	– 20	– 15	– 65	– 20	– 10	– 20	– 40	– 90	– 155
./. Umlage Gebäudekosten	– 60	– 30	– 15	– 105	– 45	– 15	– 30	– 75	– 165	– 270
./. Umlage zentrale Dienste	– 100	– 40	– 20	– 160	– 60	– 20	– 35	– 100	– 215	– 375
./. Umlage Lohn Schuldirektorin	– 50	– 24	– 16	– 90	– 42	– 14	– 14	– 60	– 130	– 220
./. Umlage Lohn Bereichsdirektoren	– 75	– 36	– 24	– 135	– 42	– 14	– 14	– 60	– 130	– 265
= Erfolg	**– 5**	**– 14**	**2**	**– 17**	**37**	**21**	**– 52**	**25**	**31**	**14**

Stückkalkulation (in CHF)

	Buchhalter	Treuhänder	Sachbearbeiter	Planer	Koordinator	TK	HF
Erlös je Kursteilnehmer	5 000	6 000	8 000	7 000	7 000	4 000	6 000
./. Kosten je Kursteilnehmer	– 5 050	– 6 350	– 7 900	– 6 383	– 5 950	– 5 486	– 5 750
= Erfolg je Kursteilnehmer	**– 50**	**– 350**	**100**	**617**	**1 050**	**– 1 486**	**250**

Lösung 2 Einstufige Deckungsbeitragsrechnung

Gesamtkalkulation (in CHF 1 000.–)

	Kostenträgerrechnung									
	Bereich Rechnungswesen				Bereich Unternehmungsführung					Total
	Buchhalter	Treuhänder	Sachbearbeiter	Total	Planer	Koordinator	TK	HF	Total	
Erlöse	500	240	160	900	420	140	140	600	1 300	2 200
./. Variable Kosten	– 30	– 16	– 12	– 58	– 30	– 6	– 7	– 40	– 83	– 141
= Deckungsbeitrag	**470**	**224**	**148**	**842**	**390**	**134**	**133**	**560**	**1 217**	**2 059**
./. Fixkosten Lehrerlöhne										– 760
./. Fixkosten Leiterentschädigungen										– 155
./. Fixkosten Gebäude										– 270
./. Fixkosten zentrale Dienste										– 375
./. Fixkosten Lohn Schuldirektorin										– 220
./. Fixkosten Löhne Bereichsdirektoren										– 265
= Erfolg										**14**

Stückkalkulation (in CHF)

Erlös je Kursteilnehmer	5 000	6 000	8 000	7 000	7 000	4 000	6 000
./. Variable Kosten je Kursteilnehmer	– 300	– 400	– 600	d) – 500	– 300	– 200	– 400
= Deckungsbeitrag je Kursteilnehmer	**4 700**	**5 600**	b) **7 400**	**6 500**	**6 700**	**3 800**	**5 600**

Lösung 3 Mehrstufige Deckungsbeitragsrechnung

Gesamtkalkulation (in CHF 1 000.–)

	Kostenträgerrechnung									
	Bereich Rechnungswesen				Bereich Unternehmungsführung					Total
	Buchhalter	Treuhänder	Sachbearbeiter	Total	Planer	Koordinator	TK	HF	Total	
Erlöse	500	240	160	900	420	140	140	600	1 300	2 200
./. Variable Kosten	– 30	– 16	– 12	– 58	– 30	– 6	– 7	– 40	– 83	– 141
= Deckungsbeitrag 1	**470**	**224**	**148**	**842**	**390**	**134**	**133**	**560**	**1 217**	**2 059**
./. Fixkosten Lehrerlöhne	– 160	– 88	– 56	– 304	– 144	– 40	– 72	– 200	– 456	– 760
./. Fixkosten Leiterentschädigungen	– 30	– 20	– 15	– 65	– 20	– 10	– 20	– 40	– 90	– 155
= Deckungsbeitrag 2	**280**	**116**	**77**	**473**	**226**	**84**	c) **41**	**320**	**671**	**1 144**
./. Fixkosten Bereichsleiter				– 135					– 130	– 265
= Deckungsbeitrag 3				**338**					**541**	**879**
./. Fixkosten Gebäude										– 270
./. Fixkosten zentrale Dienste										– 375
./. Fixkosten Lohn Schuldirektorin										– 220
= Erfolg										**14**

35.05

	TED (Standard)	URSUS (Luxus)
Dauer eines Verkaufsgesprächs je Stück	10 Minuten	20 Minuten
Verkaufspreis je Stück	36.–	60.–
Variable Kosten (Einstandspreis) je Stück	24.–	40.–
Deckungsbeitrag je Stück	12.–	20.–
Deckungsbeitrag je Stunde	72.–	60.–
Deckungsbeitragsmarge	33⅓ %	33⅓ %

a) Der Deckungsbeitrag je Stück ist beim URSUS höher, weshalb dieses Modell bei freier Kapazität favorisiert werden soll.

b) In diesem Beispiel ist die Verkaufskapazität der so genannte Engpassfaktor. Der Deckungsbeitrag je Engpasseinheit (hier je Stunde Verkaufszeit) ist beim TED grösser, weshalb bei knapper Kapazität dieses Modell zu favorisieren ist.

c) Da die Deckungsbeitragsmarge (auch Deckungsgrad genannt) bei beiden Modellen gleich hoch ist, kommt es bei dieser Problemstellung nicht darauf an, welches Modell verkauft wird. Es wird auf jeden Fall zusätzlicher Deckungsbeitrag von CHF 240.– (33⅓ % von CHF 720.–) erzielt. (Annahme: Das Verkaufsgespräch mit der Kindergärtnerin dauert für beide Bärensorten gleich lang.)

d) Bei freier Kapazität sind die variablen Kosten die Preisuntergrenze, d. h. CHF 24.– für TED, CHF 40.– für URSUS. Wenn die Bären zu den variablen Kosten geliefert werden, entstehen für das TEDDYLAND weder ein zusätzlicher Deckungsbeitrag noch zusätzliche Kosten. (Die Transportspesen wurden hier vernachlässigt.)

35.06

	Cervelat	Poulet
Verkaufspreis je Stück	5.–	9.–
Variable Kosten (Einstandspreis) pro Stück	2.–	3.–
Grillzeit pro Stück	6 Minuten	12 Minuten
Kapazität der Grillfläche	30 Stück	20 Stück
Deckungsbeitrag pro Stück	3.–	6.–
Kapazität pro Stunde	300 Stück	100 Stück
Deckungsbeitrag pro Stunde	900.–	600.–

a) Bei freier Kapazität sind die Poulets zu favorisieren, da hier der Deckungsbeitrag je Stück grösser ist.

b) Bei knapper Kapazität sind die Cervelats zu favorisieren, weil der Deckungsbeitrag je Stunde (Engpasseinheit) grösser ist.

c) Durch die Produktion von 20 Pouletbrüstchen wird der Grill für 12 Minuten belegt und ein Deckungsbeitrag von CHF 120.– (20×6) erzielt. Während dieser Zeit könnten 60 Cervelats produziert und damit ein zusätzlicher Deckungsbeitrag von CHF 180.– erwirtschaftet werden. Wenn stattdessen Poulets produziert werden, entgeht dem Fussballclub dieser Zusatznutzen von CHF 60.– (180–120). Diese CHF 60.– werden Opportunitätskosten genannt.

	Normaler Verkaufspreis für 20 Pouletbrüstchen (20 × CHF 9.–)	CHF	180.–
+	Opportunitätskosten	CHF	60.–
=	Verkaufspreis für 20 Pouletbrüstchen	CHF	240.–

Preis je Pouletbrüstchen = CHF 240.– : 20 Stück = **CHF 12.–**①

① Der Verkaufspreis für ein Poulet bei einem Kapazitätsengpass kann alternativ auch wie folgt ermittelt werden:

	Variable Kosten je Poulet	CHF	3.–
+	Entgangener Deckungsbeitrag Cervelat = CHF 3 [DB je Stück] • 2 [Zeit] • 1,5 [Fläche]	CHF	9.–
=	Verkaufspreis je Poulet	CHF	12.–

35.07

a)

	Pizza	Sandwich	Hotdog	Brezel
Verkaufspreis pro Mahlzeit	18.–	14.–	12.–	10.–
Variable Kosten pro Mahlzeit	6.–	4.–	3.–	2.–
Durchschnittliche Aufenthaltsdauer je Gast	20 Minuten	12 Minuten	10 Minuten	6 Minuten
Deckungsbeitrag pro Mahlzeit	12.–	10.–	9.–	8.–
Deckungsbeitrag je Stunde	36.–	50.–	54.–	80.–
Rangfolge bei Unterbeschäftigung	1	2	3	4
Rangfolge bei Überbeschäftigung	4	3	2	1

b)

	Normaler Verkaufspreis Sandwich	CHF	14.–
+	Opportunitätskosten (entgangener DB im Vergleich zu Brezeln)	CHF	6.–
=	Verkaufspreis für Sandwich	CHF	20.–

oder

	Variable Kosten Sandwich	CHF	4.–
+	Entgangener Deckungsbeitrag Brezel = CHF 8 [DB je Stück] • 2 [Zeit]	CHF	16.–
=	Verkaufspreis für Sandwich	CHF	20.–

35.08

In dieser Aufgabe stellt sich die Frage, ob ein Artikel (hier Fotokopien) selbst hergestellt oder gekauft werden soll **(make or buy).**

a) 4 Rappen/Fotokopie (3 Rappen variable Kosten und durchschnittlich 1 Rappen Fixkosten).

b) Kurzfristig (für einen Auftrag oder einige wenige Aufträge) gilt bei unausgelasteter Kapazität: Da die variablen Kosten der Hausdruckerei von 3 Rappen tiefer sind als der von der auswärtigen Druckerei offerierte Seitenpreis von 3,5 Rappen, wird der Druckauftrag in der Hausdruckerei erledigt.

c) Bei einer langfristigen Betrachtung müssen auch die abbaubaren Fixkosten mit in die Überlegung einbezogen werden. Hier könnten sicher die Lohnkosten für den Druckerei-angestellten von CHF 70 000.– eingespart werden, sodass sich der Fremdbezug wirtschaftlich lohnen würde.

Zusatzbemerkungen:

- Bei knapper Kapazität (z. B. bei Semesterbeginn) müssen Druckaufträge unabhängig von der Kostenfrage auswärts vergeben werden, wenn die Lernpersonen rechtzeitig mit Lernunterlagen versorgt werden sollen.
- Nebst wirtschaftlichen Überlegungen spielen auch andere Beweggründe eine Rolle: Zum Beispiel will man den langjährigen Druckereimitarbeiter nicht entlassen. Oder die Flexibilität ist mit einer Hausdruckerei höher (kurzfristige Aufträge können noch erledigt werden).

35.09

a)

	Zu deckende Fixkosten insgesamt	650000
./.	Durch den Verkauf von Y erzielte Deckungsbeiträge	– 460000
=	Durch den Verkauf von X zu deckende Fixkosten	190000

Nutzschwelle (break-even)	$\frac{\text{Fixkosten}}{\text{DB/je Stück}}$	$\frac{190000}{20}$	**9500 Stück**

b)

	Fixkosten gemäss Ausgangslage	650000
./.	Senkung der Fixkosten	– 200000
=	Durch den Verkauf von X zu deckende Fixkosten	450000
+	Gewinn	50000
=	Zu erzielender Deckungsbeitrag	500000

Menge	$\frac{\text{Deckungsbeitrag}}{\text{DB/je Stück}}$	$\frac{500000}{20}$	**25000 Stück**
Umsatz	Menge • Verkaufspreis	25000 • 60	**CHF 1500000.–**

Lösungsvariante:

- Der Deckungsbeitrag von 20 entspricht 33,33 % des Verkaufspreises von 60.
- Der gesuchte Umsatz lässt sich wie folgt ermitteln: 500000 : 0,3333 = CHF 1500000.–

c) Die Preisuntergrenze bei Unterbeschäftigung entspricht den variablen Kosten (Grenzkosten) von **CHF 17.–**.

d) Preisuntergrenze bei Überbeschäftigung

	Variable Kosten (Grenzkosten) von Y	17
+	Opportunitätskosten (entgangener DB/Stunde von X)①	25
=	**Verkaufspreis von Y**	**42**

Lösungsvariante:

	Verkaufspreis von Y bei Normalbeschäftigung	40
+	Opportunitätskosten (Differenz-DB)②	2
=	Verkaufspreis von Y bei Überbeschäftigung	42

① DB von X je Stunde = 20 : 48 Minuten • 60 Minuten = 25

② Der DB bei X beträgt 25/Stunde und bei Y 23/Stunde. Die Differenz zulasten von Y beträgt 2/Stunde.

35.10

a)

	Deckungsbeitrag	400.–
./.	Fixkosten	360.–
=	Gewinn	**40.–**

b) Fixkosten : DB/Stück = 360 : 8 = **45 Stück**
Die Nutzschwelle wird bei einer Absatzmenge von 45 Stück bzw. bei einem Verkaufsumsatz von CHF 900.– erreicht.

c)

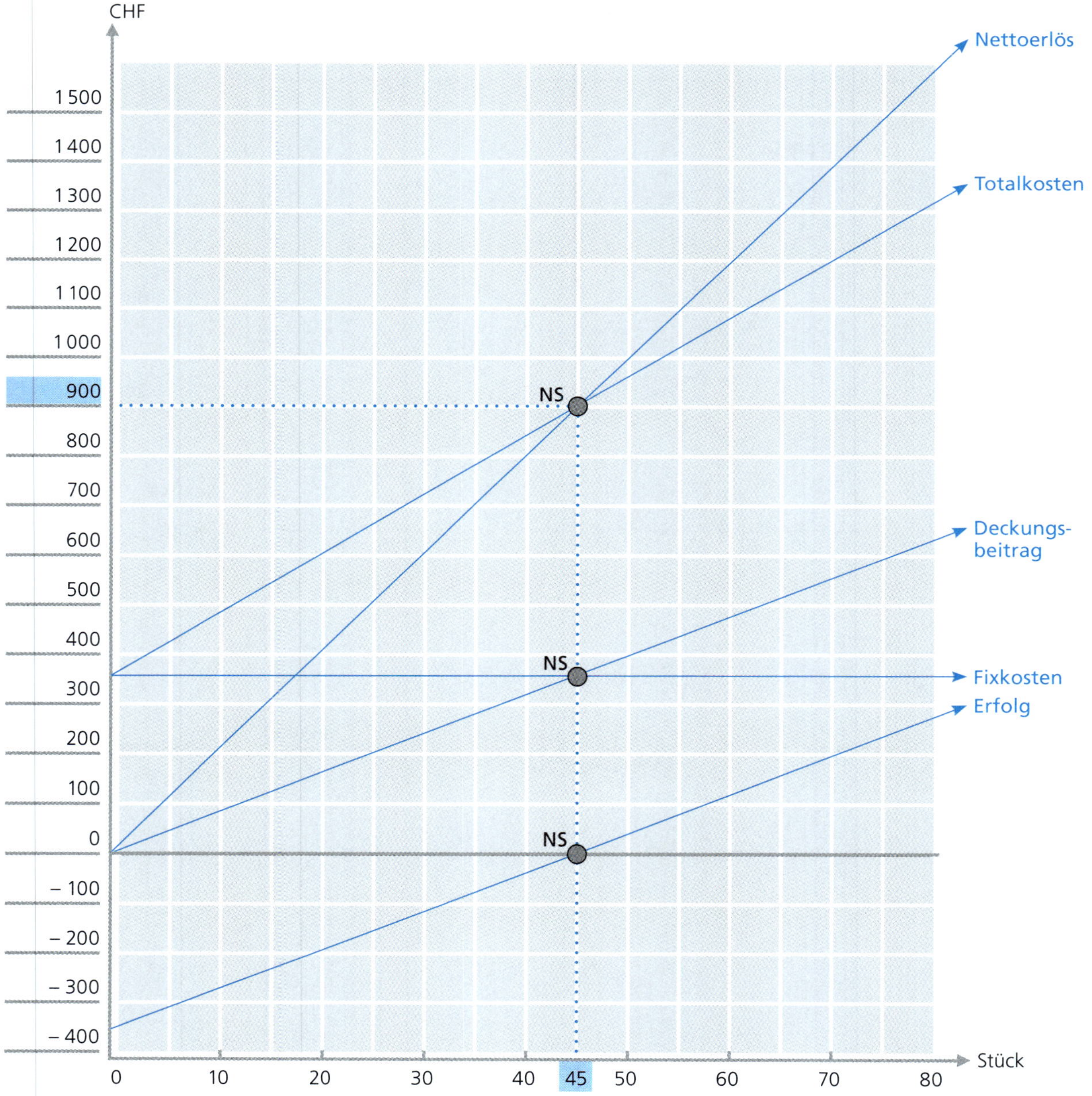

d) Zu erzielender Deckungsbeitrag = Fixkosten + Gewinn = 360 + 200 = 560
Menge = DB : DB/Stück = 560 : 8 = **70 Stück**

e)

Verkaufspreis je Raffel	Deckungsbeitrag je Raffel	Für Nutzschwelle erforderliche Menge
CHF 30.–	30 – 12 = 18	360 : 18 = **20**
CHF 27.–	27 – 12 = 15	360 : 15 = **24**
CHF 24.–	24 – 12 = 12	360 : 12 = **30**
CHF 21.–	21 – 12 = 9	360 : 9 = **40**
CHF 18.–	18 – 12 = 6	360 : 6 = **60**
CHF 15.–	15 – 12 = 3	360 : 3 = **120**

f)

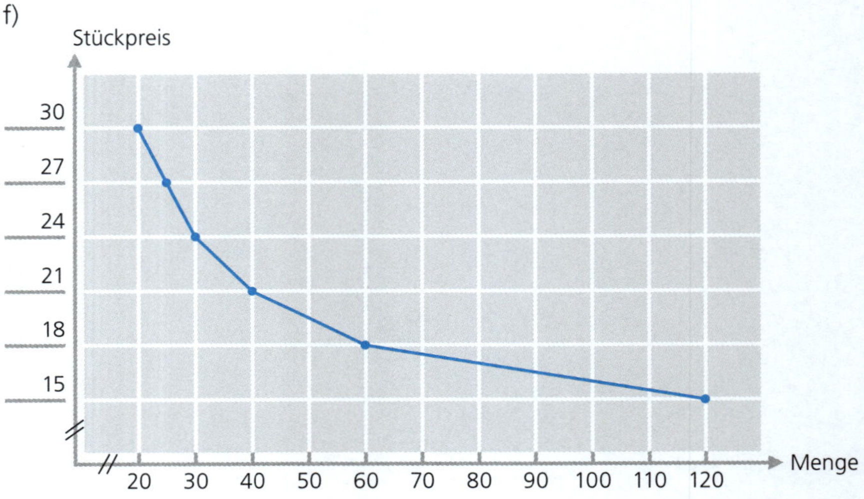

35.11

a)

Break-even	$\frac{\text{Differenz Fixkosten}}{\text{Differenz variable Kosten}}$	$\frac{400\,000}{80}$	**5 000 Stück**

b)

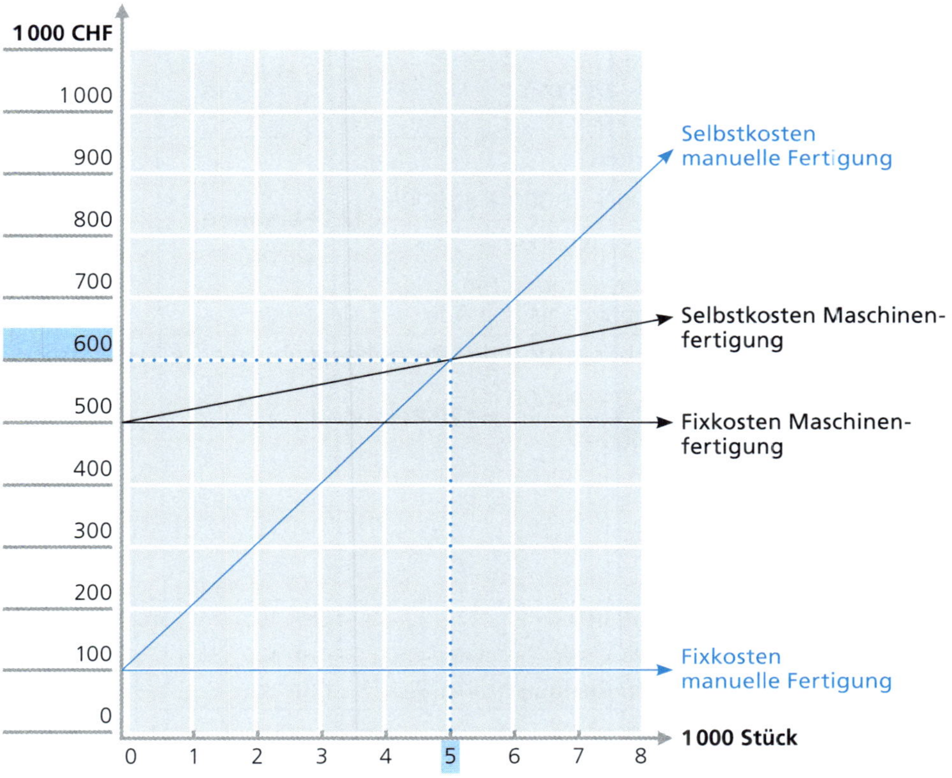

35.12

a) CHF 5000.– (Abschreibungen, Verkehrssteuer und Versicherung)

b) CHF 23.–/100 km

c) $\frac{5000 + 200 \cdot 23}{20000} = \frac{9600}{20000} = \text{CHF } -.48$

d) Das Auto kostet CHF 57.50 (250 km zu CHF 23.–/100 km; man muss hier nur mit den variablen Kosten rechnen, da die fixen Kosten unabhängig von dieser Fahrt sind). Das Auto ist also um CHF 61.50 billiger.

Aus der Fülle weiterer Überlegungen hier ein paar Beispiele:

- Pro Bahn: Umweltschutz, Stress des Autofahrens, höhere Unfallgefahr auf der Strasse, Parkplatzsuche in Bern
- Pro Auto: beliebige Abfahrtszeiten mit dem Auto, Möglichkeit des Transportes umfangreicher Unterlagen im Auto, evtl. muss in Zürich und/oder Bern noch das Tram benützt werden.

e) Bei dieser Kilometerzahl müssen die fixen Kosten durchschnittlich CHF –.27 je km betragen (die variablen betragen CHF –.23 je km).

$\frac{5000.–}{–.27} = 18519 \text{ km}$

35.13

a)

	Ertrag	95 • 100 • 24	228 000.–
./.	Variable Kosten	100 • 400	– 40 000.–
./.	Fixe Kosten		– 200 000.–
=	**Verlust**		**– 12 000.–**

b) $\frac{200\,000 + 40\,000 + 60\,000}{100 \cdot 24}$ = **125 Personen**

c)

	Zusatzertrag je Tag	50 • 24	1 200.–
./.	Variable Kosten je Tag		– 400.–
=	**Verbesserung des Betriebsergebnisses je Tag (zusätzlicher DB)**		**800.–**

d) $\frac{200\,000 + 40\,000}{100 \cdot 20}$ = **120 Personen**

35.14

a)

Verkaufspreis	CHF 160	100 %
./. Variable Kosten (Einstandspreis)	– CHF 120	– 75 %
= **Deckungsbeitrag DB-Marge**	**CHF 40**	**25 %**

b)

Nutzschwelle	$\frac{\text{Fixkosten}}{\text{DB/Stück}}$	$\frac{6\,000}{40}$	**150 Stück**

c)

Nutzschwelle	Menge • Verkaufspreis	150 Stück • 160/Stück	**CHF 24 000**

oder

Nutzschwelle	$\frac{\text{Fixkosten}}{\text{DB-Marge}}$	$\frac{6\,000}{25\,\%}$	**CHF 24 000**

d)

Mengenmässiges Gewinnziel

Gewinnziel	$\frac{\text{Fixkosten + Gewinn}}{\text{DB/Stück}}$	$\frac{6\,000 + 1\,000}{40}$	**175 Stück**

Wertmässiges Gewinnziel

Gewinnziel	Menge • Verkaufspreis	175 Stück • 160/Stück	**CHF 28 000**

oder

Gewinnziel	$\frac{\text{Fixkosten + Gewinn}}{\text{DB-Marge}}$	$\frac{6\,000 + 1\,000}{25\,\%}$	**CHF 28 000**

e)

Verkaufspreis	CHF 160
./. Gewinn (10 % des Verkaufspreises)	– CHF 16
./. Variable Kosten (Einstandspreis)	– CHF 120
= Deckungsbeitrag für Fixkosten	**CHF 24**

Nutzschwelle	$\frac{\text{Fixkosten}}{\text{DB}_{\text{fix}}\text{/Stück}}$	$\frac{6000}{24}$	**250 Stück**

35.15

a)

Anzahl Nächte	100 Betten • 240 Tage • 75 % Auslastung	**18 000 Nächte**

b)

Verkaufserlös	18 000 Nächte zu CHF 120/Nacht	2 160 000
./. Variable Kosten	18 000 Nächte zu CHF 30/Nacht	– 540 000
= Deckungsbeitrag	18 000 Nächte zu CHF 90/Nacht	**1 620 000**
./. Fixkosten		– 1 800 000
= Verlust		**– 180 000**

c)

Nutzschwelle	$\frac{\text{Fixkosten}}{\text{DB/Nacht}}$	$\frac{1\,800\,000}{90}$	**20 000 Nächte**

d)

DB/Nacht	$\frac{\text{Fixkosten}}{\text{Anzahl Nächte}}$	$\frac{1\,800\,000}{18\,000\text{ Nächte}}$	**CHF 100/Nacht**

Variable Kosten je Nacht	CHF 30
+ Deckungsbeitrag je Nacht	CHF 100
= Verkaufspreis je Nacht	**CHF 130**

e)

Gewinnziel	$\frac{\text{Fixkosten + Gewinn}}{\text{DB/Nacht}}$	$\frac{1\,668\,000 + 60\,000}{90}$	**19 200 Nächte**

Kapazität	24 000 Nächte	100 %
Kapazitätsauslastung	19 200 Nächte	**80 %**

35.16

	Nettoerlös	Variable Materialkosten	Variable Lohnkosten	DB-Marge	Produkt-fixkosten
Lärmdämmung für Motorhauben	100	40	20	40 %	20
Lärmdämmung für Türen	200	60	0	70 %	60

	Nettoerlös	Variable Materialkosten	Variable Lohnkosten	DB-Marge	Produkt-fixkosten
Frontairbags	800	200	400	25 %	80
Seitenairbags	1 000	400	200	40 %	120

Mehrstufige DB-Rechnung

	Lärmdämmung			Airbags			Unter-nehmung
	Motor-hauben	Türen	Sparte	Front-airbags	Seiten-airbags	Sparte	
Nettoerlös	100	200	300	800	1 000	1 800	2 100
./. Variable Materialkosten	– 40	– 60	– 100	– 200	– 400	– 600	– 700
./. Variable Lohnkosten	– 20	0	– 20	– 400	– 200	– 600	– 620
= DB I	**40**	**140**	**180**	**200**	**400**	**600**	**780**
./. Produktfixkosten	– 20	– 60	– 80	– 80	– 120	– 200	– 280
= DB II	**20**	**80**	**100**	**120**	**280**	**400**	**500**
./. Spartenfixkosten			– 120			– 100	– 220
= DB III			**– 20**			**300**	**280**
./. Unternehmensfixkosten							– 200
= Gewinn							**80**

35.17

a) 40 %

b) $\frac{48\,000 \cdot 100\,\%}{40\,\%}$ = CHF 120 000.–

c) $\frac{50\,000 \cdot 100}{33^{1}/_{3}}$ = CHF 150 000.– (neue Nutzschwelle)

Die Umsatzsteigerung beträgt CHF 30 000.–. Das sind 25 %.

d) $\frac{50\,000}{2}$ = 25 000 Stück

e) Die variablen Kosten von CHF 6.–/Stück sind die Preisuntergrenze für einen Zusatzauftrag.

35.18

a) Der Nettoerlös beträgt in der Ausgangslage CHF 2 000 000.–. Bei einem Nettoerlös von CHF 2 100 000.– wäre die Nutzschwelle erreicht. Dazu müssten die Verkaufspreise um CHF 100 000.–, d. h. um 5 %, erhöht werden.

b) Die Bruttogewinnmarge beträgt in der Ausgangslage 20 % des Nettoerlöses. Um bei gleicher Marge den Verlust von CHF 100 000.– zu decken, müsste ein Mehrumsatz von CHF 500 000.–, d. h. 25 % mehr als CHF 2 000 000.–, erzielt werden.

35.19

a)

	Verkaufserlös	1 600 000.–
./.	Variable Kosten (Einzelmaterial)	– 800 000.–
=	**Deckungsbeitrag**	**800 000.–**
./.	Fixkosten	– 880 000.–
=	**Verlust**	**– 80 000.–**

b) $\frac{880000}{40} = 22000$ Stück; Umsatz = CHF 1 760 000.–

c) $\frac{861000}{41} = 21000$ Stück; Umsatz = CHF 1 680 000.–

35.20

a) $\frac{9000}{2 - 0.50} = \frac{9000}{1.50} = 6000$ Stück; bei 6 000 Stück sind beide Varianten gleich teuer. Ab 6 001 Stück ist Variante 2 günstiger.

b) Arbeitslosigkeit der Heimarbeiter, keine Entlassung von Mitarbeitern

35.21

a) CHF 300 000.–

b) CHF 1 200 000.–

		Vorher	Erhöhung 20 %	Nachher
Nettoerlös	100 %	1 000 000	200 000	1 200 000
Variable Kosten	50 %	500 000	100 000	600 000
Fixe Kosten		300 000	0	300 000
Gesamtkosten		800 000	100 000	900 000

35.22

a)

	Fixkosten pro Jahr	CHF 10000.–
+	Variable Kosten für 20000 km	CHF 5000.–
=	Gesamtkosten für 20000 km	CHF 15000.–

Die durchschnittlichen jährlichen Kosten betragen CHF 15000.–: 20000 km = **75 Rappen/km**.

b) Für diese Make-or-buy-Überlegung (Leistung selbst erstellen oder einkaufen) dürfen kurzfristig nur die variablen Kosten berücksichtigt werden, da die Fixkosten unabhängig vom Entscheid sowieso anfallen:

	Kosten für Bahnfahrt	CHF 70.–
./.	Variable Kosten für Autofahrt (160 km • CHF 25/100 km)	– CHF 40.–
=	Differenz zugunsten des Autos	CHF 30.–

c) Für das Auto sprechen ausserdem: Es lassen sich leicht noch Dokumente oder Waren transportieren. Der Weg zum und vom Bahnhof entfällt. Man ist nicht an einen festen Fahrplan gebunden.

Für die Bahn sprechen: Die Bahn ist energiesparender, umweltfreundlicher. Die Unfallgefahr mit der Bahn ist geringer. Während der Bahnfahrt lassen sich noch Büroarbeiten erledigen. Eine allfällige Parkplatzsuche am Zielort entfällt.

35.23

a)

	Wasser	Cola	Bier
Zeitbedarf pro Ausschank inkl. Einkassieren	30 Sekunden	60 Sekunden	90 Sekunden
Verkaufspreis je Becher	3.–	4.–	5.–
Einstandspreis je Becher	–.30	–.50	1.–
Deckungsbeitrag je Becher	2.70	3.50	4.–
Deckungsbeitrag je Stunde	324.–	210.–	160.–

b) Der Deckungsbeitrag für eine Kombination von 5 Wasser, 3 Cola und 1 Bier beträgt CHF 28.– (13.50 + 10.50 + 4.–)

Die Nutzschwelle wird erreicht, wenn alle Fixkosten gedeckt sind: CHF 840.– : 28.– = 30 Kombinationen. Daraus ergeben sich folgende Mengen:

- 150 Wasser
- 90 Cola
- 30 Bier

c) Bei Unterbeschäftigung sind die Produkte mit hohem Deckungsbeitrag pro Becher zu favorisieren, bei Überbeschäftigung jene mit hohem Deckungsbeitrag je Stunde (Engpassfaktor):

Rangfolge bei Unterbeschäftigung	3. Wasser	2. Cola	1. Bier
Rangfolge bei Überbeschäftigung	1. Wasser	2. Cola	3. Bier

d)

	Cola	Bier
Normaler Verkaufspreis je Becher	CHF 4.–	CHF 5.–
+ Opportunitätskosten	CHF 1.90①	CHF 4.10②
= (Theoretischer) Verkaufspreis in Spitzenzeiten	CHF 5.90	CHF 9.10

① Gleichzeitig können entweder 2 Wasser oder 1 Cola verkauft werden:

Deckungsbeitrag für 2 Wasser (2 Becher zu CHF 2.70)	CHF 5.40
./. Deckungsbeitrag für 1 Cola	– CHF 3.50
= Entgangener Deckungsbeitrag (Opportunitätskosten)	CHF 1.90

② Gleichzeitig können entweder 3 Wasser oder 1 Bier verkauft werden:

Deckungsbeitrag für 3 Wasser (3 Becher zu CHF 2.70)	CHF 8.10
./. Deckungsbeitrag für 1 Bier	– CHF 4.–
= Entgangener Deckungsbeitrag (Opportunitätskosten)	CHF 4.10

35.24

a)

Nutzschwelle (Gewinn = 0)	$\frac{\text{Fixkosten}}{\text{DB/Stück}}$	$\frac{100\,000}{15 - 10}$	$\frac{100\,000}{5}$	**20000 Stück**

Der entsprechende Umsatz ergibt sich durch Multiplikation der Menge mit dem Verkaufspreis: 20000 Stück • CHF 15/Stück = CHF **300000.–.**

b)

Menge bei Gewinn von CHF 75000	$\frac{\text{Fixkosten + Gewinn}}{\text{DB/Stück}}$	$\frac{100\,000 + 75\,000}{15 - 10}$	$\frac{175\,000}{5}$	**35000 Stück**

Der entsprechende Umsatz ergibt sich durch Multiplikation der Menge mit dem Verkaufspreis: 35000 Stück • CHF 15/Stück = CHF **5250000.–.**

c)

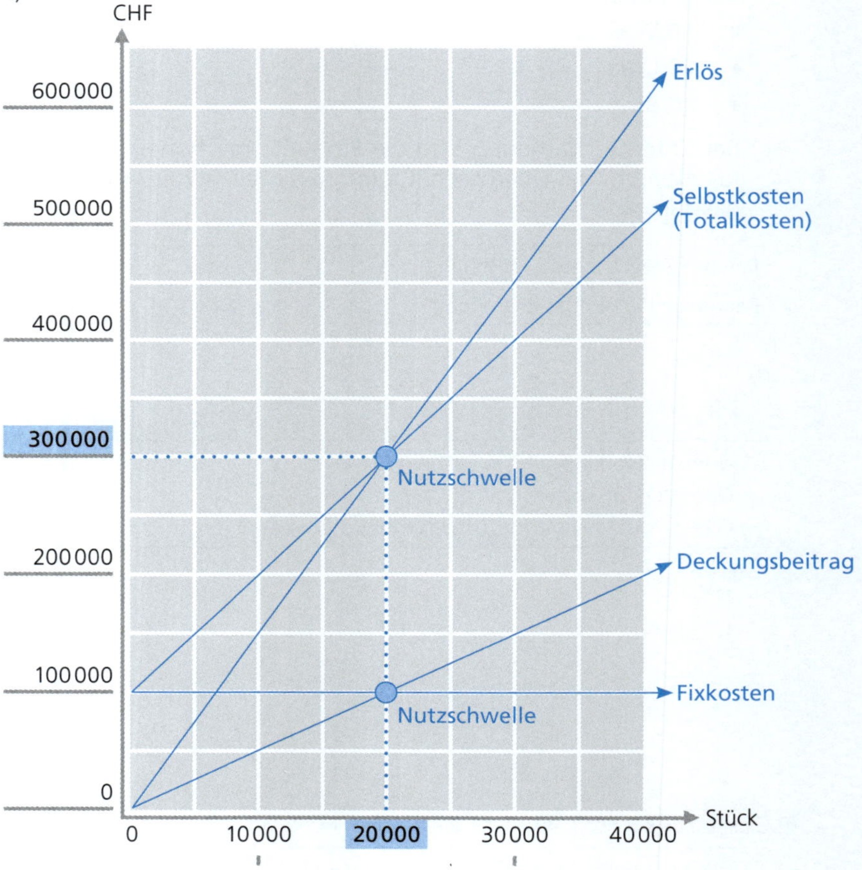

d)

Benötigter DB/Stück für Nutzschwelle	$\frac{\text{Fixkosten}}{\text{Absatzmenge}}$	$\frac{\text{CHF } 100\,000}{25\,000 \text{ Stück}}$	**CHF 4.–/Stück**

	Verkaufspreis	CHF 15.–
./.	Benötigter DB	– CHF 4.–
=	Einkaufspreis	CHF 11.–

Wenn der Einkaufspreis von USD 10.–/Stück zu einem **Wechselkurs von CHF 1.10/USD** umgerechnet wird, ergibt sich ein Einkaufspreis von CHF 11.–/Stück.

35.25

Nettoerlös (Umsatz)	150 000	100 %
./. Variable Kosten	– 80 000	– 60 %
= **Deckungsbeitrag**	**60 000**	**40 %**
./. Fixkosten	– 80 000	
= **Verlust**	**– 20 000**	

a)

Break-even	$\frac{\text{Fixkosten}}{\text{DB-Marge}}$	$\frac{80\,000}{40\,\%}$	**CHF 200 000**

b)

Gewinnziel	$\frac{\text{Fixkosten + Gewinn}}{\text{DB-Marge}}$	$\frac{110\,000}{40\,\%}$	**CHF 275 000**

c)

Nettoerlös (Umsatz)	150 000 • 95 % • 120 %	171 000
./. Variable Kosten	90 000 • 120 %	– 108 000
= **Deckungsbeitrag**		**63 000**
./. Fixkosten	80 000 + 10 000	– 90 000
= **Verlust**		**– 27 000**

Der Verlust erhöht sich um CHF 7 000, weshalb sich die Massnahmen nicht lohnen.

35.26

a)

	Zwetschgen	Aprikosen	Äpfel
Erwartete Absatzmenge (Verkaufspotenzial)	6 000 kg	8 000 kg	12 000 kg
Verkaufserlös je 100 kg Frischobst in CHF	400	500	200
Variable Kosten je 100 kg Frischobst in CHF	230	350	80
Dörrzeit in Stunden für 100 kg Frischobst	10 h	5 h	3 h
Deckungsbeitrag je 100 kg Frischobst in CHF	170	150	120
Deckungsbeitrag je Stunde in CHF	17	30	40

b)

Reihenfolge der Früchte	Produktionsmenge in Kilogramm	Benötigte Kapazität in Stunden	Deckungsbeitrag
1. Äpfel (weil höchster DB je h)	12 000 kg	360 h	CHF 14 400
2. Aprikosen (weil zweithöchster DB je h)	8 000 kg	400 h	CHF 12 000
3. Zwetschgen (weil geringster DB je h)	2 400 kg	240 h	CHF 4 080
Total	–	1 000 h	CHF 30 480

35.27

a)

	Fixkosten total	800 000
./.	Deckungsbeitrag Produkt Q (100 000 Stück • CHF 5/Stück)	– 500 000
=	Durch Produkt P zu deckende Fixkosten	300 000

Break-even-Ziel	$\frac{\text{Fixkosten}}{\text{DB/Stück}}$	$\frac{300\,000}{20}$	**15 000 Stück**

b)

	Fixkosten total	800 000
./.	Deckungsbeitrag Produkt P (30 000 Stück • CHF 20/Stück)	– 600 000
=	Durch Produkt Q zu deckende Fixkosten	200 000

Gewinnziel	$\frac{\text{Fixkosten + Gewinn}}{\text{DB-Marge}}$	$\frac{200\,000 + 50\,000}{12{,}5\,\%}$	**CHF 2 000 000**

oder

Gewinnziel	$\frac{\text{Fixkosten + Gewinn}}{\text{DB/Stück}}$	$\frac{200\,000 + 50\,000}{5}$	50 000 Stück

Umsatz für Q = 50 000 Stück • CHF 40/Stück = CHF 2 000 000

c) Produkt Q ist zu favorisieren, weil der Deckungsbeitrag je Minute Fertigung (dem Engpass) höher ist als beim Produkt P.
(DB/Minute für Q = CHF 5.–, DB/Minute für P = CHF 2.–)

d) Verkaufspreis = CHF 80.–
(variable Kosten P 30 + verdrängte DB Q 50)

35.28

a)

Gewinnschwelle	$\frac{\text{Fixkosten}}{\text{DB-Marge}}$	$\frac{120\,000}{33{,}33\,\%}$	360 000

b)

Gewinn CHF 2/Stück	$\frac{\text{Fixkosten}}{\text{DB nach Gewinn je Stück}}$	$\frac{120\,000}{10 - 2}$	15 000 Stück

c)

Gewinnschwelle	$\frac{\text{Fixkosten}}{\text{DB je Stück}}$	$\frac{144\,000}{9}$	16 000 Stück

	Umsatz gemäss Teilaufgabe c)	16 000 Stück	
./.	Umsatz gemäss Teilaufgabe a)	12 000 Stück	100 %
=	Umsatzsteigerung	4 000 Stück	33 %

c) Die variablen Kosten von CHF 20.– stellen die kurzfristige Preisuntergrenze dar.

35.29

Teilaufgabe 1

Betriebsabrechnungsbogen

	Kostenartenrechnung			Kostenstellenrechnung					Kostenträgerrechnung		
	Aufwand/ Ertrag	Abgrenzungen	Kosten/ Leistung	Schiff	Reiseleitung	Küche	Zimmer/ Dienste	Administration	Kabine	Restaurant	Ausflüge
Personal	480	120	600	120	60	300	90	30			
Treibstoff	620	–	620	620							
Hafengebühren	520	–	520	390	130						
Trockendock	–	150	150	150							
Verpflegung	580	–	580							580	
Schiffsmiete	530	–	530	530							
Schiffsreparaturen	240	50	290	290							
Verwaltung	310	– 90	220					220			
Total	**3 280**	**230**	**3 510**	**2 100**	**190**	**300**	**90**	**250**	**0**	**580**	**0**
Umlage Vorkostenstelle Schiff				– 2 100	35	245	1 750	70			
Total nach Umlage Vorkostenstelle Schiff				0	225	545	1 840	320	0	580	0
Umlage Reiseleitung					– 225						225
Umlage Küche						– 545			5	540	
Umlage Zimmer/ Zimmerdienste							– 1 840		1 800	40	
Umlage Administration								– 320	193	98	29
Selbstkosten									**1 998**	**1 258**	**254**
Erlös	– 3 200		– 3 200						– 1 930	– 980	– 290
Erfolg (+ = Verlust / – = Gewinn)	80	230	310	0	0	0	0	0	68	278	– 36

Berechnung Umlage Schiff

Kostenstelle	Anzahl m³	Äquivalenzziffer	m³ gewichtet	Betrag
Reiseleitung	500	1	500	35
Küche	3 500	1	3 500	245
Zimmerservice	12 500	2	25 000	1 750
Administration	1 000	1	1 000	70
Total	17 500		30 000	2 100

Teilaufgabe 2

Fixe und variable Kosten

	Kostenverhalten	Kosten in CHF pro Woche Fahrt mit 200 Passagieren	Kosten in CHF pro Woche Stillstand
Personalkosten	fix	40 000	40 000
Treibstoffkosten	–	35 000	14 000
Hafengebühren	–	35 000	7 000
Trockendock	fix	15 000	15 000
Verpflegungskosten	variabel	21 000	0
Schiffsmiete	fix	50 000	50 000
Schiffsreparaturen	fix	10 000	10 000
Verwaltungskosten	fix	12 000	12 000
Total Kosten	–	**218 000**	**148 000**

Treibstoff

2 Fahrtentage	= 2 × 36,0 t à 250.–	= 18 000.–
5 Hafentage	= 5 × 13,6 t à 250.–	= 17 000.–
Treibstoffverbrauch pro Kreuzfahrtwoche		35 000.–
Woche Stillstand = 7 × 8,0 t à 250.–		= 14 000.–

Hafengebühren

5 Hafentage	= 5 × 7000.–	= 35 000.–
Woche Stillstand = 7 × 1000.–		= 7 000.–

Teilaufgabe 3

Deckungsbeitragsrechnung

a) Fixkosten Fahrtwoche : Deckungsbeitrag pro Passagier
230000 : 1260 = 182.54
183 Passagiere

b) Fixkosten Fahrtwoche + Gewinn 20000 = 250000
Fixkosten + Gewinn : Deckungsbeitrag pro Passagier
250000 : 1260 = 198.41
199 Passagiere

c) Differenzkosten (Stillstand 160000 – Fahrt 230000) = 70000

	Verkaufspreis pro Passagier (pro Woche)	1400
./.	Verpflegung pro Woche (7×20)	– 140
=	**Deckungsbeitrag**	**1260**
+	Annullationsentschädigung	+ 100
=	Differenzbetrag pro Woche pro Passagier	1360

Differenzkosten pro Woche : Differenzbetrag pro Passagier
70000 : 1360 = 51.47
52 Passagiere

d)

Anzahl zusätzliche Passagiere	Lastminute AG	Provisions AG	Priorität für
50	50 × 800 – 7000 = 33000	(50 × 900) × 80 % = 36000	Provisions AG
75	75 × 800 – 7000 = 53000	(75 × 900) × 80 % = 54000	Provisions AG
100	100 × 800 – 7000 = 73000	(100 × 900) × 80 % = 72000	Lastminute AG

Normalkostenrechnung

36.01

a) **Betriebsabrechnungsbogen**

	Kostenartenrechnung	Kostenstellenrechnung				Kostenträgerrechnung		
		Gebäude	Material	Fertigung	Verwaltung/ Vertrieb	Produkt A	Produkt B	Total
Einzelmaterial	850					550	300	850
Einzellöhne	680					480	200	680
Übriges Material	140	30	10	60	40			
Übrige Löhne	615	90	70	110	345			
Zinsen	260	100	20	80	60			
Abschreibungen	410	70	30	220	90			
Sonstiges	360	40	20	180	120			
Total Kosten	**3 315**	**330**	**150**	**650**	**655**	**1 030**	**500**	**1 530**
Umlage Vorkostenstelle Gebäude		– 320	40	200	80			
Total Kosten nach Umlage Vorkostenstelle	**3 315**	**10**	**190**	**850**	**735**	**1 030**	**500**	**1 530**
Umlage Material-GK			– 170			110	60	170
Umlage Fertigungs-GK				– 820		520	300	820
Kalkulierte Herstellkosten der Produktion						**1 660**	**860**	**2 520**
Bestandesänderungen Produkt B	– 86					0	– 86	– 86
Kalkulierte Herstellkosten verkaufte Erzeugnisse						**1 660**	**774**	**2 434**
Umlage Verwaltungs- und Vertriebs-GK					– 730	498	232	730
Kalkulierte Selbstkosten						**2 158**	**1 006**	**3 164**
Erlöse	– 3 450					– 2 100	– 1 350	– 3 450
Erfolg bzw. Deckungsdifferenzen	**– 221**	**10**	**20**	**30**	**5**	**58**	**– 344**	**– 286**

b) Diese Unterdeckung bei der Materialstelle kann verschiedene Ursachen haben, denen in der Praxis im Einzelnen nachgegangen werden muss:

- Entweder sind die Ist-Kosten höher als geplant, weil die verbrauchten **Mengen** zu hoch sind (z. B. hat diese Stelle mehr Hilfsmaterial verbraucht als geplant) oder die **Preise** gestiegen sind (z. B. sind die Löhne an dieser Stelle höher als geplant oder das verbrauchte Hilfsmaterial ist gegenüber der Planung teurer geworden).
- Oder dann ist die effektive **Beschäftigungshöhe** tiefer als die geplante (so genannte Unterbeschäftigung), sodass zu wenig Normalkosten auf die Kostenträger weiterverrechnet werden. (Die Umlage der Materialgemeinkosten erfolgt in diesem Betrieb proportional zum Einzelmaterialverbrauch. Wenn bei einer Unterbeschäftigung weniger Produkte hergestellt werden und damit weniger Einzelmaterial verbraucht wird, so werden auch weniger Materialgemeinkosten umgelegt, sodass sich eine Unterdeckung ergibt.)

In Aufgabe 36.03 wird ausführlicher auf die Abweichungsanalyse eingegangen.

36.02

Absatz-Erfolgsrechnung

	Verkaufserlös	3 450
./.	Kalkulierte Herstellkosten der verkauften Erzeugnisse	−2 434
./.	Kalkulierte Verwaltungs- und Vertriebs-GK	− 730
=	**Kalkulierter Gewinn**	**286**
./.	Unterdeckungen (10 + 20 + 30 + 5)	− 65
=	**Effektiver Gewinn (Ist)**	**221**

Produktions-Erfolgsrechnung

	Verkaufserlös	3 450
+	Bestandeszunahme Produkt B zu kalkulierten Herstellkosten	86
=	**Produktionsertrag**	**3 536**
./.	Kalkulierte Herstellkosten der Produktion	−2 520
./.	Kalkulierte Verwaltungs- und Vertriebs-GK	− 730
=	**Kalkulierter Gewinn**	**286**
./.	Unterdeckungen (10 + 20 + 30 + 5)	− 65
=	**Effektiver Gewinn (Ist)**	**221**

36.03

a) $\text{Normalkostensatz} = \frac{\text{geplante Kosten}}{\text{geplante Schulstunden}} = \frac{\text{CHF 4 000 000.–}}{\text{1 000 000 Std.}} = $ **CHF 4.–/Stunde**

b)

	Ist-Kosten	4 037 000
./.	Umlage zu Normalkosten (800 000 Stunden zu CHF 4.–/Std.)	− 3 200 000
=	**Unterdeckung**	**837 000**

c) Es wurde weniger Unterricht erteilt, weil mangels Nachfrage nicht alle Kurse durchgeführt werden konnten. Die Gründe für diesen Einbruch bei den verkauften Kursen müssen von der Schulleitung sorgfältig untersucht werden. Mögliche Gründe für den Absatzrückgang sind zum Beispiel: abnehmende Qualität des eigenen Angebots, verstärkte Konkurrenz anderer Schulen, verändertes Konsumverhalten der Kundschaft.

d) Die Kostenüberschreitung bei der Energie ist eine so genannte Verbrauchsabweichung, die entweder durch veränderte Preise oder Mengen verursacht wurde:

Preisabweichung: Die verbrauchte Energie ist teurer als geplant (z. B. höhere Erdöl- und Strompreise auf dem Weltmarkt oder ungünstige Lieferantenwahl durch den Verwaltungschef).

Mengenabweichung: Die Menge der verbrauchten Energie war höher als geplant (z. B. weil der Winter überdurchschnittlich kalt war oder die Steuerung der Heiz- und Klimaanlage nicht richtig funktionierte).

e) Für die Überschreitung des Energiekostenbudgets ist der Verwaltungschef dann nicht verantwortlich, wenn die Mengenabweichung auf einen kalten Winter oder heissen Sommer und die Preisabweichung auf allgemein gestiegene Energiebeschaffungskosten zurückzuführen sind.

Die Hauptursache für die grosse Unterdeckung liegt aber in der gegenüber dem Budget um 20 % geringeren **Beschäftigung** (so genannte Volumenabweichung), und hier muss die Schulleitung Verantwortung übernehmen, nicht der Verwaltungschef. Durch die geringere Beschäftigung wurden den Kostenträgern 200 000 Stunden zu CHF 4.– (also CHF 800 000.–) weniger verrechnet als geplant.

In diesem Extrembeispiel kommt das Hauptproblem der starren Planung mit Normalkosten zum Vorschein: Wenn die Beschäftigungshöhe nicht richtig geplant wird, entstehen grosse Deckungsdifferenzen. Diese sind umso höher, je grösser der Anteil der Fixkosten an einer Kostenstelle ist. (Hier im Beispiel der Schulräume sind fast alle Kosten fix.)

Hätte man bei der Budgetierung zum Voraus um den Beschäftigungsrückgang gewusst und deshalb mit einer Beschäftigungshöhe von 800000 Schulstunden gerechnet, wäre der Normalkostensatz bei CHF 5.–/Stunde festgelegt worden. Die Umlage auf die Kostenträger hätte dann CHF 4000000.– betragen (800000 Stunden zu CHF 5.–/Std.), sodass eine Unterdeckung von nur CHF 37000.– resultiert hätte.

36.04

Richtig sind: b, c, g, n, o, p und r.

Erklärungen zu den falschen Auswahlantworten:

a) Die Gesamtkosten betragen 1400.

d) Die Einzellöhne betragen 110.

e) Die Material-Gemeinkosten betragen 63 (das ist das Total der Kostenstelle Material). Das Gemeinkostenmaterial (Hilfs- und Betriebsstoffe) beträgt 10 (200 Materialkosten abzüglich 190 Einzelmaterial).

f) 600 sind der *Verbrauch* an Handelswaren, nicht der Einkauf.

h) 630 sind die kalkulierten *Selbstkosten*.

i) Das ist eine Zunahme von 30.

k) 236 sind die Fertigungs-Gemeinkosten. Die gesamten Fertigungskosten betragen 346 (110 + 236).

l) Überdeckungen entstehen durch Überbeschäftigung.

m) 570 sind die *kalkulierten* Herstellkosten der Produktion.

q) Verlust von 12.

36.05

a) Diese Frage kann aufgrund der Finanzbuchhaltung nicht beantwortet werden. Deshalb muss zuerst unter Aufgabe b) eine Betriebsabrechnung erstellt werden. Diese zeigt, dass bei den Segelyachten ein Gewinn und bei den Motorbooten ein Verlust erwirtschaftet wird.

b) Siehe Betriebsabrechnungsbogen

c) und d) siehe nächste Seite

Betriebsabrechnungsbogen

	Kostenartenrechnung			Kostenstellenrechnung					Kostenträgerrechnung	
	Aufwand/ Ertrag	Sachliche Abgrenzung	Kosten/ Leistung	Gebäude	Lager	Fertigung 1	Fertigung 2	Verwaltung/ Vertrieb	Segel-yachten	Motorboote
Rohmaterial	1800	300	2100						600	1500
Löhne	2800		2800	100	120	1240	940	400		
Sozialleistungen	550	10	560	20	24	248	188	80		
Abschreibungen	1200	– 185	1015	200	40	450	300	25		
Übriges	1000		1000	10	20	730	180	60		
Total	**7350**	**125**	**7475**	**330**	**204**	**2668**	**1608**	**565**	**600**	**1500**
Umlage Vorkostenstelle Gebäude				– 330	40	160	80	50		
Total nach Umlage Vorkostenstelle	**7350**	**125**	**7475**	**0**	**244**	**2828**	**1688**	**615**	**600**	**1500**
Umlage Rohmateriallager					– 210				60	150
Umlage Fertigung 1						– 3000			500	2500
Umlage Fertigung 2							– 1800		600	1200
Herstellkosten der Produktion									**1760**	**5350**
Bestandesänderung unfertige Boote	– 55	– 55	– 110						240	– 350
Herstellkosten der verkauften Boote									**2000**	**5000**
Umlage Verwaltung und Vertrieb								– 350	100	250
Selbstkosten									**2100**	**5250**
Verkaufserlöse	– 8000		– 8000						– 4000	– 4000
Erfolg bzw. Deckungsdifferenzen	**– 705**	**70**	**– 635**	**0**	**34**	**– 172**	**– 112**	**265**	**– 1900**	**1250**

Absatz-Erfolgsrechnung

		Yachten	Boote	Total
	Verkaufserlös	4000	4000	8000
./.	Kalkulierte Herstellkosten der verkauften Produkte	– 2000	– 5000	– 7000
./.	Kalkulierte Verwaltungs- und Vertriebs-Gemeinkosten	– 100	– 250	– 350
=	**Kalkulierter Betriebsgewinn**	**1900**	**– 1250**	**650**
±	Deckungsdifferenzen (– 34 + 172 + 112 – 265)			– 15
=	**Effektiver Betriebsgewinn laut BEBU**			**635**
±	Sachliche Abgrenzungen (– 300 – 10 + 185 + 55)			70
=	**Betriebsgewinn gemäss BEBU**			**705**
+	Wertschriftengewinn			200
=	**Unternehmensgewinn**			**905**

Produktions-Erfolgsrechnung

		Yachten	Boote	Total
	Verkaufserlös	4000	4000	8000
±	Bestandsänderungen zu kalkulierten Herstellkosten	– 240	350	110
=	**Kalkulierter Produktionsertrag**	**3760**	**4350**	**8110**
./.	Kalkulierte Herstellkosten der produzierten Produkte	– 1760	– 5350	– 7110
./.	Kalkulierte Verwaltungs- und Vertriebs-Gemeinkosten	– 100	– 250	– 350
=	**Kalkulierter Betriebsgewinn**	**1900**	**– 1250**	**650**

Kontrolle: Der Unternehmungsgewinn gemäss provisorischer Erfolgsrechnung der FIBU beträgt 850. Zählt man die im provisorischen Abschluss der FIBU noch nicht erfasste Zunahme der unfertigen Boote von 55 hinzu, erhält man den in den obigen Absatz- und Produktions-Erfolgsrechnungen ausgewiesenen definitiven Unternehmungsgewinn von 905.

Hinweise: Die beiden Erfolgsrechnungen unterscheiden sich nur bis zum kalkulierten Betriebsgewinn; die folgenden drei Stufen sind identisch. Bei der Produktions-Erfolgsrechnung wurde in dieser Lösung der in der Praxis bevorzugte Kostenträgertyp gewählt.

d) Kostensenkungsmassnahmen (Probleme: Wo sollen Kosten eingespart werden? Wenn z. B. günstigere Materialien verwendet werden, nimmt die Qualität der Boote ab. Wenn weniger Löhne bezahlt werden, ist mit dem Abgang von qualifizierten Mitarbeitern zu rechnen. Die fixen Anlagekosten können nicht abgebaut werden.)

Erhöhung der Verkaufspreise für Motorboote (Problem: Können die Motorboote dann noch verkauft werden?)

Einstellung des Motorbootbaus (Probleme: Fixkosten bleiben bestehen. Verlust von Synergien.)

36.06

Berechnung der kalkulatorischen Abschreibungen und Zinsen

Kostenstelle	Anschaffungs-wert (in TCHF)	Durchschnittliche Nutzungsdauer	Kalkulatorische Abschreibungen	Kalkulatorische Zinsen
Gebäude	6000	40 Jahre	150	300
Einkauf	100	5 Jahre	20	5
Schneiderei	1000	8 Jahre	125	50
Finish	300	10 Jahre	30	15
Verwaltung	400	10 Jahre	40	20
Total	**7800**	–	365	390

Produktions-Erfolgsrechnung

		Rucksäcke	Zelte	Total
	Kalkulierter Nettoerlös	3456	1536	4992
+/–	Bestandesänderungen unfertige Erzeugnisse	– 8	– 2	– 10
+/–	Bestandesänderungen fertige Erzeugnisse	30	– 64	– 34
=	**Kalkulierter Produktionsertrag**	3478	1470	4948
./.	Kalkulierte Herstellkosten der Produktion	– 2722	– 1214	– 3936
=	**Kalkulierter Bruttogewinn**	756	256	1012
./.	Kalkulierte Verwaltungs-Gemeinkosten	– 540	– 192	– 732
=	**Kalkulierter Gewinn gemäss BEBU**	216	64	280
+/–	Deckungsdifferenzen			– 32
=	**Ist-Gewinn gemäss BEBU**			248
+/–	Sachliche Abgrenzungen			192
=	**Betriebsgewinn gemäss FIBU**			440

Absatz-Erfolgsrechnung (Ausschnitt)

		Rucksäcke	Zelte	Total
	Kalkulierter Nettoerlös	3456	1536	4992
./.	Kalkulierte Herstellkosten verkaufte Erzeugnisse	– 2700	– 1280	– 3980
=	**Kalkulierter Bruttogewinn**	756	256	1012
./.	Kalkulierte Verwaltungs-Gemeinkosten	– 540	– 192	– 732
=	**Kalkulierter Gewinn gemäss BEBU**	216	64	280

Betriebsabrechnungsbogen

	Kostenartenrechnung			Kostenstellenrechnung					Kostenträger-rechnung	
	Aufwand/ Ertrag	Sachliche Abgrenzung	Kosten/ Leistung	Gebäude	Einkauf	Schneiderei	Finish	Verwaltung	Rucksäcke	Zelte
Einzelmaterial①	1620	– 10	1610						1070	540
Personalkosten	2020	– 10	2010	70	100	710	605	525		
Abschreibungen	400	– 35	365	150	20	125	30	40		
Zinsen	160	+ 230	390	300	5	50	15	20		
Übriges	325	–	325	80	15	35	110	85		
Total	**4525**	**+ 175**	**4700**	**600**	**140**	**920**	**760**	**670**	**1070**	**540**
Umlage Gebäude				– 600	25	400	100	75		
Umlage Einkauf					– 161				107	54
Umlage Schneiderei						– 1296			999	297
Umlage Finish							– 869		546	323
Herstellkosten Produktion									**2722**	**1214**
Bestandesänderung unfertige Erzeugnisse	8	2	10						8	2
Herstellkosten fertige Erzeugnisse									**2730**	**1216**
Bestandesänderung fertige Erzeugnisse	27	7	34						– 30	64
Herstellkosten verkaufte Erzeugnisse									**2700**	**1280**
Umlage Verwaltung								– 732	540	192
Selbstkosten									**3240**	**1472**
Nettoerlöse	– 5000	+ 8	– 4992						– 3456	– 1536
Salden	**– 440**	**+ 192**	**– 248**	**0**	**4**	**24**	**– 9**	**13**	**– 216**	**– 64**
Bezeichnung der Salden	Gewinn gemäss FIBU	Total sachliche Abgrenzung	Effektiver Gewinn gemäss BEBU	Keine Deckungs-differenz	Unter-deckung	Unter-deckung	Über-deckung	Unter-deckung	Kalkulierter Gewinn	Kalkulierter Gewinn

①

	Einzelmaterialeinkauf	1660	
./.	Einzelmaterialverbrauch = Kosten (1070 + 540)	– 1610	
=	Zunahme Materialvorrat effektiv	50	100%
	Zunahme Materialvorrat FIBU	40	80%

36.07

a)

Betriebsabrechnungsbogen

	Kostenartenrechnung			Kostenstellenrechnung			Kostenträger-rechnung	
	FIBU	Abgren-zung	BEBU	Material-stellen	Fertigung	Verw./Vertrieb	Bügel-eisen	Kaffee-maschinen
Einzelmaterial	350	0	350				150	200
Personal	192	0	192	20	100	72		
Abschreibungen	77	3	80	10	50	20		
Übriges	130	0	130	10	70	50		
Total	**749**	**3**	**752**	**40**	**220**	**142**	**150**	**200**
Umlage Materialstellen				– 35			15	20
Umlage Fertigungsstelle					– 210		80	130
HK der Produktion							**245**	**350**
BÄ unfertige Erzeugnisse	– 9	0	– 9				– 15	6
HK fertige Erzeugnisse							**230**	**356**
BÄ fertige Erzeugnisse	14	0	14				10	4
HK Verkauf							**240**	**360**
Verwaltg.- u. Vertriebs-GK						– 150	60	90
Selbstkosten							**300**	**450**
Fakturierte Erlöse	– 800	0	– 800				– 300	– 500
Erlösminderungen	14	2	16				6	10
Salden	**– 32**	**5**	**– 27**	**5**	**10**	**– 8**	**6**	**– 40**

b)

Absatz-Erfolgsrechnung in CHF 1000.–

	Bügeleisen	Kaffee-maschinen	Total
Fakturierte Erlöse	300	500	800
./. Erlösminderungen	– 6	– 10	– 16
= Normal-Nettoerlös	**294**	**490**	**784**
./. Normal-Herstellkosten verkaufte Produkte	– 240	– 360	– 600
= Normal-Bruttogewinn	**54**	**130**	**184**
./. Normal-Verwaltungs- und Vertriebs-Gemeinkosten	– 60	– 90	– 150
= Normal-Erfolg (kalkulierter Erfolg)	**– 6**	**40**	**34**
./. Deckungsdifferenzen			– 7
= Ist-Gewinn BEBU			**27**
+ Sachliche Abgrenzungen			5
= Betriebsgewinn FIBU			**32**

c)

Einzelkalkulation

	Einzelmaterial		200
+	Material-Gemeinkosten	10 % von 200	20
+	Fertigungs-Gemeinkosten	0,8 h • 100/h	80
=	**Herstellkosten**		**300**
+	Verwaltungs- und Vertriebs-GK	25 % von 300	75
=	**Selbstkosten**		**375**

36.08

a)

Betriebsabrechnungsbogen in CHF 1000.–

	Kostenartenrechnung			Kostenstellenrechnung				Kostenträger-rechnung	
	FIBU	Abgren-zung	BEBU	Gebäude	Material-stellen	Ferti-gung	Verw./ Vertrieb	Fritteusen	Toaster
Einzelmaterial	500	0	500					200	300
Personalkosten	430	10	440	15	35	250	140		
Abschreibungen	150	– 15	135	20	10	70	35		
Übrige Gemeinkosten	180	20	200	15	50	65	70		
Total	**1 260**	15	1 275	50	95	385	245	200	300
Umlage Vorkostenstelle				– 50	10	25	15		
Total Hauptkostenstellen					105	410	260		
Verrechnung Material-GK					– 100			40	60
Verrechnung Fertig.-GK						– 400		180	220
HK der Produktion								420	580
BÄ unfertige Erzeugnisse	10	0	10					20	– 10
HK fertige Erzeugnisse								440	570
BÄ fertige Erzeugnisse	– 10	0	– 10					– 40	30
HK verkaufte Erzeugnisse								400	600
Verrechnung VV-GK							– 250	100	150
Selbstkosten								500	750
Verkaufserlöse	– 1 300	0	– 1 300					– 600	– 700
Salden	– 40	15	– 25	**0**	5	**10**	10	– 100	50

b)

Nr.	Frage	Antwort
1	Was bedeutet die Zahl – 40 in der Kolonne FIBU?	Betriebsgewinn FIBU
2	Handelt es sich bei den Abschreibungen um eine Bildung oder eine Auflösung stiller Reserven?	Bildung
3	Was bedeutet der Saldo in der Kolonne Materialstellen?	Unterdeckung
4	Was bedeutet die Zahl in der Ecke rechts unten im BAB?	Normal-Verlust (kalkulierter Verlust)

4. Teil Investitionsrechnung

Statische Rechenverfahren①

43.01

a)

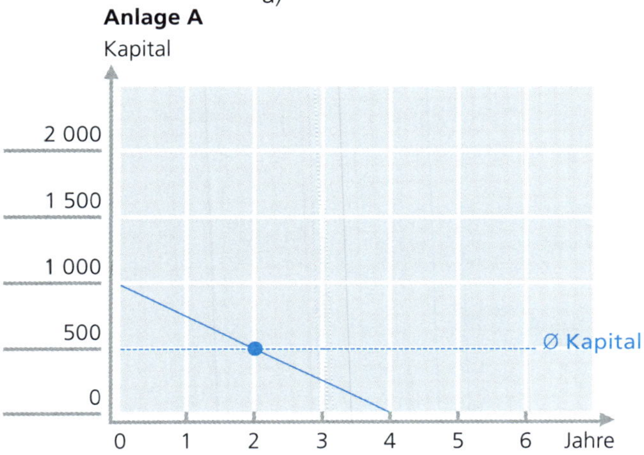

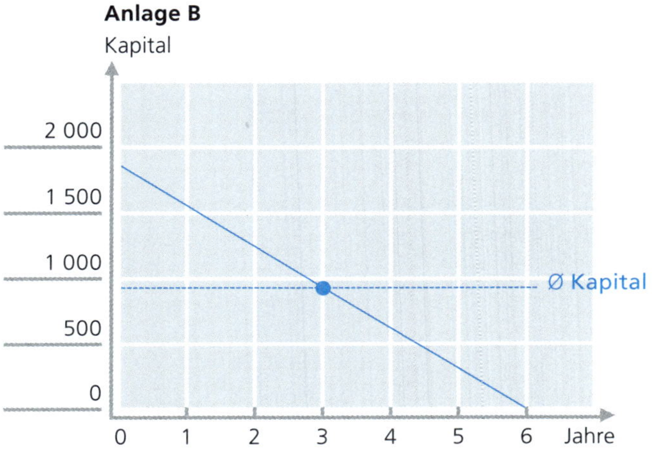

Abschreibung	$\frac{1000}{4}$	250
Ø Kapital	$\frac{1000}{2}$	500

Abschreibung	$\frac{1800}{6}$	300
Ø Kapital	$\frac{1800}{2}$	900

	Anlage A	Anlage B
Jährliche Betriebskosten	500	400
Jährliche Abschreibung	250	300
Jahreszins auf Durchschnittskapital	40	72
Jährliche Gesamtkosten	790	772
Rangfolge	2	1

① Zu den Kapiteln 41 und 42 bestehen keine Aufgaben.

b) **Anlage A**

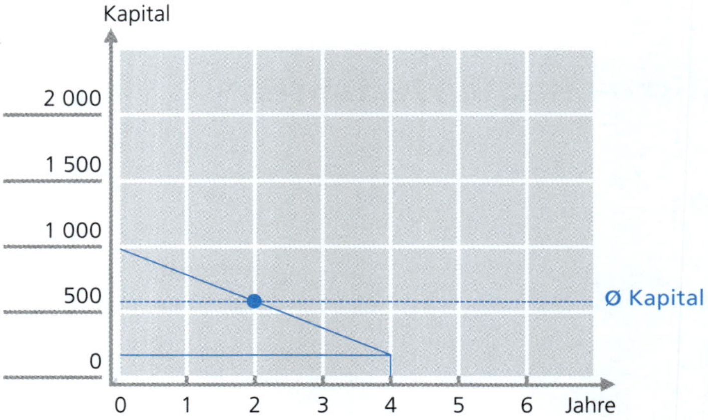

Abschreibung	$\frac{1000 - 200}{4}$	200	Ø Kapital	$\frac{1000 + 200}{2}$	600

	Anlage A
Jährliche Betriebskosten	500
Jährliche Abschreibung	200
Jahreszins auf Durchschnittskapital	48
Jährliche Gesamtkosten	748
Rangfolge	1

43.02

a)

	Anlage A	Anlage B
Jährlicher Erlös	850	900
./. Jährliche Betriebskosten	– 500	– 400
./. Jährliche Abschreibungen	– 250	– 300
./. Jahreszins auf Durchschnittskapital	– 40	– 72
= Jahresgewinn	60	128
Rangfolge	2	1

b)

	Anlage A	Anlage B
Rentabilität	$\frac{60 + 40}{500} = 20\,\%$	$\frac{128 + 72}{900} = 22{,}2\,\%$
Rangfolge	2	1

c)

Cashflow

Direkte Berechnung

	A	B
Jahreserlös	850	900
./. liquiditätswirksame Betriebskosten	500	400
= Cashflow	350	500

Indirekte Berechnung

	A	B
Reingewinn	60	128
+ liquiditäts*un*wirksame Betriebskosten		
Abschreibung	250	300
Zins	40	72
= Cashflow	350	500

Erfolgsrechnung

Liquiditätswirksame Betriebskosten	Einnahmen (Nutzen)
Kalkulatorische Zinsen	
Abschreibungen	
Reingewinn	

Erfolgsrechnung

Liquiditätswirksame Betriebskosten	Einnahmen (Nutzen)
Kalkulatorische Zinsen	
Abschreibungen	
Reingewinn	

Wiedergewinnungszeit (grafisch)

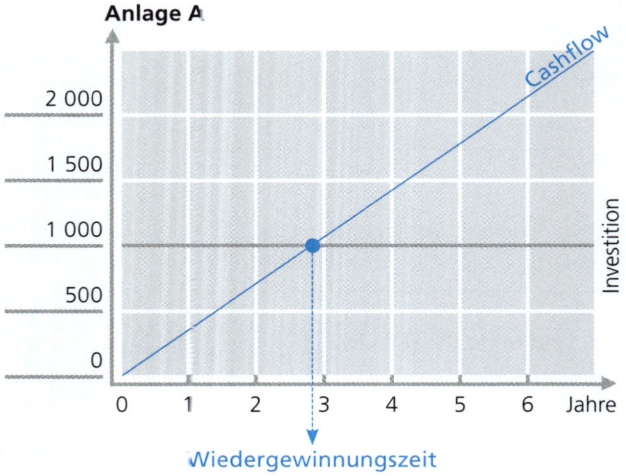

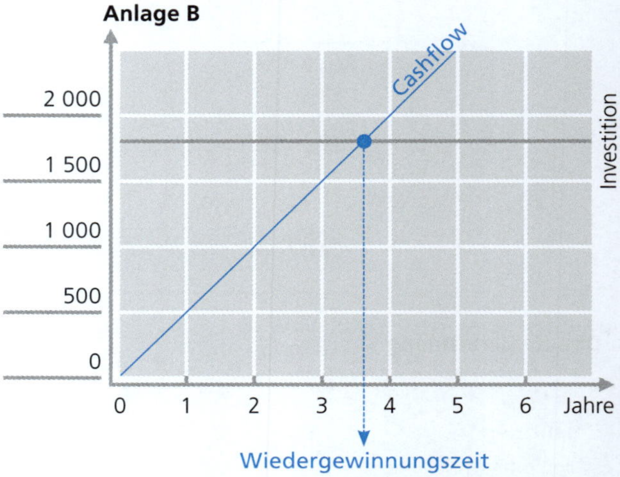

Wiedergewinnungszeit (rechnerisch)

	Anlage A	Anlage B
Wiedergewinnungszeit	$\frac{1000}{350}$ = 2,9 Jahre	$\frac{1800}{500}$ = 3,6 Jahre
Rangfolge	1	2

d)

	Anlage A	Anlage B
Rückflusszahl	$\frac{4}{2{,}9}$ = 1,4 x	$\frac{6}{3{,}6}$ = 1,7 x
Rangfolge	2	1

Falls für die zu beurteilenden Investitionen die Nutzungsdauer verschieden ist, muss unbedingt die Rückflusszahl berechnet werden, da sonst – wie Resultat bei c) zeigt – ein falscher Schluss gezogen wird.

43.03

a) Kostenvergleich

	Maschine A	Maschine B
Unterhalt	1 000	600
Löhne	4 800	12 000
Materialkosten	1 200	1 200
Energiekosten	770	1 800
Abschreibungen	12 500	10 000
Zinsen	3 000	2 400
Jährliche Gesamtkosten	23 270	28 000
Rangfolge	1	2

Kritik: Die Anlagen haben nicht dieselben Erlöse.

b) Gewinnvergleich

	Maschine A	Maschine B
Erlös	40 000	45 000
./. Gesamtkosten	– 23 270	– 28 000
= Gewinn	16 730	17 000
Rangfolge	2	1

c) Rentabilität

	Maschine A	Maschine B
Rentabilität	$\frac{19\,730}{50\,000} = 39{,}5\,\%$	$\frac{19\,400}{40\,000} = 48{,}5\,\%$
Rangfolge	2	1

d) Amortisationsrechnung

	Maschine A	Maschine B
Wiedergewinnungszeit	$\frac{100\,000}{32\,230} = 3{,}1$ Jahre	$\frac{80\,000}{29\,400} = 2{,}7$ Jahre
Rangfolge	2	1

e) **Gewinnvergleich mit Berücksichtigung von Liquidationserlös und Revision**

	Maschine A	Maschine B
Erlös	40 000	45 000
./. Unterhalt	– 1 000	– 600
./. Revisionsanteil 4000 : 8	– 500	0
./. Löhne	– 4 800	– 12 000
./. Materialkosten	– 1 200	– 1 200
./. Energiekosten	– 770	– 1 800
./. Abschreibungen 90 000 : 8	– 11 250	– 10 000
./. Zinsen 55 000 • 6 %	– 3 300	– 2 400
= Reingewinn	17 180	17 000
Rangfolge	1	2

Die Rangfolge verschiebt sich zugunsten von Maschine A.

43.04

a)

Jährlicher Erlös bei 25 000 Stück	2 250 000
./. Variable Stückkosten bei 25 000 Stück	– 1 000 000
./. Jährliche Betriebskosten	– 190 000
./. Jährliche Abschreibungen	– 500 000
./. Jährliche Zinskosten	– 250 000
= Reingewinn	310 000

b) **Rendite** $= \frac{310\,000 + 250\,000}{2\,500\,000} = \mathbf{22{,}4\,\%}$

c) **Cashflow**

Direkte Berechnung:

Jährlicher Erlös	2 250 000
./. Variable Stückkosten	– 1 000 000
./. Betriebskosten	– 190 000
= Cashflow	**1 060 000**

Indirekte Berechnung:

Reingewinn	310 000
+ Abschreibungen	500 000
+ Kalkulatorische Zinsen	250 000
= Cashflow	**1 060 000**

d) **Wiedergewinnungszeit** $= \frac{4\,500\,000}{1\,060\,000} = \mathbf{4{,}2\ Jahre}$

43.05

a)

	Berechnung	Betrag
Cashflow ohne Grossrevision		19000
./. Jährlicher Anteil Grossrevision	9000 : 6	– 1500
./. Abschreibung	75000 : 6	– 12500
= Gewinn vor Zinsen		**5000**
./. Kalkulatorischer Zins	(80000 + 5000) : 2 · 10 %	– 4250
= Gewinn		**750**

b)

Rendite	$\frac{\text{Gewinn vor Zinsen}}{\text{Ø Kapitaleinsatz}}$	$\frac{5000}{42500}$	**11,8 %**

c) Da die Geldflüsse wegen der Grossrevision und des Liquidationserlöses unregelmässig anfallen, müssen die Jahre einzeln in Form einer Tabelle betrachtet werden. Das Minuszeichen in der Tabelle bedeutet Ausgabe bzw. noch nicht amortisierter Betrag.

Jahr	Geldflüsse	Total amortisiert
Anfang 1. Jahr (Investition)	– 80000	– 80000
Ende 1. Jahr	19000	– 61000
Ende 2. Jahr	19000	– 42000
Ende 3. Jahr	19000 – 9000	– 32000
Ende 4. Jahr	19000	– 13000
Ende 5. Jahr	19000	6000
Ende 6. Jahr	19000 + 5000	30000

Wiedergewinnungszeit	4 Jahre + $\frac{13\,000}{19\,000}$	**4,7 Jahre**

Die drei Methoden zeigen, dass sich die Investition lohnt.

43.06

a)

	Berechnung	Betrag
Zusätzlicher Verkaufserlös (Einnahmen)		160 000
./. Zusätzliche Betriebskosten (Ausgaben)		– 84 000
= Zusätzlicher Cashflow		**76 000**
./. Zusätzliche Abschreibung	(270 000 – 30 000) : 5	– 48 000
= Zusätzlicher Gewinn vor Zinsen		**28 000**
./. Zusätzliche kalkulatorische Zinsen	(310 000 + 70 000) : 2 · 8 %	– 15 200
= Zusätzlicher Gewinn		**12 800**

b)

Rendite	$\frac{\text{Gewinn vor Zinsen}}{\text{Ø Kapitaleinsatz}}$	$\frac{28000}{190000}$	**14,7 %**

c)

Wiedergewinnungszeit	$\frac{\text{Kapitaleinsatz}}{\text{Cashflow}}$	$\frac{310000}{76000}$	**4,1 Jahre**

Die drei Methoden zeigen, dass sich die Investition lohnt.

43.07

a)

	Ersparnisse Personalkosten	18 000
./.	Zusätzliche Raum-, Energie- und Unterhaltskosten	– 6 000
./.	Abschreibungen	– 5 250
./.	Zinsen	– 3 000
	Jährliche Kostenersparnis	**3 750**

b) **Rendite** = $\frac{3\,750 + 3\,000}{30\,000}$ = **22,5 %**

c) **Wiedergewinnungszeit** = 51 000 : 12 000 = **4,25 Jahre**

Alle drei Berechnungen zeigen, dass sich die Anschaffung vom wirtschaftlichen Standpunkt aus gesehen lohnt.

43.08

a) Deckungsbeitrag bei 7200 Stück	446 400.–
./. Fixkosten ohne Zinsen	– 240 000.–
= Gewinn und Zinsen	206 400.–

Rendite = $\frac{206400}{2000000}$ = **10,3 %**

b) Deckungsbeitrag bei 6480 Stück	401 760.–
./. Fixkosten ohne Zinsen	– 240 000.–
= Gewinn und Zinsen	161 760.–

Rendite = $\frac{161760}{2000000}$ = **8,1 %**

43.09

a)	Betriebskosten	12 000
+	Abschreibungen	50 000
+	Kalk. Zinsen (8 % von 250000)	20 000
=	Jährliche Kosten für Maschine	82 000
./.	Jährliche Kosten für Arbeiter (2000 h • 40.–)	– 80 000
=	Jährlicher Kostenvorteil für Arbeiter	**2 000**
b)	Jährliche Kosten für Maschine (= Kosten für Arbeiter)	80 000
./.	Betriebskosten	– 12 000
=	Kosten für Abschreibungen und Zinsen	68 000

x = Anschaffungswert

Abschreibungen	+ kalk. Zinsen	=	68 000
x : 10	+ 8 % von 0,5x	=	68 000
0,1x	+ 0,04x	=	68 000
0,14x		=	68 000
x		=	**485 714**

c) x = Auftragsvolumen in Stunden

40x	= 70 000 + 6x
34x	= 70 000
x	= **2 059 Stunden**

43.10

		Offerte A	Offerte B
a)	Abschreibungen	10 000	20 000
+	Kalk. Zinsen	3 000	7 000
+	Übrige fixe Kosten	3 000	6 000
=	Total Fixkosten	16 000	33 000
+	Variable Kosten	32 000	36 000
=	Gesamtkosten je Maschine und Jahr	48 000	69 000
	Kosten für Gesamtkapazität von 1200 Tonnen	**288 000**	**276 000**

Offerte B ist günstiger

b) $6 \cdot 16000 + 160x = 4 \cdot 33000 + 120x$ x = jährliche Verarbeitungsmenge

$96000 + 160x = 132000 + 120x$
$40x = 36000$
$x =$ **900 t**

Der kritische Punkt bedeutet, dass bei einer Verarbeitungsmenge von 900t bei beiden Offerten die gleich hohen jährlichen Durchschnittskosten entstehen. Bei kleineren Mengen ist Offerte A günstiger, bei grösseren Offerte B.

43.11

a)

	Betriebliche Fixkosten	6 000
+	Abschreibungen	5 600
+	Zinsen 10 % auf Ø-Kapital von 16000	1 600
=	Fixkosten total	13 200

Mindestabsatz in Stücken = $\frac{\text{Fixkosten total}}{\text{DB/Stück}} = \frac{13200}{2.20}$ **6000**

b)

	Notwendiger Deckungsbeitrag/Stück = $\frac{13200}{6600}$	2.–
+	Variable Kosten/Stück	–.80
=	Mindestverkaufspreis	**2.80**

c)

	Verkaufserlös bei 6600 abgesetzten Glacen	19 800
./.	Betriebliche Fixkosten (ohne Zinsen und Abschreibung)	– 6 000
./.	Variable Kosten (6600 • 0,80)	– 5 280
=	Cashflow	**8 520**

Wiedergewinnungszeit = $\frac{\text{Kapitaleinsatz}}{\text{Ø Cashflow}} = \frac{30000}{8520}$ 3,5 Jahre

d)

	Gesamter Deckungsbeitrag bei 6600 Glacen (6600 • 2.20)	14520
./.	Betriebliche Fixkosten	– 6000
./.	Abschreibung	– 5600
=	Reingewinn + Zinsen	**2920**
	Rendite = $\frac{2920}{16000}$	**18,3 %**

43.12

a) Die fixen Kosten sind immer gleich hoch, unabhängig von der Leistung (z.B. Mietkosten, Zinsen, Gehälter). Die variablen Kosten verändern sich mit der Höhe des Umsatzes, d.h., sie erhöhen sich bei steigender Leistung bzw. fallen bei sinkender Leistung (z.B. Einzelmaterialverbrauch, Einzellöhne, Warenaufwand, Benzinverbrauch).

		50-Plätzer	40-Plätzer
b)	Fixe Betriebskosten	130 000.–	130 000.–
	Variable Betriebskosten (60000 km • 1.–)	60 000.–	60 000.–
	Abschreibungen	50 000.–	45 000.–
	Kalkulatorischer Zins	18 000.–	16 200.–
	Durchschnittliche jährliche Gesamtkosten	**258 000.–**	**251 200.–**
c)	Jährlicher Fahrerlös (200 Tage)	260 000.–	240 000.–
	Jährliche Gesamtkosten	258 000.–	251 200.–
	Jährlicher Erfolg	**2 000.–**	**– 11 200.–**
d)	Rendite 50-Plätzer = (2000.– + 18000.–) : 300000 =	**6,7 %**	
	Rendite 40-Plätzer = (– 11200.– + 16200.–) : 270000 =		**1,9 %**

e) Bei praktisch gleichen Kosten verfügt der 50-Plätzer über mehr Kapazität, was sich normalerweise in einem höheren Fahrertrag pro Tag auswirkt. Der Car-Disponent kann den grösseren Car auch dort einsetzen, wo der 40-Plätzer zu klein ist (höhere Flexibilität, grössere Anzahl Einsatztage). Für den Carreisenden ist es ein Komfort, wenn der Car nicht auf den letzten Platz besetzt ist.

f) Payback-Dauer 50-Plätzer = Kapitaleinsatz : Cashflow = 500000 : 70000 = **7,1 Jahre**
Payback-Dauer 40-Plätzer = Kapitaleinsatz : Cashflow = 450000 : 50000 = **9 Jahre**
Beim 40-Plätzer ist die Payback-Dauer länger als die Nutzungsdauer.

g) Nutzschwelle = $\frac{\text{Fixkosten}}{\text{Deckungsbeitrag/Tag}} = \frac{191200.–}{900.–}$ = 212,4 Tage → **213 Tage**

Lösungsblatt zu Aufgabe 43.12 g)

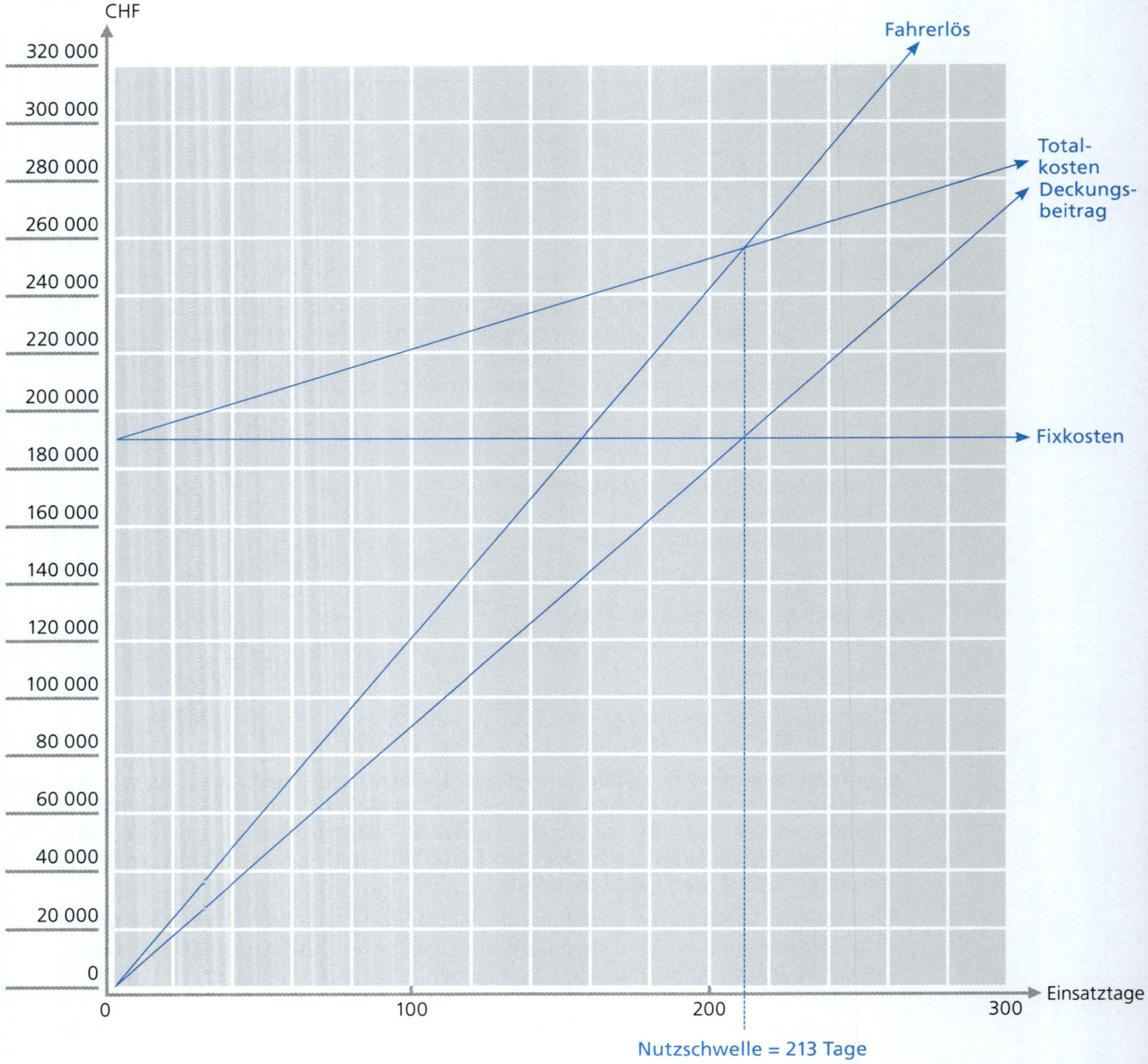

h) Geforderter Gewinn vor Zinsen	10 % von 300 000.–	30 000.–
Gewinn vor Zinsen bei 200 Einsatztagen		20 000.–
Notwendige Gewinnsteigerung (Zusatzdeckungsbeitrag)		10 000.–

$$\text{Zusätzliche Einsatztage} = \frac{10\,000.–}{1000.–} = \textbf{10 Tage}$$

43.13

a) **Return on Investment**

	Erlös			26 000	100 %
./.	Variable Kosten	Warenkosten (75 % des Erlöses)	– 19 500		
		Personalkosten (10 % des Erlöses)	– 2 600	– 22 100	85 %
	Deckungsbeitrag			3 900	15 %
./.	Fixkosten	Personalkosten	– 500		
		Mietzinse	– 1 000		
		Diverse Fixkosten	– 400		
		Abschreibungen (8 000 : 10 Jahre)	– 800		
		Kalk. Zinsen (6 % von 5 000①)	– 300	– 3 000	
		Gewinn		900	

ROI = (Gewinn + kalk. Zinsen) : Ø Kapitaleinsatz = (900 + 300) : 5 000 = **24 %**

b) **Payback-Dauer**

	Gewinn	900		Erlös		26 000
+	liquiditäts*un*wirksame Kosten:		./.	liquiditätswirksame Kosten:		
	▪ kalk. Zinsen	300		▪ Warenkosten	– 19 500	
	▪ Abschreibungen	800		▪ Personalkosten	– 3 100	
				▪ Mietkosten	– 1 000	
				▪ Übrige lw. Kosten	– 400	– 24 000
	Cashflow (indirekt)	2 000		Cashflow (direkt)		2 000

Payback-Dauer = Kapitaleinsatz : jährl. Cashflow = 9 000 : 2 000 = **4,5 Jahre**

c) **Nutzschwelle** siehe nächste Seite

d) **Sensitivitätsanalyse**

	Geplanter Verkaufsumsatz	26 000	100,0 %
./.	Effektiver Verkaufsumsatz = Nutzschwellenumsatz②	– 20 000	– 76,9 %
	Minderumsatz	6 000	**23,1 %**

① Durchschnittliches Kapital = (9 000 + 1 000) : 2 = 5 000

② Der Nutzschwellenumsatz ist der Umsatz, der genau eine Verzinsung von 6 % ergibt.

Lösungsblatt zu Aufgabe 43.13 c)

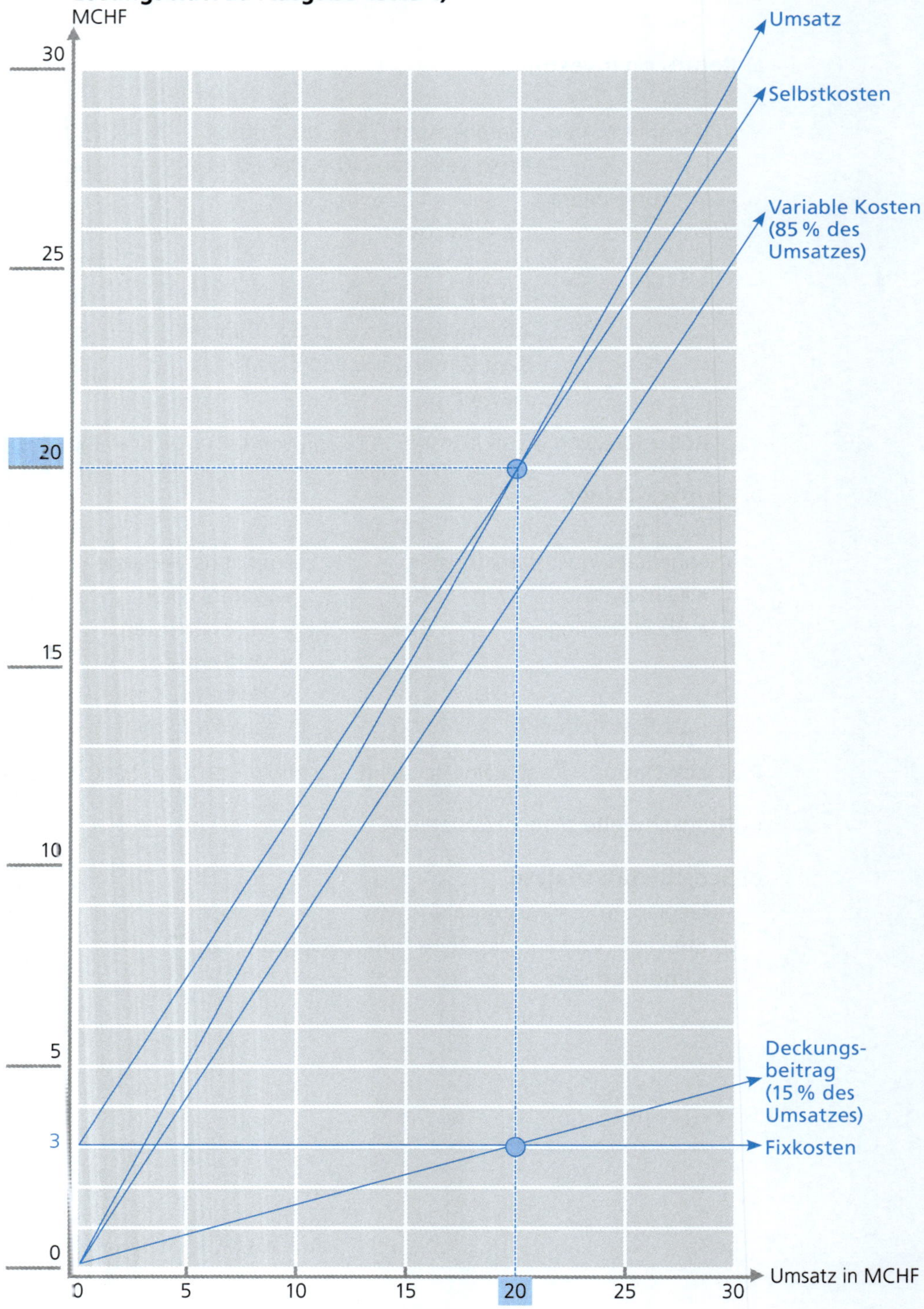

Berechnung des Nutzschwellenumsatzes (x)

Umsatz – variable Kosten – fixe Kosten	=	0
x – 0,85x – 3000	=	0
C,15x	=	3 000
x	=	**20 000**

43.14

a)

Fastfood-Restaurant	
Durchschnittlicher Cashflow = 1600 : 8 =	200
Abschreibung	– 125
Reingewinn vor Zinsen	75
Rendite = $\frac{75}{500}$ =	15 %
	Rang 2

High-Tech-Unternehmung	
Durchschnittlicher Cashflow = 1800 : 8 =	225
Abschreibung	– 125
Reingewinn vor Zinsen	100
Rendite = $\frac{100}{500}$ =	20 %
	Rang 1

b)

	Fastfood-Restaurant		High-Tech-Unternehmung	
	Rückzahlungen	Amortisation Restaurant	Rückzahlungen	Amortisation High-Tech-Unternehmung
1. Jahr	150	– 850	0	– 1 000
2. Jahr	200	– 650	0	– 1 000
3. Jahr	250	– 400	0	– 1 000
4. Jahr	200	– 200	0	– 1 000
5. Jahr	200	0	0	– 1 000
6. Jahr	200	200	400	– 600
7. Jahr	200	400	600	0
8. Jahr	200	600	800	800
Rang	1		2	

c) Würde nur auf die **Rendite** abgestellt, müsste der Investition in die High-Tech-Unternehmung klar der Vorzug gegeben werden.

Wird jedoch auch die **Sicherheit** der Kapitalrückgewinnung mittels der Wiedergewinnungszeit miteinbezogen, ist ein Entscheid zugunsten der Fastfood-Unternehmung angezeigt. Erstens fliessen hier bereits vom ersten Jahr an die investierten Mittel wieder zurück und im Moment, wo die High-Tech-Investition den ersten Rückfluss verspricht, sind bei dieser die eingebrachten Mittel wieder «im Trockenen». Zweitens ist es fraglich, ob die Investition in die Panel-Entwicklung dann effektiv zum erhofften Durchbruch mit den entsprechenden Rückflüssen führt.

43.15

Fixkosten

	Personalkosten (Ausgaben)		90 000
+	Diverse Fixkosten (Ausgaben)		25 000
=	**Liquiditätswirksame Fixkosten**		**115 000**
+	Abschreibungen	(300 000 – 90 000) : 5 = 210 000 : 5	42 000
+	Kalkulatorischer Zins	6 % von (390 000 : 2) = 6 % von 195 000	11 700
=	**Fixkosten**		**168 700**

Variable Kosten und DB je km

	Dieselkosten (Ausgaben)	1.60 • 35 : 100	0.56
+	LSVA (Ausgaben)		0.86
+	Übrige (Ausgaben)		0.04
=	**Total variable Kosten**		**1.46**
+	**Deckungsbeitrag**		**2.24**
=	Verkaufspreis		3.70

Kosten- und Erlösübersicht

	Transportertrag (Einnahmen)	80 000 km • 3.70/km	296 000
./.	Variable Kosten (Ausgaben)	80 000 km • 1.46/km	– 116 800
=	**Deckungsbeitrag**	80 000 km • 2.24/km	**179 200**
./.	Liquiditätswirksame Fixkosten		– 115 000
=	**Cashflow**		**64 200**
./.	Abschreibungen		– 42 000
=	**Gewinn vor Zinsen**		**22 200**
./.	Kalkulatorischer Zins		– 11 700
=	**Gewinn**		**10 500**

a) Gewinn = **CHF 10 500.–**

b)

Rendite	$\frac{\text{Gewinn + Zinsen}}{\text{Ø Kapitaleinsatz}}$	$\frac{22\,200}{195\,000}$	**11,4 %**

c)

Fixkosten bei Nutzschwelle in CHF/km	$\frac{\text{Fixkosten}}{80\,000\text{ km}}$	$\frac{168\,700}{80\,000\text{ km}}$	CHF 2.11/km
Break-even-Verkaufspreis in CHF/km	Fixkosten/km + variable Kosten/km	2.11 + 1.46	**CHF 3.57/km**

d)

Nutzschwelle in km	$\frac{\text{Fixkosten}}{\text{DB je km}}$	$\frac{168\,700}{2.24}$	**75 313 km**

e)

Payback-Dauer	$\frac{\text{Investition (Kapitaleinsatz)}}{\text{Cashflow p. a.}}$	$\frac{300\,000}{64\,200}$	**4,7 Jahre**

43.16

Kosten und Erlöse

	Verkaufserlös (Einnahmen)		1 000	100 %
./.	Betriebskosten variabel (Ausgaben)		– 100	10 %
=	**Deckungsbeitrag**		**900**	90 %
./.	Betriebskosten fix (Ausgaben)		– 500	
=	**Cashflow**		**400**	
./.	Abschreibung	3 200 : 20	– 160	
=	**EBIT**		**240**	
./.	Kalk. Zins	1 600 • 6 %	– 96	
=	**Gewinn**		**144**	

a)

Rendite	$\frac{\text{EBIT}}{\text{Ø investiertes Kapital}}$	$\frac{240}{1\,600}$	**15 %**

b)

Payback-Dauer	$\frac{\text{Kapitaleinsatz}}{\text{Cashflow}}$	$\frac{3\,200}{400}$	**8 Jahre**

c)

	Betriebskosten fix	500	
+	Abschreibungen	160	
+	Kalk. Zins	96	
=	Fixkosten total	756	→ 90 %
	Verkaufserlös	**840**	← 100 %

d)

	Cashflow bisher		400
./.	Abschreibung neu	3 000 : 20	– 150
./.	Kalk. Zins neu	1 700 • 6 %	– 102
=	Gewinn neu		148
./.	Gewinn vorher		– 144
=	**Gewinnsteigerung**		**4**

oder

	Minderabschreibung	200 : 20	10
./.	Mehrzins	100 • 6 %	– 6
=	**Gewinnsteigerung**		**4**

Dynamische Rechenverfahren

44.01

Aufzinsung

a) $K_1 = K_o + K_o \cdot \frac{6}{100} = K_o \left(1 + \frac{6}{100}\right) = \underbrace{K_o \cdot 1{,}06}$

b) $K_2 = K_1 + K_1 \cdot 0{,}06 = K_1 \cdot 1{,}06 = \overbrace{K_o \cdot 1{,}06} \cdot 1{,}06 = \underbrace{K_o \cdot 1{,}06^2}$

c) $K_3 = K_2 \cdot 1{,}06 = \overbrace{K_o \cdot 1{,}06^2} \cdot 1{,}06 = K_o \cdot 1{,}06^3$

d) $K_n = K_o \cdot 1{,}06^n$

Abzinsung

e) $K_o = \frac{K_1}{1{,}06} = K_1 \cdot \frac{1}{1{,}06} = K_1 \cdot 0{,}943$

f) $K_o = K_2 \cdot \frac{1}{1{,}06} \cdot \frac{1}{1{,}06} = K_2 \cdot \frac{1}{1{,}06^2} = K_2 \cdot 0{,}890$

g) $K_o = K_3 \cdot \frac{1}{1{,}06^3} = K_3 \cdot 0{,}840$

h) $K_o = K_n \cdot \frac{1}{1{,}06^n}$

Abzinsungstabellen

i) 1000 • 0,943 = **943.–**
1000 • 0,890 = **890.–**
1000 • 0,840 = **840.–**

k) 1000 • 2,673 = **2673.–**

l) 1000 • 4,212 = **4212.–**

m) Variante 1:

840.–	= 1. Rente
792.–	= 2. Rente
747.–	= 3. Rente
705.–	= 4. Rente
665.–	= 5. Rente
3749.–	= Total

Variante 2:

Rente für 7 Jahre	5582.–
– Rente für 2 Jahre	– 1833.–
Rente total	**3749.–**

Variante 3: Rente für 5 Jahre 4212.– • 0,89 = **3749.–**
(0,89 → Abzinsung für 2 Jahre)

44.02

a)

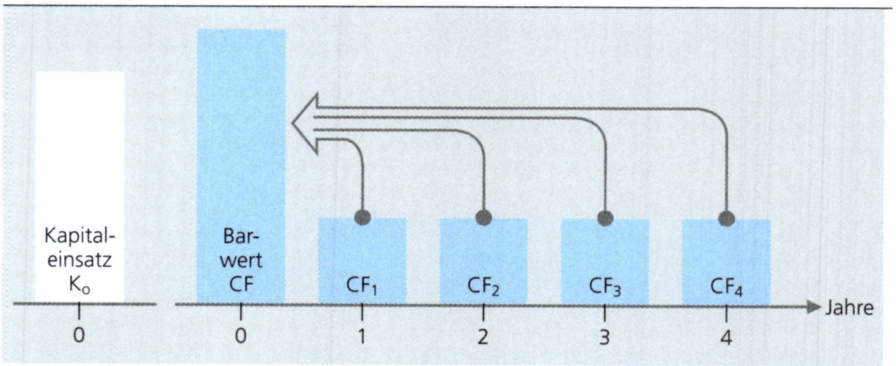

Kapitalwert = Barwert aller Cashflows ./. Kapitaleinsatz

b)

	Cashflow		Abzinsungs-faktor 12 %	Barwert	
	X	Y		X	Y
1. Jahr	100	250	0,893	89,3	223,2①
2. Jahr	200	250	0,797	159,4	199,2①
3. Jahr	300	250	0,712	213,6	178,0①
4. Jahr	400	250	0,636	254,4	159,0①
Total	1 000	1 000	3,038	716,7	759,4①

	X	Y
Barwert der Cashflows	716,7	759,4
./. Kapitaleinsatz	– 750	– 750
= Kapitalwert (NPV)	– 33,3	+ 9,4
Rangfolge	2	1

44.03

a)

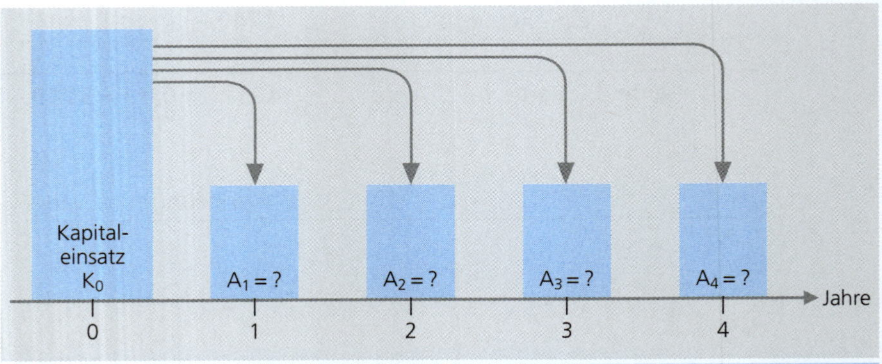

$$\text{Annuität} = \frac{\text{Kapitaleinsatz } K_0}{\text{Rentenbarwertfaktor}}$$

① Einfacher wäre: 250 • 3,037 = 759,3

Der bei dieser Rechnung verwendete Rentenbarwertfaktor von 3,037 stammt aus Tabelle 2 im Anhang des Lehrbuchs. Weil dort mit mehr Dezimalstellen gerechnet wurde, ergibt sich eine kleine Rundungsdifferenz gegenüber der obigen Berechnung des Rentenbarwertfaktors von 3,038.

b)

Anlage X		
Ø Cashflow =	$\frac{716{,}7}{3{,}037}$	236,0
Annuität =	$\frac{750}{3{,}037}$	247,0
Fehlbetrag		11,0
Die Investition ist abzulehnen.		

Anlage Y	
Ø Cashflow	250,0
Annuität	247,0
Überschuss	3,0
Die Investition lohnt sich.	

c)

	Anlage X	Anlage Y
Durchschnittlicher Cashflow	250	250
./. Jährliche Abschreibungen	– 188	– 188
./. Kalkulatorischer Zins	– 45	– 45
= Jährlicher Reingewinn	17	17
Rangfolge	1	1

d) Da bei den statischen Methoden der zeitliche Anfall nicht gewichtet wird, fährt Investition X, bei welcher die höheren Cashflows gegen Ende der Nutzungsdauer anfallen, zu gut. Statisch gerechnet wären die beiden Investitionen einander ebenbürtig.

44.04

a)

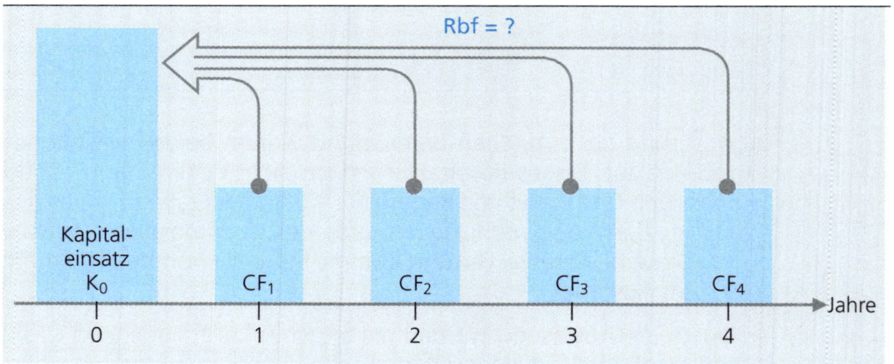

$$\text{Rbf} = \frac{\text{Kapitaleinsatz}}{\Delta\ \text{Cashflow}}$$

b) **Investition Y**

1. Schritt: $\text{Rbf} = \frac{\text{Kapitaleinsatz}}{\text{Ø Cashflow}} = \frac{750}{250} = 3$

2. Schritt: Zinsfussbestimmung $\xrightarrow[\text{4 Jahre}]{\text{Tabelle 2}}$ = **13 %**

Die Investition liegt über der geforderten Minimalverzinsung.

Investition X

1. Schritt: Ø Cashflow = 250

2. Schritt: Annäherung $= \frac{750}{250} = 3 \longrightarrow 13\,\%$

3. Schritt: Korrektur: Cashflows ansteigend, d.h. Korrektur nach unten

4. Schritt: Kontrolle:

		10 %	**12 %**
1.	0,909 • 100 =	90,9	89,3
2.	0,826 • 200 =	165,2	159,4
3.	0,751 • 300 =	225,3	213,6
4.	0,683 • 400 =	273,2	254,4
		754,6	716,7

leicht > 10 %

Die Investition genügt der minimalen Verzinsung von 12 % nicht.

c)

	Anlage X	Anlage Y
Rendite	$\frac{62}{375}$ = 16,5 %	$\frac{62}{375}$ = 16,5 %
Rangfolge	1	1

d) Aufgrund der statischen Berechnung weisen beide Investitionen dieselbe Rentabilität auf. Dieses Resultat ist jedoch nicht richtig, da Investition Y mit gleichmässigen Cashflows von Beginn der Nutzungsdauer an, Investition X, welche die hohen Cashflows mehr gegen Ende der Nutzungsdauer aufweist, vorzuziehen ist. Diese bessere Bewertung kommt mit dem höheren internen Ertragssatz bei Y zum Ausdruck.

Durch die Abzinsung werden die in der Zukunft liegenden Cashflows beschnitten, weshalb die dynamisch ermittelten Renditen unter den statisch berechneten Sätzen liegen.

44.05

a)

Anlage X

Jahr	Cashflow	Abzinsungsfaktor 12 %	Barwert Cashflow	Kumulierter Barwert	NPV
1	100	0,893	89,3	89,3	– 660,7
2	200	0,797	159,4	248,7	– 501,3
3	300	0,712	213,6	462,3	– 287,7
4	400	0,636	254,4	716,7	– 33,3

Die Wiedergewinnungszeit ist grösser als 4 Jahre. Die Investition lohnt sich nicht, der NPV ist negativ.

Anlage Y

Jahr	Cashflow	Abzinsungsfaktor 12 %	Barwert Cashflow	Kumulierter Barwert	NPV
1	250	0,893	223,2	223,2	– 526,8
2	250	0,797	199,2	422,4	– 327,6
3	250	0,712	178,0	600,4	– 149,6
4	250	0,636	159,0	759,4	+ 9,4

Die Wiedergewinnungszeit beträgt $3 + \frac{149{,}6}{159} = 3 + 0{,}9 =$ **3,9 Jahre.**

Die Investition lohnt sich, da die Wiedergewinnungszeit kleiner ist als die Nutzungsdauer. Es resultiert ein positiver NPV.

b)

	Anlage X	Anlage Y
Wiedergewinnungszeit	3,4 Jahre	3 Jahre
Rangfolge	2	1

Die statischen Wiedergewinnungszeiten liegen unter den dynamisch ermittelten Amortisationszeiten, da sie keine Verzinsung des investierten Kapitals berücksichtigen und die Cashflows nicht diskontiert werden.

Da hier die tatsächlichen und nicht die durchschnittlich zurückfliessenden Cashflows berücksichtigt werden, ist die so ermittelte Priorität zugunsten Anlage Y richtig.

Ergänzende Lösungshinweise zu den statischen Wiedergewinnungszeiten finden Sie auf der nächsten Seite.

Anlage Y

Der jährliche Cashflow beträgt regelmässig 250. Bei Anlage X ergibt sich deshalb eine Wiedergewinnungszeit von genau 3 Jahren (Kapitaleinsatz 750 : jährlicher Cashflow 250).

Anlage X

Sofern bei Anlage X mit dem durchschnittlichen Cashflow über die ganze Nutzungsdauer gerechnet würde, ergäbe sich dasselbe Resultat wie für Anlage Y. Da die Cashflows bei Anlage X über die Jahre ungleich verteilt sind, muss die Wiedergewinnungszeit mithilfe einer Tabelle ermittelt werden.

Jahr	Geldflüsse	Total amortisiert
Anfang 1. Jahr (Investition)	– 750	– 750
Ende 1. Jahr	100	– 650
Ende 2. Jahr	200	– 450
Ende 3. Jahr	300	– 150
Ende 4. Jahr	400	250

Wiedergewinnungszeit	3 Jahre + $\frac{150}{400}$	**3,4 Jahre**

44.06

a) NPV V = 175 000 • 6,71 (= 1 174 250) – 937 000 = **237 250 (Überschuss)**

NPV W = 125 000 • 7,536 (= 942 000) – 1 075 000 = **– 133 000 (Fehlbetrag)**

Entscheid für V, da NPV grösser.

b) **V** Kapitaleinsatz : durchschnittlicher Cashflow = 937 000 : 175 000 = 5,354
Aus der Tabelle 2 (auf Zeile «10 Jahre») ergibt sich ein Zinsfuss von etwa **13 – 14 %.**

W Kapitaleinsatz : durchschnittlicher Cashflow = 1 075 000 : 125 000 = 8,6
Aus der Tabelle 2 (auf Zeile «12 Jahre») ergibt sich ein Zinsfuss von etwa **5 – 6 %.**

Entscheid für V, da IRR grösser.

c) $\text{Annuität V} = \frac{937\,000}{6{,}710} = \mathbf{139\,642.–}$

$\text{Annuität W} = \frac{1\,075\,000}{7{,}536} = \mathbf{142\,649.–}$

Bei V resultiert ein jährlicher Überschuss von 35 358.– (175 000 – 139 642), bei W ein jährlicher Fehlbetrag von 17 649.– (125 000 – 142 649), also Entscheid für V.

44.07

Aufgabe	Kapitaleinsatz	Jährlicher Cashflow	Nutzungsdauer in Jahren	Interner Ertragssatz
a)	150 000	24 992	14	14 %
b)	681 400	100 000	12	10 %
c)	200 000	40 000	14	18 %
d)	80 000	20 000	15	24 %

Lösungshinweise

a) Der Rentenbarwertfaktor (Rbf) beträgt bei einem Zinsfuss von 14 % und einer Nutzungsdauer von 14 Jahren 6,002.

Cashflow	$\frac{\text{Kapitaleinsatz}}{\text{Rbf}}$	$\frac{150\,000}{6{,}002}$	**24 992**

b) Der Rentenbarwertfaktor (Rbf) beträgt bei einem Zinsfuss von 10 % und einer Nutzungsdauer von 12 Jahren 6,814.

Kapitaleinsatz	Cashflow · Rbf	100 000 · 6,814	**681 400**

c) Zuerst wird der Rentenbarwertfaktor ermittelt.

Rbf	$\frac{\text{Kapitaleinsatz}}{\text{Cashflow}}$	$\frac{200\,000}{40\,000}$	**5,000**

In der Rentenbarwertfaktoren-Tabelle findet sich in der Spalte 18 % der Rentenbarwertfaktor von 5,008, sodass die Nutzungsdauer ziemlich genau 14 Jahre beträgt.

d) Zuerst wird der Rentenbarwertfaktor ermittelt.

Rbf	$\frac{\text{Kapitaleinsatz}}{\text{Cashflow}}$	$\frac{80\,000}{20\,000}$	**4,000**

In der Rentenbarwertfaktoren-Tabelle findet sich auf der Zeile 15 Jahre der Rentenbarwertfaktor von 4,001, sodass der Zinsfuss ziemlich genau 24 % beträgt.

44.08

Q Kapitaleinsatz : durchschnittlicher Cashflow = 2050000 : 650000 = 3,154
Aus der Tabelle 2 ergibt sich ein interner Zinsfuss von 10 %. Da die Cashflows nicht gleichmässig verteilt sind, stimmt dieser Zinsfuss noch nicht genau. Die Cashflows sind am Anfang eher überdurchschnittlich, weshalb der effektive interne Zinsfuss etwas über 10 % liegt. Die Aufgabe muss nun noch nachgerechnet werden, z. B. mit einem Zinsfuss von 12 %, um zu überprüfen, ob die Annahme stimmt. (Der effektive interne Ertragssatz liegt knapp unter 12 %.)

R Kapitaleinsatz : durchschnittlicher Cashflow = 1400000 : 625000 = 2,24
Aufgrund dieser Rechnung ergibt sich ein Zinsfuss von 28 %. Da die Cashflows gegen Ende deutlich höher sind, ist der effektive Zinsfuss deutlich tiefer, weshalb mit z. B. 24 % nachgerechnet werden sollte. (Der effektive interne Ertragssatz liegt knapp unter 24 %.)

Entscheid für R, da IRR grösser.

44.09

a) und b)

				Fitness-Center			Schreinerei		
Jahr	CF Fitness-Center	CF Schreinerei	Abz.-Faktor 10 %	Barwert	Kumulierter Barwert	NPV	Barwert	Kumulierter Barwert	NPV
1	50000	45000	0,909	45450	45450	– 204550	40905	40905	– 209095
2	50000	45000	0,826	41300	86750	– 163250	37170	78075	– 171925
3	60000	60000	0,751	45060	131810	– 118190	45060	123135	– 126865
4	70000	75000	0,683	47810	179620	– 70380	51225	174360	– 75640
5	75000	85000	0,621	46575	226195	– 23805	52785	227145	– 22855
6	75000	100000	0,564	42300	268495	**18495**	56400	283545	**33545**
Total	380000	410000		268495			283545		
Rangfolge					2			1	

Beide Investitionen bringen im 6. Jahr einen positiven Kapitalwert, d. h. die Wiedergewinnungszeit beträgt knapp 5½ Jahre. Wirtschaftlich gesehen, handelt es sich um gleichwertige Anlagen. Die Entscheidung hat aufgrund anderer Präferenzen zu erfolgen.

44.10

Kapitalwert

	Projekt I	Projekt II
Barwert Cashflows	1,736 • 60 000 = 104 160	4,355 • 25 000 = 108 875
./. Kapitaleinsatz	– 100 000	– 100 000
= Kapitalwert	4 160	8 875
Rangfolge	2	1

Interner Ertragssatz

	Projekt I	Projekt II
Rbf	$\frac{100\,000}{60\,000} = 1{,}667$	$\frac{100\,000}{25\,000} = 4$
Interner Ertragssatz	13 %	13 %
Rangfolge	1	2

Aufgrund der Kapitalwertmethode müsste Projekt II den Vorzug erhalten. Da aber bei Projekt I der interne Ertragssatz auch 13 % beträgt, das Risiko jedoch viel geringer ist (Amortisation bereits nach 1,7 Jahren [100 000 : 60 000]), wäre trotzdem Projekt I zu forcieren.

44.11

a)	Barwert Cashflows	7 000 • 4,968	34 776
./.	Kapitaleinsatz	45 000 + 3 000 – 10 000	– 38 000
	Fehlbetrag		**– 3 224**

b) Interner Ertragssatz $\frac{38\,000}{7\,000} = 5{,}43$ —Tabelle 2 / 8 Jahre→ **~ 10 %**

c)	Cashflow		7 000
./.	Annuität	$\frac{38\,000}{4{,}968}$	– 7 649
=	Fehlbetrag		**– 649**
d)	Fehlbetrag gemäss a)		– 3 224
./.	Grossrevision	2 000 • 0,636	– 1 272
+	Liquidationserlös	6 000 • 0,404	+ 2 424
=	Fehlbetrag		**– 2 072**

Alle Verfahren zeigen, dass sich die Anschaffung der neuen Maschine nicht lohnt.

44.12

a)

	Statisch		Dynamisch	
	Investition X	Investition Y	Investition X	Investition Y
Rendite bzw. Interner Ertragssatz	13,3 %	22,2 %	12 %	8 %
Rangfolge	2	1	1	2
Gewinnvergleich bzw. Kapitalwert	183	608	449	594
Rangfolge	2	1	2	1

Ergänzende Lösungshinweise zu den statischen Berechnungen:

	Investition X		Investition Y	
Ø Cashflows	(3000 + 2000 + 1000) : 3	2000	(–2000 – 2000 + 14000) : 3	3333
./. Abschreibungen	5000 : 3	– 1667	7500 : 3	– 2500
= Gewinn vor Zinsen		333		833
./. Zinsen	5000 : 2 · 6 %	– 150	7500 : 2 · 6 %	– 225
= Gewinn vor Zinsen		**183**		**608**

Renditen	$\frac{333}{5000 : 2}$	**13,3 %**	$\frac{833}{7500 : 2}$	**22,2 %**

Ergänzende Lösungshinweise zu den dynamischen Berechnungen:

	Investition X		Investition Y	
Rbf	5000 : 2000	2,500	7500 : 3333	2,250
Ungefährer Zinsfuss	Zeile 3 Jahre, Rbf 2,486	10 %	Zeile 3 Jahre, Rbf 2,246	16 %
Probe	Der effektive IRR ist höher, weil die Cashflows am Anfang höher sind.	①12 %	Der effektive IRR ist deutlich tiefer, weil die Cashflows am Ende viel höher sind.	①8 %

① Probe:

	X bei 12 %	Y bei 8 %
1. Jahr	3000 • 0,893 = 2679	– 2000 • 0,926 = – 1852
2. Jahr	2000 • 0,797 = 1594	– 2000 • 0,857 = – 1714
3. Jahr	1000 • 0,712 = 712	14000 • 0,794 = 11116
Barwert	4985	7550
Kapitaleinsatz	– 5000	– 7500
Fehlbetrag/Überschuss	– 15	50

	Investition X		Investition Y	
Barwert CF 1. Jahr	3000 · 0,943	2829	– 2000 · 0,943	– 1886
+ Barwert CF 2. Jahr	2000 · 0,890	1780	– 2000 · 0,890	– 1780
+ Barwert CF 3. Jahr	1000 · 0,840	840	14000 · 0,840	11760
= Barwert Cashflows		5449		8094
./. Kapitaleinsatz		– 5000		– 7500
= NPV		**449**		**594**

b) Diese Darstellung zeigt ein widersprüchliches Bild und macht die Schwächen bestimmter Methoden sichtbar, sobald nicht mit gleichmässig verteilten Rückflüssen gerechnet werden kann. Bei sehr unterschiedlichen Cashflow-Rückflüssen vermögen die statische Renditerechnung und der Gewinnvergleich absolut nicht zu genügen.

Sogar die dynamische Kapitalwertrechnung ist hier unvollkommen, da sie bei tiefem Diskontierungssatz die unterschiedlichen Cashflow-Anfälle, insbesondere die anfänglich negativen Rückflüsse, zu wenig gewichtet.

Aussagekräftiger sind hier einerseits der interne Ertragssatz und anderseits die Payback-Perioden, welche diese beiden sehr unterschiedlichen Investitionen von verschiedenen Gesichtspunkten beleuchten und zuverlässig beurteilen.

Ein Entscheid müsste zugunsten von Investition X ausfallen.

44.13

a)

Zinsfuss	Dauer			
	10 Jahre	25 Jahre	50 Jahre	Ewig ∞
10 %	6,145	9,077	9,915	10,000
20 %	4,192	4,948	4,999	5,000
30 %	3,092	3,329	3,333	3,333
40 %	2,414	2,499	2,500	2,500
50 %	1,965	2,000	2,000	2,000

b) Sie streben gegen den Wert $\frac{100}{\text{Zinsfuss}}$

c) Barwert = 12000.– • 9,077 = 108924.–

d) Barwert = 1000.– • 10,0 = 10000.–

e) $K_o = R \cdot Rbf \qquad = R \cdot \frac{100}{P}$

44.14

a) 435000 : 100000 = 4,35 **16 %**

b) 435000 : 100000 = 4,35 **ca. 6 Jahre**

c) 435000 : 5,335 = **CHF 81 537.–**

d) Nach ca. 6 Jahren (wie Teilaufgabe b)

e)

Jahr	Cashflow (Annuität)	Zins	Rückzahlung	Restschuld
1	100000	43500	56500	378500
2	100000	37850	62150	316350
3	100000	31635	68365	247985
4	100000	24799	75201	172784
5	100000	17278	82722	90062
6	100000	9006	90062	– 932 (Überschuss)
			435000	

44.15

a) **Kapitalwert**

	Cashflow		Abzinsungs-faktor 10 %	Barwert	
	A	B		A	B
1. Jahr	40000	70000	0,909	36360	63630
2. Jahr	45000	60000	0,826	37170	49560
3. Jahr	60000	55000	0,751	45060	41305
4. Jahr	75000	45000	0,683	51225	30735
5. Jahr	80000	40000	0,621	49680	24840
Total	300000	270000		219495	210070
– Kapitaleinsatz				– 150000	– 150000
Kapitalwert				**69495**	**60070**
Rangfolge				**1**	**2**

b) **Interner Ertragssatz**

A / B

1. Schritt: $\text{Rbf} = \frac{\text{Kapitaleinsatz}}{\text{Ø-Cashflow}} = \frac{150000}{60000} = 2{,}5$ $\quad \frac{150000}{54000} = 2{,}8$

2. Schritt: $\xrightarrow[\text{5 Jahre}]{\text{Tabelle 2}}$ **29 %** **24 %**

3. Schritt:	Korrektur	nach unten, da steigende Cashflows	nach oben, da sinkende Cashflows
4. Schritt:	Probe mit korrigierten Sätzen		

	A = 24 %	B = 26 %
Barwert total	151 935	151 345
Rangfolge	2	1

c) Eine Verschiebung von A zu B ergibt sich wegen der starken Beschneidung der weit in der Zukunft liegenden Cashflows bei hohen internen Ertragssätzen. Da bei Maschine A die Cashflows steigend sind, wirkt sich hier die Abzinsung viel stärker aus.

Der Kapitalwert steht in Abhängigkeit zum Kalkulationszinssatz:

- Mit zunehmendem Kalkulationszinsfuss werden weiter in der Zukunft liegende Rückflüsse abgewertet und verlieren an Gewicht auf das Endergebnis.
- Mit zunehmendem Kalkulationszinsfuss ändern sich auch die Reinvestitionsmöglichkeiten. Je höher der Zinsfuss, desto schwieriger wird es, die Rückflüsse sofort zum selben Satz wieder investieren zu können.

Beim kritischen Zinsfuss, der **«Fisher-Rate»,** weisen die beiden Projekte A und B den gleichen Kapitalwert auf. Hier tritt eine Umkehrung der Investitionsentscheidung ein (Maschine B anstelle von Maschine A).

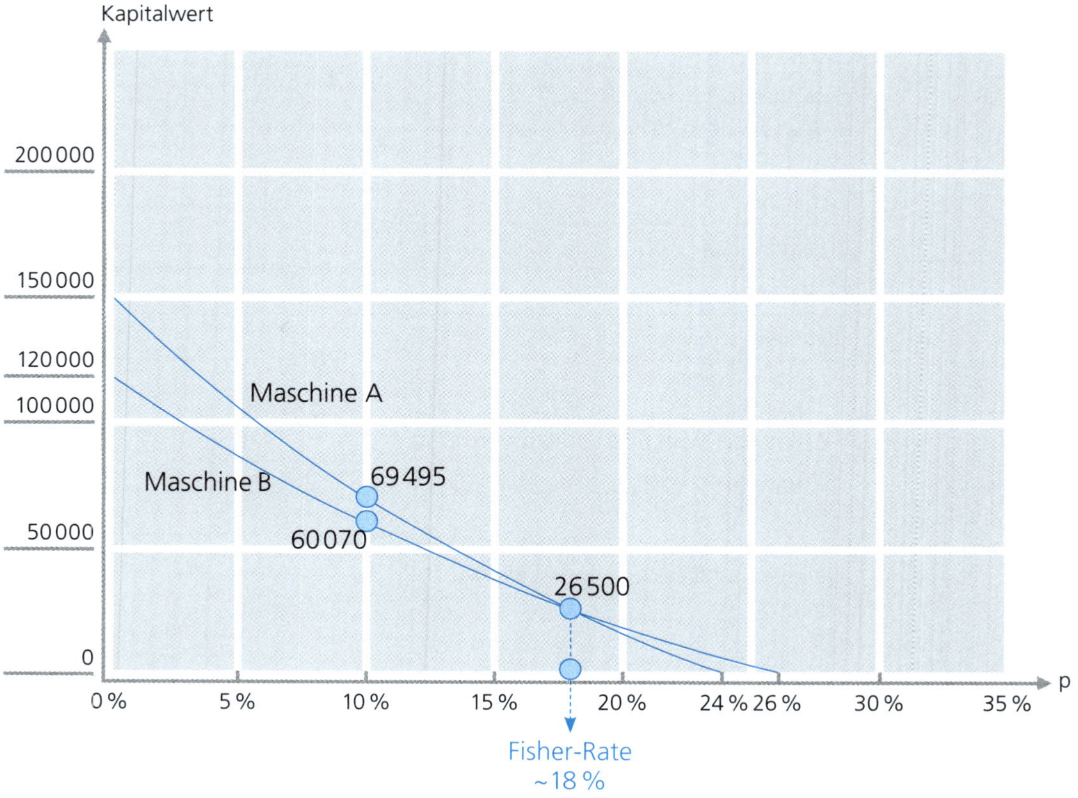

44.16

a)

	Maschine A	Maschine B
Kaufpreis	200000	300000
+ Installationen	50000	50000
+ Umschulung	8000	4000
= Abzuschreibende Investition	258000	354000
+ Erhöhung Umlaufvermögen	60000	70000
= Total investiertes Kapital	318000	424000

	Maschine A	Maschine B
Nettoumsatz	450000	500000
./. Baraufwand	– 400000	– 430000
./. Abschreibungen	① – 29000	– 35400
./. Zinsen	② – 20200	– 24700
= Reingewinn	800	9900
Rangfolge	2	1

b)

		Maschine A	Maschine B
Cashflow	50000 • 5,335 70000 • 6,145	266750	430150
Umlaufvermögen-/Schrottwert-Rückfluss	86000 • 0,467 70000 • 0,386	40162	27020
Total Barwert		306912	457170
./. Kapitaleinsatz		– 318000	– 424000
Kapitalwert		– 11088	33170
Rangfolge		2	1

c)

	Kapitaleinsatz Maschine B	424000
./.	Barwert Rückfluss Umlaufvermögen	– 27020
=	Barwert Cashflows	396980

Jährlicher Cashflow = $\frac{396980}{6,145}$ = **64602**

① (258000 – 26000) : 8 = 29000

② (318000 + 86000) : 2 · 10 % = 20200

44.17

Richtig sind a, c, d, f, g, l und m.

44.18

Rechenverfahren

	Statische (buchhalterische) Verfahren	Dynamische (finanzmathematische) Verfahren
	■ Kostenvergleich ■ Gewinnvergleich ■ Renditerechnung ■ Amortisationsrechnung	■ Kapitalwertverfahren ■ Annuitätenmethode ■ Interner Ertragssatz ■ Dynamisierte Payback-Methode
Hauptmerkmale	■ Basiert auf Durchschnittsbetrachtung. ■ Zeitlicher Anfall der Zahlungen wird nicht gewichtet.	■ Einbezug der gesamten Laufzeit. ■ Gewichtung der Zahlungen mittels Zinseszinsrechnung.
Abschreibungen	Kapitaleinsatz wird mittels Abschreibungen periodisiert (= Kosten)	Da Gesamtbetrachtung, fallen keine Abschreibungen an (Investition als Ausgabe).
Zinsen	Zinsen werden als kalkulatorische Kosten einbezogen.	Zinsen gewichten Zahlungsströme über Abzinsungsfaktoren.
Liquidationserlös	Vermindert Abschreibungsbetrag und erhöht Ø-Kapital.	Zusätzliche (abzuzinsende) Einnahme am Ende der Nutzungsdauer.

44.19

a)

Cashflow		Rentenbarwertfaktor 16 %	Barwert	
A	B		A	B
90000	50000	3,274	294660	163700
./. Kapitaleinsatz			– 250000	– 100000
= Kapitalwert			44660	63700
Rangfolge			2	1

b) Differenz Kapitalwert zugunsten B total 19040

Differenz Kapitalwert zugunsten B pro Jahr $\frac{19040}{3{,}274}$ 5816

$$\text{Stückzahl} = \frac{\text{Ø Kapitalwertdifferenz pro Jahr}}{\text{Mehr-Cashflow pro Stück bei A}} = \frac{5816}{80} = 73 \text{ Stück}$$

Maschine A ist ab **574 Stück** günstiger.

c) Differenz Kapitaleinsatz zulasten A 150000
Differenz Cashflow pro Jahr zugunsten A 40000

$$\text{Rentenbarwertfaktor} = \frac{150000}{40000} = 3{,}75$$

Zinsfuss: $\xrightarrow[\text{5 Jahre}]{\text{Tabelle 2}}$ ~ **10 %**

44.20

Vermietungseinnahmen	550
./. Betriebsausgaben	– 150
Cashflow	400
./. Abschreibungen	– 150
./. Zinsen	– 150
Reingewinn	100

a) Payback-Dauer $= \frac{\text{Kapitaleinsatz}}{\text{Cashflow}} = \frac{3000}{400} =$ **7,5 Jahre**

b) ROI $= \frac{\text{Reingewinn + Zinsen}}{\text{Ø Kapitaleinsatz}} = \frac{250}{1500} =$ **16,7 %**

c) Rentenbarwertfaktor (Rbf) $= \frac{\text{Kapitaleinsatz}}{\text{Cashflow}} = \frac{3000}{400} = 7{,}5$

Aus der zweiten Tabelle folgt aus einem Rentenbarwertfaktor von 7,5 bei einer Nutzungsdauer von 20 Jahren ein interner Zinsfuss von ca. **12 %.**

d) Barwert der Cashflows = Cashflow • Rbf = 400 • 8,514 = 3 406

./. Kapitaleinsatz − 3 000

Kapitalwert (NPV) 406

Die Investition (Kapitaleinsatz) dürfte sich um **406** verteuern.

e) Annuität des Kapitalwerts $= \frac{\text{Kapitalwert}}{\text{Rbf}} = \frac{406}{8{,}514} = 47{,}7$

Prozentuale Verminderung der Mieteinnahmen $= \frac{47{,}7}{550} = 8{,}7\,\%$

Es dürften im Durchschnitt höchstens **8 Bootsplätze** unvermietet bleiben (8 % von 100 Plätzen).

44.21

Jahre		Leasing		Kauf	
Ende Jahr 0	1.000	− 200 000	− 200 000	− 480 000	− 480 000
Ende Jahr 1	0.909	− 120 000	− 109 080		0
Ende Jahr 2	0.826	− 120 000	− 99 120		0
Ende Jahr 3	0.751	− 120 000	− 90 120		0
Ende Jahr 4	0.683	− 10 000	− 6 830	− 30 000	− 20 490
Ende Jahr 5	0.621	− 10 000	− 6 210		0
Ende Jahr 6	0.564	20 000	11 280	40 000	22 560
Barwerte			**500 080**		**− 477 930**

a) Bei einer zehnprozentigen Verzinsung ist die Kaufvariante um **22 150** günstiger.

b) Cashflow $= \frac{477\,930}{4{,}355} =$ **109 743**

c) Rbf $= \frac{500\,080}{120\,000} = 4{,}167 \xrightarrow[\text{6 Jahre}]{\text{Tabelle 2}} \sim 12\,\%$

Der interne Ertragssatz beträgt **ca. 12 %.**

44.22

Barwert der Rente im Zeitpunkt der Pensionierung	12 000 • 9,712 =	116 544
Barwert der Rente im heutigen Zeitpunkt	116 544 • 0,312 =	36 362
Jährliche Einzahlung in die Pensionskasse bis zur Pensionierung	$\frac{36\,362}{11{,}47}$ =	3 170
Monatlicher Arbeitnehmerbeitrag	**3 170 : 2 : 12**① **=**	**132**

① Der Einfachheit halber ohne Zinseszins innerhalb eines Jahres.

44.23

a) Kapitaleinsatz:	Waschstrasse			350 000
	Landkosten (1200 • 200)			240 000
				590 000
./. Kapitalrückfluss aus Grundstückverkauf (240 000 • 0,404)				– 96 960
				493 040
Jährlicher Erlös:	(7.40 pro Auto • 36 000)		266 400	
./. Jährliche Kosten:	Personal	54 600		
	Sozialleistungen 15 %	8 190		
	Unterhalt	10 000		
	Übriger Aufwand	30 000		
	Energie, Wasser	36 000		
	Autoschäden	9 000	– 147 790	
= Jährlicher Cashflow			118 610	
Barwert aller Cashflows (118 610 • 4,968)				589 255
Kapitalwert				**96 215**

Die Anschaffung der Waschanlage lohnt sich.

b) Mögliche Fixkostenerhöhung = $\frac{96\,215}{4{,}968}$	19 367
Personalkosten (54 600 + 8 190)	62 790
Unterhalt	10 000
Übriger Aufwand	30 000
Jährliche mögliche Fixkosten	**122 157**

c) Baurechtskosten (25 000 • 4,968)		124 200
Kaufpreis	240 000	
./. Verkaufserlös	– 96 960	143 040
Überschuss zugunsten Baurechtvariante		**18 840**

d) Jährliche Gesamtkosten:	Personal	62 790	
	Energie, Wasser usw.	36 000	
	Autoschäden	9 000	
	Unterhalt	10 000	
	Übriger Aufwand	30 000	
	Abschreibungen①	43 750	
	Zinsen②	49 800	
Selbstkosten total		241 340	
Selbstkosten pro Auto 241 340 : 36 000			**6.70**

① Es muss nur die Waschanlage abgeschrieben werden, das Land nicht.

② Zinsen = (350 000 : 2 • 12 %) + (240 000 • 12 %) = 49 800

44.24

a) Jährlicher Ertrag (3000 Std. zu 120)

Jährlicher Ertrag (3000 Std. zu 120)	360000
./. Fixe Betriebskosten	– 70000
./. Variable Betriebskosten (3 • 76000)	– 228000
Jährlicher Cashflow	62000

Variante 1: Kauf

Anschaffungswert	360000 • 1,000	– 360000
Cashflow	62000 • 6,145	+ 380990
Liquidationswert	20000 • 0,386	+ 7720
Net Present Value		+ **28710**

Variante 2: Leasing

1. Rate	120000 • 1,000	– 120000
10 weitere Raten zu	40000 • 6,145	– 245800
Cashflow (wie Variante 1)	62000 • 6,145	+ 380990
Net Present Value		+ **15190**

Der Entscheid lautet zugunsten von Variante 1 (Kauf), weil diese den höheren Kapitalwert hat.

b)

Durchschnittlicher jährlicher Cashflow	62000
./. Abschreibungen (360000 – 20000) : 10	– 34000
./. Zins (360000 + 20000) : 2 • 10 %	– 19000
Durchschnittlicher jährlicher Reingewinn	9000

Rendite = (Reingewinn + Zins) : durchschnittliches Kapital
= (9000 + 19000) : 190000 = **14,7 %**

c) Je höher der gewählte Zinsfuss ist, desto besser schneidet Variante 2 (Leasing) ab, da die Ausgaben später anfallen und kein Liquidationserlös vorhanden ist.

d) Weil bei den dynamischen Methoden der Investitionsrechnung die später anfallenden Cashflows diskontiert werden (und deshalb «weniger wert» sind).

e) 360000 + 28710 = **388710**

f) Verminderung des jährlichen Cashflows = 15190 : 6,145 = 2472

Verminderung des Preises für eine Flugstunde = 2472 : 3000 = 82,4 Rappen

Verminderung des Verkaufspreises in Prozenten = 0,824 : 120 = **0,69 %**

Diese Sensitivitätsanalyse zeigt eindrücklich, dass es sehr wenig braucht, um die geforderte Minimalverzinsung von 10 % zu unterschreiten.

44.25

a)

Kosten- und Erlösübersicht

Betriebserlös (Einnahmen)	300	100 %
./. Variable Betriebskosten (Ausgaben)	– 60	– 20 %
= Deckungsbeitrag	240	80 %
./. Fixe Betriebskosten (Ausgaben)	– 40	
= Cashflow	200	
./. Abschreibungen	– 125	
= Gewinn vor kalkulatorischem Zins	75	
./. Kalkulatorischer Zins	– 30	
= Gewinn	45	

b)

Rendite	$\frac{\text{Gewinn + Zins}}{\text{Ø Kapitaleinsatz}}$	$\frac{75}{500}$	**15 %**

c)

Payback	$\frac{\text{Kapitaleinsatz}}{\text{Cashflow}}$	$\frac{1000}{200}$	**5 Jahre**

d)

B/E-Umsatz	$\frac{\text{Fixkosten}}{80\,\%}$	$\frac{30 + 125 + 40}{0{,}8}$	**244**

e)

Gewinnzunahme wegen tieferer Abschreibungen	25
Gewinnabnahme wegen höheren kalkulatorischen Zinses	– 6
Gewinnzunahme	**19**

f)

Barwert Cashflows	200 · 6,210	1 242
./. Grossrevision	100 · 0,747	– 75
+ Liquidationserlös	200 · 0,627	125
./. Kapitaleinsatz		– 1 000
= NPV		**292**

g)

Annuität	$\frac{\text{Kapitaleinsatz}}{\text{Rentenbarwertfaktor}}$	$\frac{1000}{6{,}210}$	**161**

h) Die Investition ist aus wirtschaftlicher Sicht sinnvoll. Der geplante (erwartete) Cashflow von 200 ist höher als die für den dynamischen Break-even benötigte Annuität von 161.

44.26

a)

Text	Berechnung	Ergebnis
Barwert jährliche Cashflows	1000 · (7,139 – 0,926) = 1000 · 6,213	6213
./. Renovation Ende 20_1	1000 · 0,926	– 926
+ Liquidationserlös Ende 20_11	2000 · 0,429	858
./. Kaufpreis Anfang 20_1	4000 · 1,000	– 4000
= **NPV**		**2145**

b)

Kaufpreis gemäss Ausgangslage	4000
+ NPV gemäss Aufgabe a)	2145
= **Kaufpreis mit NPV = 0**	**6145**

c)

Kaufpreis	4000
+ Barwert Renovation	926
./. Barwert Liquidationserlös	– 858
= Mittels Cashflow zu amortisierender Betrag	4068

Annuität	4068 : 6,213	**655**

oder:

Geplanter Cashflow	1500 – 500	1000
./. Ø jährlicher NPV	2145 : 6,213	– 345
= **Kaufpreis mit NPV = 0**		**655**

d)

Jahr	Nominalwert Zahlungen	Barwertfaktor	Barwert Zahlungen	NPV (nicht amortisierter Restbetrag)
Kaufpreis Anfang 20_1	– 4000	1,000	– 4000	– 4000
./. Renovation Ende 20_1	– 1000	0,926	– 926	– 4926
+ Cashflow 20_2	1000	0,857	857	– 4069
+ Cashflow 20_3	1000	0,794	794	– 3275
+ Cashflow 20_4	1000	0,735	735	– 2540
+ Cashflow 20_5	1000	0,681	681	1859
+ Cashflow 20_6	1000	0,630	630	– 1229
+ Cashflow 20_7	1000	0,583	583	– 646
+ Cashflow 20_8	1000	0,540	540	– 106
+ Cashflow 20_9	1000	0,500	500	394
+ Cashflow 20_10	1000	0,463	463	857
+ Cashflow 20_11	1000	0,429	429	1286
+ Liquidationserlös 20_11①	2000	0,429	858	2144

Payback-Dauer	$8 \text{ Jahre} + \frac{106}{500}$	**8,2 Jahre**

Alle durchgeführten Berechnungen zeigen, dass die Investition wirtschaftlich sinnvoll ist.

① Für die Ermittlung der Payback-Dauer genügte es, bis zum Jahr 20_9 zu rechnen. Die bis zum Ende der Nutzungsdauer fortgeführte Tabelle zeigt den bei Aufgabe a) errechneten NPV, wobei eine Rundungsdifferenz von 1 besteht.

Cashflow-basierte Unternehmungsbewertung

45.01

		20_1	20_2	20_3	20_4	20_5	20_6ff.
	Gewinne vor Zinsen	25	30	35	40	40	45
+	Abschreibungen	15	20	20	25	30	30
=	Cashflows (Praktikermethode)	40	50	55	65	70	75
./.	Investitionen ins Umlaufvermögen	– 3	– 3	– 4	– 4	– 5	– 5
=	Cashflows	37	47	51	61	65	70
./.	Investitionen ins Anlagevermögen	– 15	– 50	– 35	– 25	– 20	– 30
=	Free Cashflows	22	– 3	16	36	45	Free CF = 40 Endwert① = 333
	Abzinsungsfaktoren	0,893	0,797	0,712	0,636	0,567	0,567
=	Discounted Free Cashflows	19,6	– 2,4	11,4	22,9	25,5	188,8

① Endwert = 40 : 0,12 = 333,3

Der Unternehmungswert entspricht der Summe aller Discounted Free Cashflows, d.h. CHF 265 800.–.

45.02

		20_1	20_2	20_3	20_4	20_5	20_6
	Reingewinn	4	3	4	5	4	4
+	Abschreibungen	2	2	2	2	3	3
+	Fremdzinsen	2	1	1	1	2	2
±	Veränderungen Forderungen L+L	0	–1	–1	–2	–1	0
±	Veränderungen Lager	1	3	–1	–2	–2	0
±	Veränderungen Verbindlichkeiten L+L	–2	–1	1	2	2	0
	Cashflow	7	7	6	6	8	9
./.	Investitionen ins Anlagevermögen	–1	–2	–4	–3	–5	–3
	Free Cashflow	6	5	2	3	3	6
	Endwert						50
	Barwertfaktoren (12%)	0,893	0,797	0,712	0,636	0,567	0,567
	Barwerte	5,358	3,985	1,424	1,908	1,701	28,350
	Total Barwerte						
=	Unternehmungswert	42,726					